以太思維

V 神首本
親筆著作

維塔利克·布特林
Vitalik Buterin

著

趙盛慈————譯

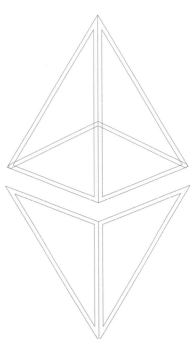

PROOF OF STAKE

The Making of Ethereum and the Philosophy of Blockchains

suncolor
三采文化

獻給我媽和我爸
他們是了不起又慈愛的父母
也是創業家和網路迷因大王

目錄 CONTENTS

進入以太世界的 15 個關鍵字

blockchain 區塊鏈

這是比特幣、以太坊和其他類似協定的基礎技術，它是一種共享的資料庫，裡面的內容是所有參與的電腦所一致認同的。

區塊鏈由資料區塊所組成，內含交易活動、軟體程式碼和其他素材，這些區塊彼此相連，形成一條連續的長鏈。任何資料只要加上去了，就無法刪除或修改。人們普遍認定世界上第一條區塊鏈是比特幣區塊鏈，其創世區塊於 2009 年 1 月 3 日被開挖出來。

cryptocurrency 加密貨幣

這是「以區塊鏈為基礎的代幣」的統稱，具備一定程度的（但通常不完全符合）傳統貨幣性質，例如可做為價值儲存工具或交易媒介。

雖然加密貨幣沒有政府背書，但使用者之所以願意使用，通常是因為認為它安全、保障隱私、方便好用，或具有未來的市場價值。

cryptoeconomics 加密經濟

一種結合賽局理論、經濟誘因與密碼學保護的模式，經常用來設計以區塊鏈為基礎的系統。其功用在於，在參與者幾乎沒有理由彼此信任的情況下，讓參與者能夠為了共同的任務與產物，相互協調合作。

cryptography 密碼學

這是結合了數學與電腦科學的領域，其目的在於將資料加密，只供經過授權的使用者存取加密資料，藉此設計出安全的通訊與資料儲存方式。有了密碼學技術的幫忙，區塊鏈技術才得以實現。

decentralization 去中心化

這個概念在區塊鏈文化中廣泛使用，雖然有多種可能的意思（參見 PART 2〈去中心化的意義〉），但通常是指將系統的控制權分散給參與者，以取代單一實體的掌控。

decentralized finance 去中心化金融

簡稱 DeFi，是指針對借貸、孳息、穩定幣、價值轉移等用途，使用區塊鏈智慧合約打造金融工具與軟體的做法。

fork 分叉

這種做法是先複製開放原始碼的軟體程式碼或資料，再進一步修改，其目的在於發布並行的區塊鏈版本或改善現有版本。例如，許多早期的「山寨」加密貨幣是比特幣軟體的分叉。

分叉也可以指稱「為區塊鏈進行軟體更新」，或「某些使用者採用了更新的版本，但其他使用者並未採用，導致區塊鏈由一條分裂成兩條」。

mining 挖礦

在採用工作量證明機制的區塊鏈系統中，是指以算力確認新的資料區塊，賺取獎勵代幣。雖然一個人也可以挖礦，但在許多網路裡，挖礦被產業化的經營模式所把持，過程中使用大批專用的電腦，消耗了可觀的電力。

non-fungible token 非同質化代幣

即 NFT，是一種刻意設計成獨一無二的區塊鏈代幣；與其相對的是「所有代幣統統可以互相取代的加密貨幣」。

NFT 經常用於證明持有者擁有某件藝術品、某項數位資產，或具備某個社群的成員資格。

private and public keys 私鑰與公鑰

兩者都是構成密碼學系統基礎的字元串。區塊鏈上的任何特定位址（類似於帳戶）都必須同時透過公鑰（類似於使用者名稱）與私鑰（類似於密碼）來存取。

proof of stake 權益證明

一種將資料加入區塊鏈的方式。在網路上擔任驗證者的電腦必須「質押」代幣，才能參與這個機制，得以決定接受哪一筆新資料、先後順序為何，而參與這個過程的驗證者則可收到代幣做為獎勵。

由於發起攻擊可能使人失去質押的代幣，因而能讓有意破壞資料的潛在攻擊者打消念頭。

proof of work 工作量證明

一種將資料加入區塊鏈的方式。電腦必須執行複雜的密碼學計算，其算力愈強，收到挖礦獎勵的機率就愈高。挖礦所要消耗的能源成本，可阻止有意破壞資料的人真的發動攻擊。

protocol 協定

指電腦在共享網路中彼此互動所要遵循的一套規範。例如,有 TCP ／
IP 協定,網際網路(internet)才能化為現實;有 HTTP 協定,網路
(web)才能成真。比特幣和以太坊這一類區塊鏈網路,同樣也要由協定
來定義。

smart contracts 智慧合約

是在具備運算能力的區塊鏈(如以太坊)上執行的軟體。智慧合約可執
行的任務包含發行代幣、執行複雜交易、規定遵循某套治理體系等。

tokens 代幣

一種價值單位,可根據特定協定或區塊鏈上的智慧合約來對其加以定
義。有些代幣的功用與貨幣類似,有些代幣的功用與股份類似,有些代
幣的功用則與所有權狀類似,一切取決於代幣的設計。

更多元、通透的新世界

──與巨靈對話,讓看不見的手與我們共舞

中華民國第十一屆全國不分區立法委員

臺大網媒所兼任助理教授

Podcast《寶博朋友說》主持人

寶博士葛如鈞

　　人類是社會的動物,你是人,我也是人;那麼,你覺得現在的社會,完美嗎?

　　如果答案為「不是」,那麼我們便有了共同的基礎;此時,這本書也就絕對不會浪費我們的時間,因為作者 Vitalik 透過一個嶄新的資訊系統,一個「世界電腦」試圖思考並改進這個不完美的社會,結合數位的強項與其必然而然的走向,導引社會這個有機體,前往一個表面上不那麼誘人,但卻又更加多元通透的樣貌。

　　如果答案為「是」,那麼我們依舊可以有同樣的共識,那就是我保證你看完此書,應該就具備了和我一樣的能力,看清

這個社會現狀的不完美——那個天空中操縱著國家與社會的霍布斯的巨靈,以及那隻本該代表著自由市場與意志替我們工作的手,如今卻在為巨靈服務——這些你應該就能夠看見;那麼,也必然會像我一樣期待作者 Vitalik 所描繪的未來——能對話的巨靈,與看不見的手共舞。

霍布斯的巨靈——不完美社會

湯瑪斯・霍布斯(Thomas Hobbes)在 17 世紀的英格蘭,一個飽受內戰摧殘的時代,創造了「巨靈」理論。他在 1651 年的作品《利維坦》中描繪了一個暗淡而凶猛的人性畫面,認為在無政府的自然狀態下,人的生活將是「短暫、殘酷和孤獨的」。霍布斯主張,為了逃避這種淒涼的命運,人們可以通過社會契約而自願放棄部分自由,建立一個擁有絕對主權的中央權威——巨靈,以保障社會的穩定和秩序。

然而,反思現代社會,當擁有投票權時,我們好似掌握了控制巨靈的能力;但是當我們投票選出的公僕,做出我們難以想像的行動,損害到我們的利益——不論是無法可管的飆漲房價、不知所以的公共預算支出,或是單方面宣告就可以讓全球利率飆升,在這種時候,我們似乎又感覺到被巨靈控制,被社會契約給玩弄在掌心。

霍布斯的巨靈雖然透過與我們每個人之間訂定共同的社會

契約，來確保社會的運作與效率可控，然其可能間接或間歇獲得的絕對權力，仍不時地、隱隱地侵蝕著個人的自由，社會契約並未讓所有人獲益，巨靈似乎在一些我們不容易看到的地方和某些人較要好，甚至只替少數人服務，導致社會仍然存在著深刻的不平等和不公，經常引發法律和道德的分歧，以及不時顯露社會契約的內在矛盾，這些都是我們必須正視的問題。霍布斯的巨靈雖提供了一個理論框架，但完美的社會仍然是一個遙遠的理想。

看不見的手——不完美市場

「看不見的手」是經濟學家亞當·斯密（Adam Smith）在其 1776 年的經典著作《國富論》（*The Wealth of Nations*）中提出的概念。時隔霍布斯提出巨靈理論後的一百多年，18 世紀的蘇格蘭，那是一個工業革命剛剛開始，市場經濟逐漸形成和發展的時期。這一理論表明，個體在追求自利的同時，無形中也推動了社會資源的高效配置和社會福利的增長，就如同一隻隱形的手在默默地引導著市場的運作。

然而，當這隻「看不見的手」在現代社會舞動時，我們發現它並非無所不能，也不總是公平正義的象徵。在這個機會與關係至上的時代，資源分配的不平等、市場的失靈以及環境的忽視和破壞，都成為了我們不容忽視的問題。這些現實的挑戰

使我們不得不反思：「看不見的手」是否真的代表眾人、代表市場，帶來社會的最大福利？看不見的手是否足以被信賴？既然看不見，那我們又該如何監督、確保其所引導的市場和利益的追求，是否真能滿足整體人類多元和更加深層的發展需求，形塑一個完整、甚至完美的社會？

亞當·斯密「看不見的手」無疑為我們提供了寶貴的市場經濟洞見，但我們同時也需要以一種更加深刻和全面的視角來看待它，不能過度依賴地認為市場和社會總有一隻隱形的手在默默導引市場運作，幫助社會資源配置，同時追求個體與群體的利益。在今天，在這個快速變化和高度複雜的世界中，也許這隻手早已成為少數人的手，被用看不見的絲線操控，同時還讓我們誤以為它──就是我們。

世界電腦──透明的國度、眾人的替身

時間再度跨越幾百年，現今吾人討論知識的方式已有了全新變革，我們不只可以走入圖書館裡博覽群書，也可以打開筆電網路衝浪，或是只消動用幾根手指頭，敲擊眼前的光板，便可取得亞里斯多德時代以來的所有知識；甚至，我們可以不再是孤單一人追求事實的真相和道德的本質，而是可以輕易地藉由無論是蘋果即將推出的空間運算裝置 Vision Pro，抑或是從 1969 年開通、1990 年代爆發、2009 年躍入我們掌中的網際網

路，與諸子百家、社會賢達共同串聯在一起探究更美好社會、更完善的體制⋯⋯

然而，體制本身——卻從來沒有被數位化、網路化。

翻閱此書，我看見的是作者對於一種基於數位化、網路化的全新市場機制與社會方法的真誠追尋、思路的展現。這讓我回想起第一次認識以太坊區塊鏈，那是一個百無聊賴的夜晚，只因為好奇想了解所謂的「區塊鏈 2.0」，在（作者創辦的）以太坊基金會官方網站上，點開一個教學頁面，卻讓我久久不能自已：How to build a democracy on the blockchain.（如下圖）

▲寶博士螢幕快照 2018-03-22 下午 12.25.50

一個數位化、網路形式存在的技術，其教學頁面不是只教導你如何挑選伺服器架設服務賺大錢，也不是教導你如何運用這個技術製作受百萬人歡迎的行動應用，而是教導我們如何運用這個新的網路技術來實作民主。這實在太開人腦洞，卻也大大解了我這個網路阿宅的惑：對啊，為何現代人的眼球和雙手都已經在網路上，更不用說未來可能還有空間運算、虛擬實境、腦機介面，社會的載體和介面早已經改變，為何我們還只按照 19 世紀初和中期出現的各種主義，甚至爬梳 17 世紀的巨靈、18 世紀的手來解答當代社會的各種問題與不完美？

為何沒有一種新的體制，重新被提出、被思考？

　　「區塊鏈是一台神奇的電腦，任何人都能上傳程式、讓程式自行運作；在這裡，每一款軟體在當下和之前的所有狀態，始終都公開給大眾檢視。由於區塊鏈上的程式會嚴格落實區塊鏈的協定，所以區塊鏈會具備非常強大的加密經濟安全保障。」這是書中提到，「區塊鏈」——一個神祕的資訊專有名詞、在新聞上不時登上焦點的詞彙，最透明直白的解釋。

　　我們的民主、社會、眾人的決策、公眾的市場，為何不能像我們熟悉的各種應用一樣，運行在這個不屬於任何特定人，卻又屬於所有人，可以隨時公開檢視，又具備足夠強大的安全性的網路系統上？

　　作者 Vitalik 耗費近十年追尋這個答案，雖然許多工作已被

完成，但是上述問題至今還沒有答案；然而，他將思路與反省的過程全然公開，和社群大眾一同申論，最後集結成此書。

電玩少年、發明家、思想家、社會實踐者

作者 Vitalik 在一個有趣的人生岔路上，邁入社會經濟結構新典範的追尋，那是在他年少瘋狂著迷網路遊戲「魔獸世界」（World of Warcraft）時發生的事。那時他主要操作的遊戲角色擁有一個非常難得且強大的法術「生命虹吸」（Siphon Life），每天他就操作遊戲角色帶著虹吸法術四處打怪，好不得意；一天醒來，Vitalik 突然發現這個法術從他的蒐藏庫裡消失，怎麼都找不著，魔獸世界再也不是他熟悉的世界，操縱著同樣一個虛擬分身，卻怎麼都找不著當初的快樂，一段時間後他才發現他並非唯一一個失去快樂的魔獸世界孩子，而是全世界所有玩家的生命虹吸法術都被移除了。背後原因是遊戲公司單方面認為生命虹吸法術太過強大，可能會影響遊戲體驗、甚至利潤，所以決定從伺服器上直接把這個法術完全地移除，玩家沒有任何可追溯的權力。全世界擁有這個法術的玩家，包括作者 Vitalik 就這樣硬生生被剝奪了一個曾經認為「屬於自身」所擁有的事物，他（們）「躲在棉被裡痛哭」──根據作者的個人網站，這真的是他自己的形容──卻什麼也做不了。最後，Vitalik 決定離開這個遊戲，並且去找尋一種方法，一種能在體系裡與

他人連結、獲得快樂，但不會被少數人單方面剝奪自身擁有事物的世界。就在那時，他注意到了比特幣與區塊鏈。

書中雖然沒有直接提到上面的這個例子，但如果仔細閱讀，再簡單作個比較，我們可以得到一個有趣的結論，以太坊成立至今，十年過去了，作為當今世界上最成功的開放型區塊鏈網路，網路上有超過兩億三千萬個帳號，六十萬個活躍驗證者[1]共同保管分散式帳本，是市值高達近十兆台幣以上的全球第二大區塊鏈網路，即便如此成功，Vitalik 與他在 2014 年成立的以太坊基金會，直到如今還是在做著同一件事，那就是打造一個不會被少數人輕易剝奪的魔獸世界。

只不過他所關注的，已經不再只是遊戲世界裡的艾澤拉斯大陸，而是包含了我們賴以生存的社會，而這個社會是否早就因為網路化，變得和艾澤拉斯相似，甚至能套用同一套法則？

書中的 DAO（去中心化自治組織，decentralized autonomous organization）[2] 不就是在探討一個公開通透的線上社會？透過各種加密、雜湊（hash）[3]、代幣化、非代幣化的投票方式讓人們可

---

1. 是指權益證明機制網路中的某一類使用者，這些使用者會驗證交易，並將區塊加入區塊鏈，藉此獲得獎勵代幣。驗證者必須將代幣「質押」於網路裡，若未正確履行職責，驗證者有可能會喪失代幣。
2. 簡稱 DAO，一般而言是指某種程度上，由區塊鏈上的智慧合約所定義的組織。以太坊上的早期計畫「The DAO」是 DAO 的先驅，但 The DAO 曾在 2016 年 6 月被駭，導致以太坊區塊鏈發生「硬分叉」。
3. 是指將「不特定長度的輸入值」轉換成「固定長度的輸出值」的過程，例如 SHA256，不論單筆輸入值為何，都會生成一筆 256 位元的輸出值。透過雜湊可以輕易地將輸入轉為輸出，但要從輸出反推回輸入卻幾乎不可能，因而常被用於加密技術。

以快速表達意見、執行共識，為何現實生活中的代議制度不能用這種更分散、更即時的方式來實現？書中所提，曾在 2021 年前後席捲全球的 NFT，不就像魔獸世界角色配置欄位裡的魔法、道具一樣，可以蒐藏、可以交易，只不過這一回，數位化的權力憑證（Token）將完整地掌握在我們手中，只要寫下 12 ～ 24 個英文單字的密鑰，即便全世界的特務來找你要，只怕都要無功而返。這一回，是我們的，真的屬於我們，沒有任何人能單方面取走（當然得小心駭客或詐欺），不再有棉被裡哭泣的孩子。

行為經濟與數位化群眾

　　從上述片段的思維——如果社會體制可以是一種數位化、網路化的解決方案——來看，相信你將不難理解為何書裡偶爾會出現一些網路拓樸、數學公式，或是行為決策的矩陣分析表。不明就裡的人可能會覺得作者好像把科技宅的思維強加套用在社會人性上，以為一切都可以分析、計算，進而以為運用他想像中的那套社會網路新系統（以太坊），加上開源社群開發者們的努力，就可以精確地影響眾人、改造社會；然而，揭諸數學和經濟學在 20 世紀後的發展史，我們不難發現這些決策矩陣、數學分析、經濟學學科等，確實已成為分析和理解人類社會的重要工具，並非作者的一廂情願而已。例如，賽局理論

的奠基人約翰・馮紐曼（John von Neumann）和奧斯卡・摩根斯坦（Oskar Morgenstern）在 1944 年共同發表了《賽局理論與經濟行為》一書，開創了這一領域，讓賽局理論和囚徒困境的研究開啟新的視角，引領我們通過數學模型來探討人類的行為和決策。

　　諾貝爾經濟學獎多次頒給了在這一領域擁有卓越貢獻的學者，例如 1994 年約翰・納許（John Forbes Nash）、約翰・夏仙義（John Charles Harsanyi）和萊因哈德・澤爾（Reinhard Selten）騰獲得了諾貝爾經濟學獎，以表彰他們在賽局理論方面的突破性工作；又如 2017 年，諾貝爾經濟學獎頒給了理察・塞勒（Richard H. Thaler），以表彰他在行為經濟學方面的開創性研究。塞勒是個不按牌理出牌的經濟學家，他摒棄傳統經濟學中「理性人」假設，轉而關注人們在現實世界中是如何做出有時並不那麼理性的決策。他讓我們看到，人們在面對買賣、投資等經濟活動時，往往會受到心理偏見的影響，做出一些出人意料的選擇。他的這些發現不僅僅豐富了經濟學的理論體系，也對政策制定和市場營銷等領域產生了深遠的影響。再回頭看看以太坊創始人，也是本書作者 Vitalik，他雖然是個潛心於科技和數學的天才，但其思想似乎也不可避免地受到了行為經濟學的影響，試圖通過技術創新、機制設計，解決人們在真實世界中面臨的社會合作與信任問題。

　　因此，當我們在 Vitalik 的文章和演講中看到那些複雜的數學模型和行為分析，不難想像他是如何將納許至塞勒等人的數

學、行為經濟學思想融到他的去中心化社會網路的願景中；而且原因無他，無論是現實世界還是數位世界，都不是孤立的，它們是相互影響、相互作用的。而且，隨著時間的推移，這種交互和重疊只會變得更加密切。通過科學、數學和經濟學等多方面的分析，我們不僅可以更好地理解這個複雜世界，也更有可能找到改善社會和推動進步的新途徑。在這個過程中，程式碼、網路技術與數位演算法的角色將越來越不可或缺，它們將成為（事實上已經成為）我們理解和塑造未來社會的重要工具。這是我的個人信仰，而且很高興看見作者透過實踐，引領我們觸碰這個未知的前沿。

少年長大，人類社會的後腦杓：A One and a Two

從先前分享因魔獸世界遊戲受挫而在棉被裡哭泣的少年，到書中第一章〈加密貨幣的內在價值：理念〉源自 2014 年一月刊登在《比特幣雜誌》（*Bitcoin Magazine*）文章起，當時作者剛滿 20 歲，到書中的最後一個章節〈靈魂綁定〉，作者將滿 30 歲，我們幾乎藉由此書看見了一個近乎無私、挺過各種酸民網友攻擊的熱情思考家與實踐者，一步一步成長，從對系統的失望，到看見比特幣與區塊鏈的技術感到好奇並發生信心，逐漸勾勒出較先前發展更加進步的可程式化區塊鏈——以太坊，直到系統上線受到開發者社群的空前擁戴後，他並沒有驕縱或停

下，而是進一步謙虛前行，持續思考人類行為的誘因和動機——什麼時候人們會信任彼此？什麼時候少數人會為了個體利益而相互勾結？什麼時候會遺忘他人感受去單方面的製造剝奪？又有什麼樣的方式可以創造一個大公無私的通透境地，讓人們自動自發在納許均衡[4]的力量下，移動到那個互利的地方。

總之，在這本書裡，我們看見一個曾經的電玩少年、發明家、駭客，逐漸轉變成思想家與社會實踐者，或者說，一種新型態的社會運作機制的實驗者——只不過跟亞當·斯密、霍布斯、傑佛遜或馬克思不同，這一次，Vitalik 和以太坊不再是透過自己一人或少數菁英主義、知識分子的私自努力，而是透過網路這個新的人類社會平台，將網路群體、數以萬計的開發者連結起來，共同建設、反省、交流，透過整個以太坊區塊鏈上的網路群眾參與、節點的架設甚至共識的驗證與回滾，讓社會完美與否的答案，再也不是少數知識分子（或滋事分子）的事；而是，只要連接上網路，你／妳就能加入一個又一個的 DAO、一支又一支的區塊鏈應用程式。每個都可以透過智慧合約輕易實驗不同的治理方法或投票方式，要是遇見不完美，不必再有真實生命的犧牲，或是長久等待下一場選舉、革命，而是僅僅透過眾人的數位意見交換、幾行程式碼的更新、檢核，再輕敲幾下鍵盤，最後電子簽章確認，一個體制的更新，一個更好版

---

4. 這是經濟學賽局理論中的一個概念。意思是所有參與者在考量了自己和其他人的策略之後，已無誘因再改變策略，使賽局達成一個平衡的結果。

本的以太坊，就能夠被升級，進入下一個新社會篇章。

　　整本書，我們眼見著這樣一針一線的思考被用近十年的時間張羅、織就，一次又一次的以太坊版本疊代背後的思緒和理由，清楚透明地在書中攤開來一再自我檢視，而且難能可貴、一本初衷，一再邀請公眾共同檢視。我們好像看見這個世代的一種新型態知識份子——他同時是工程師、數學愛好者、遊戲玩家，也是社會結構與政治體系的深度思考者，結合全球性公眾的力量，成為社會結構設計者與去中心化信仰的發揚者——2022 年，以太坊最具代表性的應用 ENS 域名服務推出憲法實體書，一共有 47,167 名來自全球以太坊公民的認證與電子簽章，共同簽署這份僅擁有簡單五條憲章的憲法，其中第一條再次回到那個最簡單，但竟是這個世代最難達成的一個社會祈願：

所有權不該被侵犯。

　　瞧，我們是不是又再次看見那個少年從哭泣後的棉被裡爬起來，為了人們從來沒有見過，一個嶄新的、更加自主而不會被剝奪的魔獸世界而努力？

讀，還是不讀？那就是我們要解答的問題。

　　很高興這次三采出版社決定出版此書，讓我們得以一起閱

讀，透過 Vitalik 複雜、數位、演算法中心的思維，看向未來、成為共識的一份子。人類的社會行為雖難以預測，但可以被討論、觀察甚至分析、規劃。在閱讀此書的同時，你可能會像我一樣，好像看見一個透明的思維，對這個社會展開一切，除了自我對話，也向群眾對話，而對話與思考目的無他，便是透過這些，帶領我們一起望向巨靈，與之連結、談話；更帶著我們尋找隱身在龐雜當代社會、晦暗不明的金融街裡那隻看不見的手，撥開、剪斷那隻手在近數十年間被人牽上的操縱線，清理那隻理應代表自由市場的大手上，經歷的各項政治、社會、金融危機的斑駁紋理與刻痕，直到它──也許透過數學、經濟學、資訊科學以及那台「由大家（這是非常龐大的一群人）所共有，任何人都能自由加入，並參與平台的維護『世界電腦』」通力合作──再次變成我們的手，群眾的手，而且再看得見。

我們不讀，也許便有那麼一天，巨靈甚或再次轉身望向我們，無視語言的溝通或任何行動的救贖，得又逼迫我們簽署強制性的社會契約，而那隻看不見的手也終將再次隱身，披掛上少量但強力而且更難以發掘的操縱線，假作自由又來管理我們；利他、公益與透明將再次難尋。

跟隨 V 神的腳步

納森・史奈德 Nathan Schneider

Vitalik Buterin（在國內被稱為 V 神）19 歲開始打造新的網路經濟架構，日後成了睡在朋友家沙發上的億萬富翁；在那之前，他從寫文章起家。

小時候他跟著父親從俄羅斯移民到加拿大，在父親的鼓勵之下，開始對比特幣產生興趣。不過，他最初並非靠著買、借或挖礦來取得比特幣；他是在 2011 年時到網路論壇貼文詢問：有人願意付比特幣，讓他寫關於比特幣的文章嗎？

有人同意了。於是 Vitalik 投入寫作，甚至與人共同創辦《比特幣雜誌》（*Bitcoin Magazine*），發行紙本和電子版，記錄當時仍然非常小眾、默默無聞的比特幣次文化有哪些最新發展。當年，這種新型網路貨幣用起來還不方便，但它對 Vitalik 的吸引力卻超越了他的大一生活初體驗。

從他毛遂自薦撰寫比特幣文章開始，他不斷與人對話，持續發展想法。這些年來，他在眾多部落格、論壇和推特上發表

文章，總能展現獨到見解，也使得他發明的以太坊得以凝聚一群亦步亦趨的支持者。若在將來，以太坊與其他類似的系統真能成為普及至街頭巷尾的基礎應用技術，那麼我們將有必要更全面地了解、挑戰 Vitalik 的思想。

本書，要帶領大家認識 Vitalik 身為「寫作者」的那一面。

2008 年，金融風暴席捲全球，當時有人以假名「中本聰」首度提出比特幣的構想，目標是創建一套貨幣系統，無須透過政府或銀行來運作，而是仰賴加密電腦網路，這就是日後所謂的加密貨幣。

這套系統的象徵包含數位挖礦、有限貨幣供給，以及能像現金一般進行安全又私密的交易，種種特點都令支持金本位的自由主義者和精通電腦科技的密碼龐克（cyberpunk）[5] 深深著迷。Vitalik 具備了這批早期追隨者的各種特質，隨著他愈來愈投入比特幣的世界，他在 2013 年年末看出，比特幣背後的區塊鏈技術也許可以發展得更大，用來建構網路上特有的組織、公司和經濟體系。於是，他將這些概念寫成文字。

最初的《以太坊白皮書》（請參本書附錄）照亮了在 2013 年年末誕生時規模尚小的加密貨幣宇宙：這裡打從一開始就設定成由使用者自我治理，無須仰賴舊世界的企業、投資人和法

---

5. 是一種意識型態與政治運動，主要核心為運用密碼學來提升個人隱私與自由，同時弱化政府的監控與審查能力。數十年來，密碼龐克社群所嘗試運用的概念為區塊鏈技術奠下了基礎。

律來管理伺服器。如果說，比特幣是以黃金和挖礦來比擬，那麼以太坊的文化精神則承襲了 Vitalik 最愛的 T 恤上的圖案，偏好以機器人、獨角獸、彩虹做為吉祥物。

自從 2015 年以太坊上線以來，許多區塊鏈相互競爭，每一種都以不同方式想達成類似的事，而以太坊一直是其中規模最大的區塊鏈。雖然它的貨幣「以太幣」（ETH）的總市值與第一名比特幣還有頗大的差距，但如果你將以太坊上的所有產品和社群代幣的價值加總，以太坊就會在這個奇特的新經濟體裡成為第一。

不論 Vitalik 本人是否喜歡，他在以太坊計畫的早期試驗期間逐漸成了一位「仁慈的獨裁者」（benevolent dictator）。這個稱號不是什麼正式職位，它來自 Vitalik 為以太坊注入的信賴感——而這份信賴的核心，就在本書收錄的文字之中。

Vitalik 在這個過程中的處境矛盾，他既想澈底翻轉對人類「自我管理」（self-organizing）的重新想像，又對人們將如何運用那種權力，審慎地抱持著「未可預料」的態度。

本書將說明的「可信中立性」（credible neutrality）是指系統設計的一種原則，卻也能用來描繪 Vitalik 擔任領袖時所扮演的角色。從以太坊基金會（Ethereum Foundation）最初的人事決策，到後來幾次影響重大的軟體更新，在在說明，儘管 Vitalik 竭力避免，卻仍難以將他的領袖地位與以太坊本身切割開來。

以太坊和類似的系統在設計時都假設人是自私的，但Vitalik 卻像個無欲無求的苦行僧，沒有任何個人私欲，似乎一心只想打造以加密技術驅動的未來。

　　然而，沒有人能保證這樣的未來值得我們追求。2014 年初，Vitalik 在邁阿密的比特幣大會上初次向世人介紹以太坊，他在列舉以太坊可望打造的各種奇妙事物之後，卻用《魔鬼終結者》系列電影裡背叛人類的人工智慧電腦「天網」當作收尾的哏。他不止一次拿這個開玩笑，因為這就像許多知名的笑話一樣，都帶有警世意味。以太坊既有潛力造就烏托邦，也有可能帶來人間煉獄，或是介於兩者之間的各種可能性：

- 以太坊藉由對人們取得虛擬貨幣設下限制，創造出人為的稀缺性，但這也讓社群產生大量可供使用和控制的資本。
- 以太坊把無法或不想買賣高風險網路貨幣的人排除在外，但也促使人們發明各種創新的治理機制，並以前所未見的包容性來共享權力。
- 以太坊必須消耗大量能源來維持運作，但也因此發展出為碳排放和污染定價的新方法，做到了政府不願意做的事情。
- 以太坊催生了一群以鋪張浪費、集體避稅、抬高當地物價而惡名昭彰的「新貴」，但它也是沒有國界、由使用者擁有的金融體系，任何人只要有智慧型手機就能操作。
- 以太坊讓很早就踏入這個世界的頂尖科技高手獲得許多好處，但它也提供了顛覆龍頭科技公司的實質機會。

- 以太坊在提供實際物品的實體經濟之外，開創了一個投機的金融體系，但比起股票市場，它也讓創造價值的人能掌握更多的所有權。
- 人們將大量資金投入無法一眼看出價值的數位收藏品，創造出一種新興商業模式，能支撐「開放取用文化」（open-access culture）的創造與共享。
- 以太坊以後人的利益為代價，承諾讓早期使用者獲致財富，但也讓未來世代獲得一套創建事物的基石，其用途則掌握在創造者手中。

接下來閱讀本書時，請務必將這些矛盾謹記在心，並仔細權衡，釐清哪些看法對自己和社群是有益的。這些互相矛盾的情形仍有極大的可塑空間，雖令人苦惱，卻也振奮人心。

不論是比特幣或以太坊，任何以區塊鏈為基礎的系統都是以共識機制為核心。這是一個由眾多電腦來認可共同資料的過程，並保護這些資料不受操控——不論這些資料是比特幣的交易紀錄，或是以太坊這台世界電腦的運作狀態。

在沒有中心化權威的狀態下，要達成共識並不容易。比特幣所採用的共識機制是「工作量證明」（Proof of Work，簡稱PoW），由許多電腦耗費大量能源解算數學難題，藉此證明自己賣力維護系統的安全性；動用這些電腦的人就是所謂的礦工，他們從中賺取報酬，耗電規模足以與國家匹敵，也因此製造了可觀的碳排放。

以太坊過去也曾因為缺乏替代作法而採用工作量證明機制，但以太坊上線前 Vitalik 就已經在談改革了——等到團隊解決了技術問題，以太坊就要改採「權益證明」機制（Proof of Stake，簡稱 PoS），讓使用者透過「持有數位貨幣」來證明自己對這個系統的支持，而不是仰賴電腦算力，因此能源消耗量極低；此外，在這個系統底下，倘若代幣持有者試圖破壞系統，他們投入的代幣也會失去價值。

　　在本書裡，共識機制既是系統設計，也是一種象徵。一方面，它代表了文中所描繪的付出、承諾、信仰及合作；另一方面，它也放大了種種矛盾，包括：創新與浪費、民主與金錢政治、充滿活力的社群與永不間斷的猜忌。這種象徵一如共識機制本身，拒絕被人過度理想化，同時也意味著任何理想若要在現實世界存續下去，勢必得做出妥協。

　　本書收錄了 Vitalik 親自參與挑選的文章，呈現出他身為社會理論家和行動家的一面——他行思並重，在前進的同時也掂量後果。加密文化主要由年輕男性的優勢族群所組成，這樣的背景似乎與圈內試圖解決的問題背道而馳，因此 Vitalik 反思這樣的文化。Vitalik 有時會談比較技術性的內容，但那類題材是專門寫給開發者夥伴看的，本書的內容沒有那麼艱深：他連撰寫方程式的時候，筆調都平易近人、清晰好讀又不失風趣；即使有些地方稍具技術性，但花點心力讀懂，保證能有所收穫。

　　為使文風一致，書中文章都經過小幅編修，也移除了超連

結網址。由於這些內容最初是寫給那群共享次文化的人，因此，為了方便幣圈以外的人理解，文中用語也搭配了註記加以說明。

隨著加密技術開始闖入人們的主流經濟生活，大家展開熱烈的討論，是否該將這個精靈再度關進瓶子裡，彷彿那還是一個可行的選項。或許讀完本書，原本思考「是否應該」這麼做的人，將跟隨 Vitalik 的腳步，花更多心思去想「如何處理」這個正在持續發酵的議題。倘若我們的確正在建立一套新的社會架構，那麼我們現在所發展與加密技術相關的政治及文化習性，將在日後發揮重大影響。一如 Vitalik 反思後所指出的，「如何處理」至今仍是懸而未決的問題。

PART 1

夢想

Vitalik 在 2014 年 1 月的一篇部落格文章表示,「經過數月的深思和頻繁受挫,在舊金山一個11月的寒冷日子裡[6]」,他寫下了《以太坊白皮書》。那幾個月,他既是事件記錄者(為《比特幣雜誌》撰文),又是建置人員(投入好幾項與比特幣有關的新創事業);他在多個群體之間試著開闢自己的路,這些群體包含了新罕布夏州的自由主義者、蘇黎世的外僑、特拉維夫的程式設計師,以及那些以卡拉福(Calafou,巴塞隆納近郊一處傾頹廠區改建的「反資本主義殖民地」)為據點的人。

比特幣最初是透過白皮書來發表,從那時起,其他加密技術專案都比照辦理:軟體發布前,先公布一份文件;這份文件既是宣言,也包含了技術規格的說明。對 2013 年時從事寫作和建置工作的 Vitalik 來說,這種書寫形式正合他的胃口。PART 1 第二篇〈以太坊,一切的起點〉,正是《以太坊白皮書》的絕佳摘要。雖然以

6.　Vitalik Buterin,〈Ethereum: Now Going Public〉,以太坊基金會部落格(2014 年 1 月 23 日)。

太坊 2.0 和權益證明機制一直要到 2022 年才得以開花結果，但 Vitalik 早在以太坊首次上線的一年半前就已經開始構思這些概念了。

PART 1 談「預挖時期」，也就是區塊鏈公開上線之前，創造代幣的階段。Vitalik 與早期協作者出售依據《以太坊白皮書》原則所預挖的以太幣，募集到價值超過 1,800 萬美元的比特幣，在當時創下最高額網路群眾募資活動的紀錄——之後超越這個紀錄的專案，大部分也都是在以太坊上推出的。雖然其他比 Vitalik 年長又更有經驗的協作者希望成立營利公司，但 Vitalik 頂住壓力，仍然堅持透過非營利基金會的模式創立以太坊。不過，以太坊基金會並不是慈善基金會，這些預挖代幣如果產生價值，Vitalik 和其他創辦人將有可觀的獲利。

PART 1 的內容記錄了 Vitalik 如何從網路自由主義者蛻變為務實又兼容並蓄的基礎架構建置者。當時，他為這些如雨後春筍般冒出的比特幣相關計畫歡呼，但那些計畫存續至今者寥寥可數。後

來，Vitalik 寫出文風更洗鍊的〈論孤島〉（PART1 第四篇），顯示他無意在任何單一計畫裡尋找解決之道。Vitalik 認為，必須要有不服從任何單一意識型態的工具，人們才能徹底改寫社會契約。

在以太坊上線的預備階段，Vitalik 問自己：「它的最終用途究竟是什麼？」他勾勒出一套變革理論，但不以大範圍的顛覆為基礎，而是一小步一小步解決問題。他預測，激勵建置者開發這套技術的信念，將會融入其他用以太坊開創的技術之中。在以太坊公開上線的籌備過程中，他逐漸把心思放在那些無人知曉也無人能夠掌控的技術之上。

——納森・史奈德

加密貨幣的內在價值：
理念

　　至今為止，如何提供誘因來刺激生產活動，主要有兩大對策：**市場和制度化機構（institution）**。純粹的市場完全去中心化，由趨近無限多個行為者所組成；這些行為者往來互惠，進而讓彼此過得更好。

　　另一方面，制度化機構的本質是由上而下的，每個機構都有其治理結構，能在特定時刻決定哪些生產活動的用處最大，並獎勵投身其中的人。制度化機構可運用中心化的權力來提供誘因，促成公共財（public goods）[7]的生產，嘉惠成千上萬的人

7.　這是經濟學的概念，用來指具有以下特性的事物：任何人都能使用，而且當某個人正在使用時，並不會讓其他人無法使用。相關例子包括：語言、路燈、空氣、開放原始碼的軟體等。在區塊鏈文化裡，公共財通常是指「各方所仰賴的軟體基礎設施，但這項基礎設施不為任一方所擁有，也沒有人具備充分的動機去進行開發」。

（儘管每個人只獲得了很小的效益）。不過，眾所皆知，中心化本身也存有風險。

過去一萬年以來，我們基本上只有這兩個選項，但隨著比特幣及其衍生物的崛起，一切可能改觀。事實上，或許我們正在親眼見證第三種誘因形式開始萌芽，也就是貨幣。

貨幣的另一面

依照標準說法，貨幣具備三種基本社會功能：

❶ 被當成交易媒介，讓人們用來買賣商品。人們不再需要以物易物，不必尋找某個「他有的東西你想要、你想要的東西他剛好有」的人。

❷ 能儲存價值，讓人們可以在不同的時間點，進行生產和消費。

❸ 它是計價單位，或可說是一把用於衡量「財貨與勞務」的恆常量尺。

許多人並不曉得貨幣還扮演第四種角色，其重要性經常埋沒在歷史的長河裡，它就是**鑄幣利差**（seigniorage）。

鑄幣利差可以正式定義為：貨幣的市場價值和其內在價值之間的差額；內在價值是指沒有人將該事物當成貨幣使用時，

其本身所具有的價值。

　　穀物這類古人所使用的貨幣，鑄幣利差基本上等於零。隨著經濟和貨幣發展得愈來愈複雜，這種似乎單純是從金錢憑空而來的「虛幻價值」也愈來愈大。甚至發展到了現代貨幣，例如美元和比特幣，其鑄幣利差已經等同於貨幣的全部價值。

　　那麼，鑄幣利差會流入誰的手中？在以黃金等天然資源為貨幣的時代，鑄幣利差基本上並不存在。每一公克黃金都要經由礦工挖掘才能生產出來。起初確實會有一些礦工從中獲得超額利潤，但在一個有效率的市場裡，所有輕鬆獲利的機會都會馬上被人拿下，生產成本逐漸會與經濟報酬相等。

　　人們當然還是能巧妙地設法創造黃金的鑄幣利差。例如，古代的君王會鑄造金幣，由於這些金幣隱含了君王對含金量的保證，因此其價值高於一般黃金，但這些多出來的價值基本上不是由特定對象所掌握。

　　到了美元的時代，我們看見情況略有改變：一部分的鑄幣利差流入了美國政府手中。從許多方面來看，這是一大進步，但革命尚未完成──貨幣擁有了中心化的鑄幣利差，也因為進入人類史上最大的中心化組織的核心，自此與風險脫不了干係。

加密貨幣流行的推手

2009 年，一種新型態的貨幣「比特幣」問世了。比特幣和美元一樣，貨幣價值與鑄幣利差百分之百相等——比特幣本身不具內在價值。但鑄幣利差跑到哪裡去了？答案就是：部分流入礦工手中成為他們的利潤，其他則用來支付礦工維護比特幣網路安全的開銷。如此一來，我們所擁有的這種貨幣，其鑄幣利差可直接用於公共財，也就是比特幣網路的安全性。

這件事的重要性被大幅低估。比特幣的使用者把比特幣當成交易媒介和價值儲存工具，而比特幣流通時所產生的非凡「虛幻價值」能構築出一套去中心化的激勵過程，不需要施展權威或控制就可以提供公共財了。

後來則出現了質數幣（Primecoin）。第一次有貨幣嘗試將鑄幣利差運用於貨幣本身以外的用途。質數幣不要求礦工計算最終並無用處的 SHA256 雜湊，而是尋找質數的坎寧安鏈（Cunningham chain）⁸。這種方式不但有助於發展精細的科學運算問題領域，還能提供動力，促使電腦製造商提升運算電路。儘管對使用者來說，質數幣最大的實質好處「形成區塊只要 60 秒」，在其他名氣低了很多的加密貨幣身上也可以看到，但質數幣的價值仍快速攀升，到了 2014 年還是受歡迎程度排名第 11 的加密貨幣。

---

8. 指各種符合特定規則、由質數組成的數列，例如 2、3、5，每個數字都是前一個的兩倍減一。

幾個月後的 12 月，出現了另一種更古怪卻非常成功的貨幣：狗狗幣（Dogecoin；代碼 DOGE）。這種貨幣在技術上與萊特幣（Litecoin）幾乎一模一樣，差別只在於總供給量是 1 千億顆，不是 8,400 萬顆。即使如此，狗狗幣仍然創下市值 1,400 萬美元的巔峰，排名世界第六，甚至登上《商業內線》（*Business Insider*）和《Vice》雜誌。

狗狗幣究竟有何特別之處？基本上這是網路迷因。狗狗幣的代碼「Doge」是「dog」的俚語，最早出現在《家之星跑者》（*Homestar Runner*）2005 年的木偶劇。此後 Doge 在世界各地掀起風潮，大家開始用柴犬當背景圖，配上彩色 Comic Sans 字體寫的「WOW」（哇）、「so style」（太有型了）、「such awesome」（真棒）之類的短語。

這個迷因代表了狗狗幣的所有廣告行銷元素，包括狗狗幣的官方網站，以及 Bitcointalk 上一定會有的發行討論串[9]、Reddit 分類討論區「/r/dogecoin」和「/r/dogecoinmarkets」在內，所有相關的社群網站和論壇上，狗狗圖片隨處可見。這就是這一款模仿萊特幣的山寨幣能衝高到 1,400 萬美元的原因。

最後，第三個例子來自幣圈之外，是較為傳統的中心化貨幣「唯鏈幣」（VEN），它是由商品、貨幣、期貨等商品所支撐。唯鏈幣也納入了碳期貨，成為第一個以某種形式「與環境

---

9. 在這段期間，由中本聰創建的線上電子布告欄 Bitcointalk 是討論加密貨幣的主要論壇。所有新的加密貨幣都會有與之相關的論壇討論串。

連結」的貨幣。這麼做是一種用經濟打擊環境污染的高明手段：實際上，碳期貨與唯鏈幣的價值呈反向變動，當社會減少使用高碳排放的生產方式，會使貨幣的價值提高，讓二氧化碳的排放許可變得較無利可圖。因此唯鏈幣持有者會有一點經濟上的誘因，去支持有益環境的生活方式，這項特色也成了人們對唯鏈幣感興趣的部分原因。

整體而言，這些例子顯示了替代貨幣主要是仰賴支持者自發的行銷，進而讓更多的人採納。沒有人是因為業務挨家挨戶推銷或說服商家接受，才開始使用比特幣、質數幣、狗狗幣或唯鏈幣。

這些貨幣的流行不只是因為具有技術優勢而已，理念也很重要。從 WordPress 網站、Mega 雲端服務到現在的 Overstock 公司，通通都是受到比特幣的理念吸引才願意採用比特幣。

另一方面，雖然使用瑞波幣（Ripple）對商家來說，比使用比特幣更有技術上的優勢（只需要 5 秒的確認時間），但直到 2014 年為止，它並沒有成為大受歡迎的支付工具。因為瑞波幣是半中心化協定，由百分之百供給瑞波幣的單一公司所支撐，對於注重公平和去中心化的加密貨幣愛好者來說，這樣的性質使它的吸引力打了折扣。相對而言，質數幣和狗狗幣目前都在市面上存活下來，正是因為一個支持科學，一個散播樂趣。

用加密貨幣改造社會

這四個例子再加上鑄幣利差的虛幻價值，為新型態的「經濟上的民主」構築了一幅可行的藍圖：我們有可能創造新的貨幣，用這些貨幣的鑄幣利差（或發行）支持特定的目標，而且人們可透過讓自己的公司行號接受特定貨幣來表達是否支持這些目標。

假如你不是公司老闆，你也可以參與行銷，遊說其他公司接受這款貨幣。例如，你可以開發每個月給全世界每一個人1千顆的社會幣（SocialCoin），只要喜歡這個概念的人夠多，開始接受這款貨幣，世界上就會有一套不需要由某個組織集中提供資金的公民分紅計畫。

我們也可以開發為醫療研究、太空探索甚至藝術活動來提供誘因的貨幣。事實上，已有藝術家、播客節目和音樂家正在思考，如何依據這樣的目的來創建自己的貨幣。

針對「運算研究」這項公共財，我們甚至能更進一步，讓分配過程自動發生。我們可以透過一套機制來為運算研究提供誘因，這套機制一直到 2014 年為止，尚未在真實世界裡實際運用，但點點幣（Peercoin）和質數幣的發明者桑尼‧金（Sunny King）已為其建立理論，就是「卓越證明」（proof of excellence）機制。

這套機制背後概念是：一個人在去中心化投票池裡的權益

和他所獲得的獎勵，不取決於電腦的運算能力或他所持有的代幣數量，而是根據他有多大的能力來解決複雜的數學或運算問題，進而為全人類帶來好處。

舉例來說，如果有人想為數論研究提供誘因，他可以將RSA（RSA integer factoring challenges）[10] 大整數的因數分解挑戰納入貨幣機制，將 5 萬顆代幣（或加上挖礦過程中，對區塊有效性投票的權力）自動發給第一個解開問題的人。理論上，任何貨幣都能以此做為標準的發行模式。

這種貨幣運用方式並非新觀念。地方社群所使用的「社交貨幣」（social currency）早已存在超過一個世紀。不過近幾十年來，社交貨幣運動已從 20 世紀初的巔峰逐漸式微，主因就在於社交貨幣無法拓展到局部區域之外，而且它又不像美元等較成熟的貨幣那樣享有銀行體系帶來的效率。

然而，有了加密貨幣之後，這些阻礙都能瞬間掃除——加密貨幣本身即是世界通用的貨幣，而且享有原始碼內含的強大數位銀行體系。因此，現在或許是最佳時機，讓社交貨幣運動在科技的推動下強勢回歸，甚至還能一舉超越社交貨幣在 19、20 世紀扮演的角色，成為強大的世界經濟主力。

我們將從這個起點前往何處呢？狗狗幣已經讓大家看見創

10. 這是由 RSA 實驗室在 1991 年所發起，共提出 54 個大整數，以獎金讓人們挑戰進行因數分解，藉此鼓勵相關研究的發展。

造自己的貨幣有多簡單，而比特幣開發者麥特‧柯拉羅（Matt Corallo）更架設了網站 Coingen.io，其目的只有一個，就是讓使用者調整幾項參數，就能快速開發自己的山寨版比特幣或萊特幣。儘管目前（2014 年）網站上選項還不多，而且要支付 0.05 顆比特幣的費用，但已有數百款的代幣由此誕生，證明網站頗受歡迎。等 Coingen 網站允許使用者增加卓越證明挖礦機制（讓一部分的發行量能夠流入特定的組織或基金），並提供更多客製化的品牌行銷選項，我們應該會看見成千上萬種加密貨幣在網路上熱絡流通。

加密貨幣能否實現它們帶來的希望，提供更加去中心化、更民主的方式，讓我們把資金集中起來支持某些公共計畫和活動，幫助我們打造引人企盼的社會？也許會，也許不會。但是，現在幾乎每一天就有一款加密貨幣問世，這樣的期許指日可待。

以太坊，一切的起點

　　2013 年開始愈來愈多人討論所謂的「比特幣 2.0 協定」——
這是一種由比特幣啟發的替代加密網路，目標是大幅拓展基礎
技術的應用，使其不僅止於貨幣這一個應用範疇。

　　與比特幣類似的名幣（Namecoin）率先落實了這個概念。
它在 2010 年誕生，用於去中心化的域名註冊。近來在比特幣的
網路上，則出現了由使用者建立的染色幣（colored coins），以
及萬事達幣（Mastercoin）、比特股（BitShares）、交易對手
（Counterparty）等其他更高階的協定，提供諸如金融衍生商
品、儲蓄錢包、去中心化交易等功能。但目前為止，這些發明
都是專門的協定，目的在於針對特定產業或用途提供詳細的功
能集，而且通常具有金融性質。

　　現在，包括我在內，有一群開發者構思出一套相反的計

畫——我們要推出一套盡可能通用的加密貨幣網路，允許每一個人在這個基礎上為幾乎所有想像得到的目的打造專門的應用程式。這個計畫就是：以太坊。

加密貨幣協定就像洋蔥

許多加密貨幣 2.0 協定都擁有和網際網路一樣的設計理念：當協定分成不同的層級（layer）時，加密貨幣的設計才能發揮最大功效。在這樣的思路下，比特幣可以看成是加密貨幣生態系裡的某種 TCP/IP（通訊控制協定／網路通訊協定），允許其他下一代協定建立在比特幣的基礎上，一如電子郵件的 SMTP（簡易郵件傳輸通訊協定）、網頁的 HTTP（超文本傳輸協定）、聊天室的 XMPP（可擴展傳訊及在場協定），通通都是以 TCP 做為共同基礎資料層。

目前有三個主要的協定採取這個模式，分別是染色幣、萬事達幣和交易對手。染色幣協定的運作方式很簡單。首先，使用者為特定的比特幣標記上特殊意涵，藉此創建染色幣。例如，假設鮑伯是黃金發行商，他也許會想標記某一組比特幣，表示「每 1 聰比特幣可以向他贖回 0.1 公克的黃金」。之後，這份協定可在區塊鏈上追蹤那些比特幣，進而推算在任一時間點持有黃金的是哪些人。

萬事達幣和交易對手則比較抽象一些。它們用比特幣的區

塊鏈來儲存資料，所以萬事達幣和交易對手的交易，也是比特幣的交易；只不過，協定會用截然不同的方式去解讀交易。例如，你可以設定兩筆萬事達幣交易，一筆傳送 1 顆萬事達幣，另一筆傳送 10 萬顆萬事達幣，但對於不曉得萬事達幣協定如何運作的比特幣使用者，兩筆交易看起來都只是傳送 0.0006 顆比特幣的小額交易。萬事達幣專屬的中繼資料（metadata）被編碼在交易輸出的程式碼內，萬事達幣的客戶必須到比特幣鏈上搜尋萬事達幣的交易資料，才能確定當前的萬事達幣資產負債表。

我個人有幸能與多位染色幣和萬事達幣的協定發起者直接交談，也積極參與兩項計畫的開發過程。但經過大約兩個月的研究和參與，我發現到，雖然「將高階協定建立在低階協定上」這個基本概念值得讚揚，但當前這種實施狀況卻有根本的瑕疵，可能導致這些計畫無法突破只有一小群人使用的窘境。

原因不是協定本身的點子不好，這些構想都很棒，只要看看社群的反應就能知道，這些嘗試正好貼合了人們的迫切需要。問題其實在於：他們想用來當作高階協定基礎的低階協定「比特幣」，本身並不適合這樣的任務。

這不是說比特幣不好或比特幣不是劃時代的發明，就價值的儲存和轉移來看，比特幣是很出色的協定。然而，從當作低階協定的角度來看，比特幣的效果較差──比起用於建置 HTTP 的 TCP 協定，比特幣更像是擅於執行本身任務的 SMTP 協定（SMTP 的任務是傳輸電子郵件，比特幣是傳輸金錢），並不擅

長為其他事物提供基礎。

比特幣的具體失敗主要體現在一個地方：可擴充性。比特幣本身具備加密貨幣所能夠達到的可擴充性——即使區塊鏈膨脹到超過 1TB，《比特幣白皮書》裡也有「簡易支付驗證」（simplified payment verification，簡稱 SPV）協定，允許頻寬和儲存空間只有幾MB的「輕客戶端」安全地判定是否完成交易。

然而，一旦使用染色幣和萬事達幣就無法辦到這件事，原因在於為了確定某些染色幣的顏色為何，你不只需要用比特幣的簡易支付驗證去證明交易存在，還需要一路回溯到這種染色幣的創世區塊[11]，而且過程中的每一步都要執行SPV檢查。有時候，往前回溯所花費的力氣必須以倍數計算，而且因為MetaCoin 協定的關係，倘若不去驗證每一筆交易，就無法得知任何資訊。

這就是以太坊要去修正的環節。以太坊不打算像萬用瑞士刀那樣，成為提供數百種功能、什麼需求都能滿足的協定。以太坊的目標是成為優秀的基礎協定，讓其他去中心化應用程式[12]在建構時能以此為基底，不需要仰賴比特幣；同時，還能提供更多的工具，並讓人們享有以太坊的可擴充性及效率帶來的全部好處。

---

11. 是指區塊鏈的第一個區塊。比特幣圈最早使用這個說法，以太坊和其他區塊鏈也跟著沿用。
12. 泛指主要仰賴鏈上的智慧合約來與使用者互動的軟體。這種軟體是在區塊鏈上執行，而不是在某個人的伺服器上。此處提及的幾項計畫很早就開始打造 DApp 了。

不只是差價合約

在以太坊的開發階段，很多人關心能不能把金融交易契約放到加密貨幣上，其中最基本的形式就是「差價合約」。在差價合約中，雙方同意投入一定金額，之後再根據標的資產的價值按比例領出。

例如，艾麗絲和鮑伯分別投入 1,000 美元，30 天後，區塊鏈會自動退還愛麗絲 1,000 美元；而且如果在這期間內，萊特幣兌美元的匯率每上升 1 美元，結算時就會多撥給愛麗絲 100 美元，最終，付給愛麗絲之後剩下的金額才傳送給鮑伯。

有了這些合約，人們不必透過任何中心化的交易所，就能進行高槓桿的資產投機，或透過抵銷曝險來減少加密貨幣波動的影響。

然而，目前差價合約顯然只是大觀念底下的一個特殊例子，這個大觀念叫「公式合約」（contracts for formulas）。合約不只是能從愛麗絲收取 x 美元、從鮑伯收取 y 美元，並退給愛麗絲 z 美元，再加上某項指標上升每 1 美元發給的 z 美元；合約應該要能具備各式各樣的複雜度，依照不同的數學公式來退給愛麗絲資金。假如方程式允許使用隨機數做為輸入值，這些

通用的差價合約甚至能夠用於進行某種點對點（peer-to-peer）[13]
的博弈。

　　以太坊承襲這樣的概念，並往前推進一步。以太坊上的合
約不只是兩造之間從生效到終止的協定，反而更像是某種由區
塊鏈模擬的自主代理人（autonomous agents）。每份以太坊合約
都有自己的內部指令碼，每次有交易傳來時，就會啟動這個指
令碼。指令碼語言會存取交易的金額、傳送者和選項資料欄
位，以及某些區塊資料和區塊本身的內部記憶體，用這些做為
輸入資料，還能傳送交易。

　　若要完成一份差價合約，愛麗絲必須先建立一份合約，在
裡面存入價值 1,000 美元的加密貨幣，再等鮑伯傳送一筆 1,000
美元的交易，以此表示他接受了愛麗絲的合約。接著合約會依
照設定開始計時，30 天後愛麗絲或鮑伯可以向合約傳送一筆小
額交易，藉此再次呼叫合約，並釋出資金。

---

13. 是一種由節點組成的網路，這些相連的節點彼此對等。在區塊鏈出現之前的世界，點對點的例
　　子包括線上分享平台 Napster 和 BitTorrent。多數網站和中心化平台的架構都是採用客戶端伺服
　　器，這些伺服器享有使用者所缺乏的優勢。點對點架構則不一樣，在公眾區塊鏈（例如以太坊
　　網路）中，任何使用者都可以既是客戶端，也是伺服器；另一種採取「許可制」（permissioned）
　　的區塊鏈則只允許特定使用者成為節點。

以下是運用高階程式語言撰寫的以太坊貨幣合約程式碼：

```
if tx.value < 100 * block.basefee:
  stop
if contract.memory[1000]:
  from = tx.sender
  to = tx.data[0]
  value = tx.data[1]
  if to < = 1000:
    stop
  if contract.memory[from] < value:
    stop
  contract.memory[from] = contract.memory[from] - value
  contract.memory[to] = contract.memory[to] + value
else: contract.memory[mycreator] = 10000000000000000
contract.memory[1000] = 1
```

除了這種用途較窄的差價合約模型，白皮書還列出許多能藉由以太坊指令碼實現的交易類型，以下列舉幾例：

◆ 多重簽章信託付款

精神與比特幣仲裁服務 Bitrated 類似，但比起比特幣，其規則更為複雜。例如：簽署人不需要手動將一部分已簽署的交易傳出去；人們可以在區塊鏈上個別授權提款，不需要同步，等到有足夠的人數授權之後，系統就能自動完成整筆交易。

◆ 儲蓄帳戶

這是一項有趣的功能，假如愛麗絲想要存取一大筆錢，但她不想承擔存款因為私鑰不見或被偷而化為烏有的風險，她可以和鮑伯——猶如看似可信的銀行——建立一份合約，其規則是「愛麗絲每天最多可提領 1 單位的貨幣，但若有鮑伯的許可，則可提領任何金額；鮑伯自己每天最多可提領 0.05 單位」。

在正常的情況下，愛麗絲每次只需要一點點錢，如果她需要多一點，則可以向鮑伯證明自己的身分再提款。

假如愛麗絲的私鑰被偷了，她可以去找鮑伯，在小偷取走超過 1 單位貨幣之前將錢轉移到另一份合約；如果愛麗絲的私鑰不見了，她可以找鮑伯幫忙取回資金；萬一鮑伯其實是個壞人，愛麗絲的提款速度也會是他的 20 倍。

簡單來說，這套機制具有傳統銀行的所有安全措施，但幾乎不需要建立任何信賴關係。

◆ 點對點博弈

以太坊可以執行任何一種點對點的博弈協定。最基礎的協定就是可輸入隨機數（如區塊雜湊值）的差價合約。

◆ 創建自己的貨幣

你可以運用以太坊的內部記憶儲存區，在以太坊內創建一款全新的貨幣。這些新貨幣可以在創建之後彼此互動，也可以設有去中心化的交易所，或具備其他先進的功能。

以太坊程式碼的優點在於，它的指令碼語言除了有手續費的機制之外，沒有其他限制，基本上任何規則都能編入程式碼。我們甚至可以用區塊鏈管理整間公司的存款，例如建立一份合約，規定公司現有股東的 60% 同意才能動用資金（或得到 30% 的股東同意，每天最多可動用 1%）。

其他較不傳統的資本主義式架構也有可能在這裡實現，其中一種構想是關於民主型態的組織：其唯一的規定就是必須獲得二分之二的現有成員同意，才能邀請新成員加入。

金融以外的應用潛力

話說回來，對於以太坊和它上頭的加密協定而言，金融應用只是牛刀小試。雖然以太坊最初是因為金融應用而在幣圈引起許多關注，但以太坊的長期潛力在於它能夠與其他金融以外的點對點協定一起運作。

目前，金融以外的點對點協定有一大問題，那就是誘因不足——不同於經營中心化的營利平台，人們沒有參與點對點的

經濟誘因。

　　雖然有些時候，「參與」本身在某種程度上就是一種誘因，這也是為什麼人們願意持續撰寫開放原始碼軟體、投入編撰《維基百科》、在論壇上留言和撰寫部落格文章。但在點對點協定的情境下，不論怎麼看，參與通常都不再是件「有趣」的事，因為你需要投入大量資源，任由精靈程式（daemon）自動執行（可能會占用中央處理器效能和消耗電力）。

　　舉例來說，自由網（Freenet）[14]這一類的資料協定存在已久，主要提供去中心化、抗審查的靜態內容託管服務；但實務上，自由網的速度非常慢，很少有人在上面貢獻資源。其他檔案共享協定都有相同的問題：雖然利他心態足以成為散播商業賣座大片的動機，但對不那麼偏好主流影片的人來說，效果明顯降低。因此，共享檔案所具有的點對點特性，實際上反而可能助長娛樂和媒體製作的中心化，而非遏阻。不過，這些問題或許能透過提供誘因來解決——讓人們參與這個網路時，不只可以推動非營利的小專案，還能開創事業和維持生計。

◆ 提供誘因的資料儲存

　　基本上是去中心化的 Dropbox。運作原理如下：如果使用者想要在網路上備份 1GB 的檔案，可以建立一種稱為「默克爾

---

14. 這是知名電腦科學家伊恩·克拉克（Ian Clarke）在 1999 年發明的點對點分散式網路系統，其目的在於實現去中心化，以及營造出匿名、自由、開放的資料分享環境。

樹」（Merkle tree）[15] 的資料結構，再將樹根連同 10 顆以太幣一起放入一份合約，接著把檔案上傳到另一個專門網路；在那裡，願意出租硬碟空間的節點會留意傳送進來的訊息。

合約每天會自動隨機挑選一根樹枝（例如：「左邊→右邊→左邊→左邊→左邊→右邊→左邊」），最後形成一個檔案區塊，並支付 0.01 顆以太幣給提供樹枝的第一個節點。每個節點都會儲存整份檔案，以便儘量提高獲得獎勵的機會。

◆ 比特信與洋蔥路由器

比特信（Bitmessage）是經過加密的下一代電子郵件協定，也是完全去中心化的。除了需要網路之外，不須仰賴第三方，任何人都能用它傳送訊息給其他的比特信用戶。

不過，比特信有一個缺點：訊息不是傳送到「myname@email」這種一般大眾熟悉的電子郵件地址，而是要傳送到以亂碼組成、共 34 字元的比特信地址，例如 BM-BcbRqcFFSQUUmXFKsPJgVQPSiFA3Xash。

對此，以太坊合約提供了解決之道：大家可以在特定的以太坊合約上註冊一個名稱，比特信客戶端可以在以太坊的區塊

---

15. 由勞夫‧默克爾（Ralph Merkle）於 1979 年提出，又稱雜湊樹（hash tree）、狀態樹（state tree）。這是一種由資料塊進行雜湊後組成的樹狀資料結構，可為交易提供摘要，安全有效地驗證資料的一致性。默克爾樹的結構及其在區塊鏈中的應用，請參見附錄《以太坊白皮書》〈默克爾樹〉一節。

鏈上，私下查詢某個名稱的 34 字元比特信地址。線上匿名網路「洋蔥路由器」（The Onion Router，Tor）也有相同的問題，一樣可以用這個方法來解決。

◆ 身分識別與信譽系統

當我們能在區塊鏈上註冊名稱，下一步便呼之欲出了：在鏈上 [16] 建立信任網（web of trust）。若要有效建立點對點通訊的基礎架構，信任網會是關鍵：若你知道某一把特定公鑰代表某個人，你也會希望同時知道這個人是否值得信任。解決方法就是善加運用社群網路：如果你信任 A，A 信任 B，B 又信任 C，那在某種程度上，C 有很高的機率是值得你信任的。

以太坊正好可以扮演資料層，支撐完全去中心化的信譽系統——最終甚至有可能撐起完全去中心化的市場。

以上的諸多應用包含了正在順利發展的點對點協定與計畫。在那些案子中，我們希望盡可能與多項計畫建立合作關係，並協助他們募資，好讓他們能夠將價值導入以太坊生態系。

我們不只希望幫助幣圈，也希望幫助整個點對點社群，包

---

16. 是指與區塊鏈直接互動的那些活動，例如使用智慧合約進行投票的過程。反之，鏈下活動的例子包含：在社群媒體上討論投票事宜，或召開董事會，決定如何以公司的代幣進行投票。

括檔案共享、Torrent[17] 下載程式、資料儲存、網狀網路（mesh networking）[18] 等。我們相信很多計畫都能為社群創造極高的價值，尤其是在金融以外的領域；只不過，這些計畫因為缺乏有效的募資機會，無法健全發展。以太坊或許能成為最終的推動力，將數十個這樣的案子推向下一階段。

這林林總總的應用如何建立在以太坊之上？答案在以太幣的內部程式語言。我們可以用網際網路來比擬。1996 年，網路上還只有 HTML，大家只能做出像雅虎地球村（GeoCities）這樣的靜態網頁。後來開發者了解到人們對於在 HTML 提交表單的需求，便增加了表單功能，但這就像是網路協定裡的染色幣——想要解決某個問題，卻欠缺整體考量，選擇在不夠強健的協定上執行。

沒多久，大家想出了在網路瀏覽器加入 JavaScript 程式語言的方法，把問題解決了：JavaScript 是符合圖靈[19] 完備性的通用程式語言，可用於建構各種複雜度的應用程式，像是 Gmail、臉書，甚至比特幣錢包。JavaScript 的開發者並未決定要大家打造出 Gmail、臉書或比特幣錢包，他們只是希望擁有一個可用

---

17. Torrent 程式將檔案製作成俗稱「種子」的 .torrent 文件檔，透過 BitTorrent 協定進行點對點檔案共享，其特色為「允許資料透過多個來源分段傳輸」、「加入共享的電腦不需要隨時保持開啟」，以及「下載檔案的用戶亦可將檔案分享出去」，利於大量分享。
18. 這是一種配置網路元件的方式。在這種配置下，每一個節點都能成為路由器或終端設備，藉此互通有無，形成一張網子。當其中一個節點失效，其他節點仍可繼續運作，由網狀網路重新尋找替代路徑及分配流量，可視為點對點的架構應用。
19. 這是電腦科學的一個重要概念，意指電腦系統或程式語言的運算能力足以執行各種可能的演算。因此，符合圖靈完備性的系統或語言可用於模擬任何演算系統。

的程式語言；而這個語言的用途則交由我們的想像力決定。

　　這正是我們希望為以太坊注入的精神。以太坊無意成為一切加密貨幣發明之物的終點，而是做為一切的起點。

更進一步的創新

　　在圖靈完備性、通用的指令碼語言等主要特色外，以太坊也比現有的加密貨幣多了些改良：

◆ 手續費

　　以太坊合約會調節圖靈完備性，防止交易遭到濫用——例如在執行指令碼的每一個運算步驟都設下手續費，以避免運算形成會吃掉記憶體的怪獸（memory hog）和無限迴圈指令碼。針對儲存空間的存取和密碼編譯作業等比較消耗資源的事項，收取較高的費用，而合約中的每個儲存項目也都會收費。

　　為了鼓勵合約自行清理占據的儲存空間，一旦某份合約能減少占用，系統就會對它「進行退款」。事實上，有個特殊的「SUICUDE」作業碼可用於清理合約，並將該合約所含的資金和刪除儲存變數的費用退還給合約建立者。

◆ 挖礦演算法

有許多人關心能不能發明某種加密貨幣，足以抵禦專用的挖礦硬體，讓普通使用者不需要特別投入資金，也能用一般規格的硬體參與挖礦，避免形成中心化。目前為止，主要的解方是需要耗用大量算力和記憶體的挖礦演算法「Scrypt」，但Scrypt占用的記憶體還不夠多，而且有公司正在打造Scrypt的專用設備。

有鑑於此，我們想出一種工作量證明演算法的原型Dagger，能比Scrypt占用更多記憶體；我們也想出一種權益證明演算法的原型Slasher，可以完全避開這個挖礦問題。不過，我們最終打算舉辦一場競賽，類似於決定採用AES[20]或SHA3[21]標準的對決，邀請來自世界各地的大學研究團隊，構思對一般規格硬體使用者最友善的挖礦演算法。

---

20. 進階加密標準 Advanced Encryption Standard，簡稱 AES，由美國國家標準技術研究院（NIST）於 2001 年所制定，可對 128、192、256 位元的資料進行加解密，用以提高資料的加密強度和安全性。
21. 安全雜湊演算法 3 Secure Hash Algorithm 3，簡稱 SHA3，是美國國家標準技術研究院於 2015 年發布的標準，用於將任意長度的資料轉換成固定長度的雜湊值，以確保數據的完整性，避免資料遭到竄改。

◆ 幽靈協定（GHOST）

GHOST 是阿維夫・佐哈（Aviv Zohar）和尤納坦・桑波林斯基（Yonatan Sompolinsky）開創的新區塊傳播通訊協定，能大幅加快區塊鏈的區塊確認時間，在理想的狀況下只需時 3 到 30 秒，而且不會有快速確認區塊常會產生的中心化、高過時率（stale rate）等問題。以太坊是第一個將單一簡化版本 GHOST 納入協定的主要加密貨幣。

藍圖

建立以太坊應該會是一項牽涉廣泛、非得花上數個月才能達成的任務；基於這點，以太坊會分階段發布。第一階段是發布白皮書，這已大功告成；而論壇、維基百科、部落格也已經建置好，每個人都能自由瀏覽，也能建立帳號在論壇上留言。

1 月 25 日（2014 年），我們將在邁阿密的大會上展開為期 60 天的募資活動，在這段期間內，所有人都可以用比特幣購買在以太坊上使用的「以太幣」——類似萬事達幣的募資活動——價格為 1 顆比特幣購買 1 千顆以太幣。不過，早期投資者可獲得約 2 倍數量的以太幣做為補償，因為早期投入計畫必須承擔較高的風險。此外，參與募資活動的人不只能獲得以太幣，還能獲得其他獎勵，包括大會的免費門票、創世區塊裡的 312 位

元組空間；出資金額排名前幾的捐款者甚至能替以太幣的 3 個子單位命名──就像比特幣也有子單位「微比特」（microbitcoin）那樣。

以太幣不會以單純的一套機制來發行，而是折衷，融合數種發行方式的長處，其運作模式如下所述。

募資活動會以每顆比特幣兌換 1 千至 2 千顆以太幣的比例發行以太幣，早期參與者的兌換價格比較好，用來彌補早期參與的不確定性；而募資金額的最低門檻為 0.01 顆比特幣。假設透過這種方式發行了 x 顆以太幣：

- 將有 0.225x 顆的以太幣，分配給信託成員和募資活動開始以前就大力參與的早期貢獻者。這些以太幣將儲存於時間鎖合約，一年後可以動用約 40%，兩年後 70%，三年後 100%。
- 將有 0.05x 顆的以太幣撥至基金，用於支付從募資活動到以太幣發行這段期間的開銷以及獎勵金，金額將用以太幣計價。
- 將有 0.225x 顆的以太幣做為長期儲備，用來支付以太幣發行後的開銷、薪資和獎勵金，金額將用以太幣計價。
- 以太幣上線後，每年會有 0.4x 顆的以太幣被挖掘出來。

相較於比特幣和其他大多數的加密貨幣，以太幣有一大區別：貨幣的最終供給量沒有上限。設計這種「永久線性通貨膨

脹」模型的目的，是讓以太幣不發生通貨膨脹或通貨緊縮。沒有供給上限，是為了在某種程度上抑制現有貨幣帶來的投機和財富不均等；但在此同時，採用線性通膨模式——非傳統的指數型通膨模式——可使有效通膨率逐漸趨近於零。此外，由於貨幣的起始供給量並非為零，因此前八年的貨幣供給成長率實際上會小於比特幣，讓募資活動參與者和早期採用者有機會在中期大幅受惠。

到了 2 月的某個時間，我們將推出中心化的測試網路——任何人都能用這個伺服器傳送交易和建立合約。在那之後，很快就會推出去中心化的測試網路，用於測試各種挖礦演算法，確保點對點 GHOST 程式能安全、正常地運作，並採取措施讓指令碼語言最佳化。最後，當我們確定協定和客戶端安全無虞之後，我們將發布創始區塊，允許礦工開始挖礦。

展望

由於以太坊內含符合圖靈完備性的指令碼語言，透過數學證明可以知道，以太坊可以辦到比特幣這類加密貨幣能辦到的任何事情。不過，這個協定目前仍有問題尚未解決。舉例來說，以太坊無法解決所有區塊鏈加密貨幣所面對的基本擴充問題——也就是，每一個全節點都必須儲存整份資金帳本，並驗證每一筆交易。雖然以太坊從瑞波幣汲取靈感，構思出「默克

爾樹」和「交易清單」的概念，在某種程度上緩解了這個問題，但至今還沒有根本性的突破。因此，將需要艾里‧本‧薩松（Eli Ben-Sasson）的「安全運算完整性與隱私」（Secure Computational Integrity and Privacy，簡稱 SCIP）[22] 這一類正在開發的技術。

除此之外，以太坊並未改進傳統工作量證明挖礦機制的各種缺點，而優秀證明機制和瑞波幣之類的共識機制也有待進一步探索。如果最後發現權益證明或其他工作量證明的演算法更好，未來的加密貨幣或許會改採 MC2 和 Slasher 這類的權益證明機制。若以太坊 2.0 真的有可能實現，將會在這些領域裡持續改良。

總而言之，以太坊是一項開放式的計畫，若能籌到足夠的資金，我們甚至有可能自己推出以太坊 2.0，將原始帳戶的貪金帳本轉移到更先進的網路上。最後，如同我們賦予以太幣的標語：**我們唯一的限制，就是我們的想像力。**

---

22. 這種技術可應用於分散式系統和雲端運算，旨在確保運算過程不會出現非法操作、資料外洩與竄改等問題，以保障運算的完整性和隱私。

智慧合約與鏈上法官

　　我們在以太坊上面推廣的許多概念或許聽起來前衛，有時甚至有點嚇人。我們談到可以自動履行的「智慧合約」，讓人沒必要、也沒機會介入或參與；我們談到人們組成類似天網的「去中心化自治組織」，完全存於雲端，卻能掌控強大的金融資源，並提供誘因讓人們在實體世界採取實際行動；我們還談到憑藉去中心化的「數學法則」，去追求烏托邦式的理想，打造某種完全無須仰賴信任的社會。　對於欠缺資訊的使用者來說，尤其是連存在許久的比特幣都沒聽過的人，可能難以理解這些事情怎麼有可能實現，即使可以實現，又為何值得一試。

　　以下文章將逐一剖析這些概念，探討相關的特性、優點、侷限，帶你了解它們的意義。

首先要談所謂的智慧合約，這是存在數十年之久的概念了。直到 2005 年，因為尼克·薩博（Nick Szabo）的緣故才有這個名稱，並首度實際引起關心加密技術的大眾注意。

　　智慧合約的定義基本上很簡單：智慧合約是會自動履行的合約。換句話說，一般合約只是包含文字的一張紙（或近來使用的 PDF 文件），其背後隱含著必須由法官來命令締約的一方按照特定條件傳送金錢（或其他資產）給另一方；智慧合約則是一套電腦程式，可以在硬體上執行，自動實現合約訂立的條件。尼克·薩博用販賣機當例子說明：

　　現實生活中有個貼切例子，或許能將其視為智慧合約的始祖，那就是不怎麼起眼的自動販賣機。販賣機會在潛在損失有限的情況下（錢箱裡的錢應該要少於破壞機台的成本）收取硬幣，並透過簡單的機制（資工系大一新生就能以有限的自動機原理設計出來），按照顯示的價格找錢，並送出產品。販賣機是一種不記名合約：任何持有硬幣的人都能與機台交易。販賣機有上鎖的箱體和其他安全機制，可防止裡面儲存的硬幣及物品遭竊，因而能夠設置於諸多場合，替業主賺錢。

　　智慧合約將這個概念應用於許多事情上。我們可以設定智慧金融合約，使其依照特定公式和條件自動轉移金錢；我們可以設定智慧域名銷售訂單，將網域名稱指派給率先傳送 200 美

元的人；我們甚至可以設定智慧保險契約，以掌控銀行帳戶，並根據現實世界中單一或綜合的可信資訊來源進行自動付款。

智慧資產

然而，現階段浮現一個明顯的問題：這些合約要以什麼方式來落實？就像傳統合約，除非有一位擁有公權力的法官去執行合約，否則合約本身毫無價值。智慧合約也需要「接上」某種系統，實際取得做事的力量。

最顯而易見、最古老的解決方式便是依靠硬體，這個概念又稱為「智慧資產」。尼克薩博的販賣機就是一個貼切的例子，販賣機裡有某種智慧合約的雛型，內含一組看起來如下呈現的程式碼：

```
if button_pressed == "Coca Cola" and money_inserted
> = 1.75:
  release("Coca Cola")
  return_change(money_inserted - 1.75)
else if button_pressed == "Aquafina Water" and
money_inserted
> = 1.25:
  release("Aquafina Water")
  return_change(money_inserted - 1.25)
else if …
```

這份合約有四個與外在世界連結的「勾點」：**按鍵和投入的金錢是輸入資料，出貨和找錢指令是輸出資料。**這四個勾點都仰賴硬體來執行，但我們把焦點放在後面三樣，因為人工資料輸入不太會構成問題。

假如這份合約是用 2007 年的安卓手機來執行，它會變得毫無用處，因為那支安卓手機無法得知機台被投入了多少錢，當然也無法送出可口可樂或找錢。但另一方面，這份合約在販賣機上會擁有某種「強制力」──這種強制力來自於販賣機裡面放了可口可樂，而且它還具備實體防盜裝置，能防止他人漠視合約規則、直接取走可樂。

智慧資產還有另一種更新穎的應用，也就是汽車租賃：想像一下，在某個世界裡，每個人的智慧型手機上都有一把自己的私鑰，然後有一輛車，你只要付 100 美元到某個網路位址，這輛車在當天就會自動回應你的私鑰發出的各種指令。

相同的原則也可以應用在房子上。要是你覺得聽起來很不切實際，請記得，大部分的辦公大樓已經是一種智慧資產了：透過門禁卡管制人員進出，卡片能否開門、開哪一扇門，都是由一組與資料庫相連的程式碼來決定。如果公司還設有自動處理聘僱合約、啟用新進職員門禁卡的人資系統，那麼聘僱合約也算得上是智慧合約了。

智慧貨幣與共識社會

　　然而，實體資產能做到的非常有限。實體資產只具備有限的安全性，所以如果你想動用超過數十萬美元來做一些有意思的事，其實智慧資產還無法做到。而且說到底，最有意思的合約會涉及金錢的移轉，但這要如何付諸實現呢？

　　目前，我們基本上辦不到。理論上，我們可以在智慧合約上輸入銀行帳戶的詳細資訊，之後合約再根據某些條件把錢匯出；但問題在於，這樣的合約並非真正的「自動履行」合約，因為建立合約的一方可以在匯款執行前隨時終止合約，或提光帳戶裡的錢，甚至是更改帳戶密碼。最終，不論合約與系統整合得多好，都有某個人能夠取消合約。

　　要如何解決這個問題？終極手段對整個社會來說很激進，但在比特幣的世界裡已經是舊聞了：我們需要一種新的貨幣。目前，金錢的演進有三個階段：商品貨幣、由實物支撐的貨幣，以及法定貨幣。

　　商品貨幣很簡單：**貨幣具有價值，因為貨幣本身也是具有「內在」使用價值的商品**。白銀和黃金就是最佳例子，在比較傳統的社會裡，還有茶、鹽（薪水的英文「salary」就是源自於鹽「salt」）、貝殼等商品貨幣。後來出現由實物支撐的貨幣：**由銀行發行的憑證，可用於兌換黃金，因而具有價值**。

　　最後一個階段則是法定貨幣。法定貨幣的英文是「fiat

money」，其中 fiat 的寫法和「fiat lux」裡的 fiat 一樣，只不過意思不是上帝說的「讓這裡有光」，而是美國聯邦政府說的「讓這裡有錢」。**法定貨幣之所以有價值，主要是因為發行它的政府只接受人們用它來納稅和繳費，同時還賦予它其他的法定用途。**

但比特幣出現後，我們有了新的貨幣形式：共識貨幣（factum money）。共識貨幣和法定貨幣的區別在於，法定貨幣因為政府的發行而存在，並由政府維護（或理論上，由某些其他類型的機構來發行及維護），而共識貨幣則否。

共識貨幣只是一套帳本，附有幾條如何更新帳本的規則；這種貨幣只有在願意接受這些規則的使用者之間具有效力。舉例來說，我們可以另外規定只有誕生自某些「創世交易」的比特幣可以列入帳本，而這種貨幣稱為染色幣，它也是一種共識貨幣（除非那些染色幣是法定貨幣或出實物支撐的貨幣）。

事實上，共識貨幣的好處就在於它與智慧合約完美結合。智慧合約的主要問題出在執行：如果合約說 X 情況出現時會傳送 200 美元給鮑伯，當 X 情況真的發生了，我們要如何確保 200 美元真的傳送給鮑伯？共識貨幣提供了絕佳的解決方式：**因為這類貨幣的界定**——或更精準地說，當前帳本的狀態——正是取決於所有合約的執行結果。因此，當 X 情況真的發生了，每一個人都同意鮑伯多了 200 美元；當 X 情況沒有發生時，每一個人都同意鮑伯擁有的金額不變。

這種發展其實比你乍看之下所以為的還要進步：有了共識貨幣，我們就有辦法建立智慧合約，甚至能建立一套有效運作的法規，無須仰賴任何強制執行的機制。想要規定亂丟垃圾罰款 100 美元嗎？那就替貨幣加上「亂丟垃圾會減少 100 美元」的定義，並說服別人接受這款貨幣。現在，這個例子距離實現還非常遙遠，而且還要符合後面將談到的幾項重要前提才有可能實現。不過，這個例子能說明一般性的原則，而且我們還有許多適用這個原則又沒那麼前衛的情況，絕對能夠付諸實踐。

智慧合約究竟有多聰明？

智慧合約顯然能有效應用於各種金融用途，或更廣泛地應用於兩種共識資產之間的轉換。其中一個例子是網域名稱販售，像 google.com 這類網域名稱是一種共識資產，由伺服器上的資料庫在背後支持。這個資料庫的價值來自於我們願意接受它，而貨幣，也一樣可以成為共識資產。

現在，販售網域的過程很複雜，通常需要藉助專業的服務。未來，你或許能把銷售方案包進智慧合約，再放上區塊鏈，一旦有人接受這份合約，這筆交易的買賣就會自動執行，完全沒有詐欺的可能。回到幣圈來看，去中心化的貨幣兌換則是另一個例子；此外，我們也可以提出用於避險和槓桿交易的金融合約。

然而，有些情境不太適合使用智慧合約。例如，請想像一份聘僱合約：A 同意替 B 做一件工作，報酬為 x 單位的 C 貨幣。雖然報酬的部分很容易納入智慧合約，但另一個環節——確認工作確實完成，就沒那麼容易了。

　　如果這是一件發生在實體世界的工作，幾乎不太可能進行確認，因為區塊鏈沒有任何踏入實體世界的管道。即便工作成果是一個網站，仍然會有如何評估工作品質的問題。雖然電腦程式可以藉助機器學習演算法，在某些情況下相當有效地評估不同環節的品質，但我們若要將智慧合約應用於公眾契約，我們會很難避免受僱者鑽漏洞來「玩弄系統」。有時候，由演算法規範的社會也有不夠好的地方。

　　幸好，我們有折衷方案能兼顧兩種世界的優點：法官。基本上，一般法庭上的法官有無限大的權力可以照自己的意志行事，而審判過程的整體接合也不是那麼好，人們必須提告、等待相當長的一段審理時間，法官才會裁決，並由司法體系執行判決——司法體系本身並非高效的典範。雖然私人仲裁通常比法院更便宜快速，但即便如此，還是會遭遇同樣的問題。

　　在共識世界裡的法官則非常不一樣，智慧聘僱合約可以寫成像下面這樣：

```
if says (B,"A did the job") or says (J,"A did the
job"):
  send (200, A)
else if says (A,"A did not do the job") or says (J,"A
did not do the job"):
  send (200, B)
```

says 是簽章驗證的演算法；says(P,T) 基本上是用來檢查某個人是否提交含有文字 T 的訊息，以及上頭的數位簽章是否使用 P 所持有的公鑰，並經過驗證。

那這份合約會如何運作呢？首先，雇主傳送 200 單位的代幣，由合約託管。在多數情況下，雇主和受僱者都是誠實的，此時若不是 A 退出，並簽章表示「A 未完成工作」，再把資金退還給 B；那就是 A 完成工作，而 B 驗證 A 完成了工作，讓合約把錢發給 A。然而，萬一 A 做了工作，B 卻否認，此時就交由法官 J 來判定 A 是否完成工作。

請注意，J 的權力有嚴謹的定義；J 只能表示 A 完成工作，或 A 未完成工作。在更複雜的合約裡，J 或許有權力在是否完成工作的兩極之間做權衡，但 J 無權表示 A 實際上應得 600 單位的代幣，或這個合作關係不合法、200 單位代幣應該給 J，或是任何超出明訂範圍的事項。而且 J 的權力是透過共識機制來落實──該合約含有 J 的公鑰，因此資金會自動依照設定的條件發給 A 或 B。

智慧合約甚至可以規定，必須從三位法官之中取得兩位的意見，或是規定由不同法官評判不同的工作環節，合約再自動

為 A 的工作成果進行評等。每一份合約都可以依照需求安插法官，由法官判別特定事件的真假、評判某項變數，或擔任啟動合約內容的一方。

比起現有系統，這套做法有何優勢？簡單來說，這裡引進了「評判服務」的概念。目前，如果想要成為評斷事務的「法官」，你必須受僱於私人仲裁公司、政府的法院，或自己創業。但在採用加密技術的共識法律體系裡，只要有公鑰和有網路連線功能的電腦就能成為法官。此外，雖然聽起來有違直覺，但並非所有法官都需要精通法律。舉例來說，有些法官可以專精於判斷產品是否正確送出（在理想的情況中，郵務系統可以做到）；有些法官可以驗證聘僱合約的履行；有些負責評估保險契約的賠償金。合約的撰寫者可將各類型的法官安置於適當之處，合約中能完全由電腦程式碼來界定的部分，則完全交由電腦程式碼來處理。

就是這麼簡單。

論孤島

　　許多人批評，從幣圈目前的走向中看到日益分化的趨勢。以前社群因為開發比特幣的共同基礎架構而凝聚在一起，現在則逐漸成為一個個分散的「孤島」（silos）──彼此無關的計畫各做各的。

　　有一些開發者和研究員正在為以太坊努力，或自願貢獻點子，花許多時間與以太坊社群互動；這一群人集結在一起，致力於打造我們的願景。另外，半去中心化系統「比特股」也致力於投入他們的願景，將他們的 DPoS 共識機制、掛勾市場行情的資產和區塊鏈的願景結合，希望實現去中心化的企業組織，藉此達到支持自由市場和無契約社會的自由主義政治目標。側鏈（side chains）背後的公司「區塊流」（Blockstream）同樣吸引了一群支持者，有他們自己的一套願景和推動事項；

真相幣（Truthcoin）、MaidSafe、NXT 和其他許多團體也是。

　　比特幣極致主義者和側鏈支持者經常會提出某個論點，主張「分散會傷害加密貨幣生態系」——大家不該各行其是、爭搶用戶，而是應該一起努力，在比特幣的大旗下攜手合作。正如法比安・布萊恩・克蘭（Fabian Brian Crain）的總結：

> 近來，側鏈計畫的公布進一步引發了熱烈討論。側鏈能提供等同比特幣網路的貨幣基礎、流動性和挖礦算力，讓人可以發明不可靠的新型山寨幣。
>
> 對支持者而言，這是促成加密貨幣生態系團結的重大舉措，能讓大家集結在幣圈最成功的計畫之下，並在現有的基礎架構和生態系上繼續發展，而非朝著數以百計的不同方向分散力量。

　　就連那些反對比特幣極致主義的人都認為這個論點相當合理，縱使加密貨幣社群不該全都聚在「比特幣」的大旗下，也應該要主張某種程度的團結，攜手打造更加合而為一體的生態系。就算比特幣不夠強大，不足以做為骨幹來讓大家發揮生命力、發展加密宇宙等種種，但我們為什麼不去打造一個更好、擴張性更強的去中心化電腦，並在上面建立一切事物就好？

　　如果你會直覺受到「一體適用」的計畫所吸引，當然會認

為超立方體（hypercube）[23] 的結構看似夠強大、值得拓展到極致；而比特股、區塊流或是其他「孤島」，不論各自的基礎是合併挖礦、DPoS 加比特資產（BitAssets）或其他概念，它們的成員也多半深信自己掌握了獨到的解決方案。

既然如此，為何不這麼做？倘若真的有一套最佳共識機制，我們為什麼不大規模整合各種計畫，構思最棒的去中心化電腦做為推動加密經濟的基礎，並在統一的系統底下一起向前邁進？

從某些方面來看，這個想法似乎很崇高。「分散」當然有不利的地方，而看重「團結」是人的天性。但實際上，儘管加強合作有其好處（我會在本文後面說明有哪些好處及原因），追求極致的整合或贏家全拿卻幾乎可說是**大錯特錯**——分散並非總是很糟糕，而且它更是無可避免的事情；若幣圈想要蓬勃發展，這可是唯一的辦法。

---

23. 這是一種多維度的幾何圖形，這種整合方式可以減少資料傳輸所需要的時間，並提高系統的容錯能力。由於其結構具有彈性，可根據需求擴大或縮小規模，因此被廣泛應用於分散式系統，提高資料儲存與查詢的效率。

分散有利於發展

　　分散為什麼會發生？我們為什麼應該讓它繼續發生？針對第一個問題的答案，同時也可以回應第二個問題，而個中道理很簡單：**分散是因為我們有歧見。**當你思考下面這些主張時，這概念更顯而易見。這些主張我全都認同，但在諸多情況下，卻和其他許多人、許多計畫的想法有相當大的落差。

- 我並不認為弱主觀性（weak subjectivity）會成為大問題[24]。不過，我並不贊同主觀性太高，或技術在先天上必須仰賴協定外的社會共識。
- 我認為比特幣每年在工作量證明機制上損耗 6 億美元的電力，對環境和經濟是極大的災難。
- 我相信「特殊應用積體電路」（Application-Specific Integrated Circuit，ASIC）[25] 是很嚴重的問題，比特幣因為這個緣故，在過去兩年的安全性大幅下降。
- 我認為比特幣（或其他供給量固定的貨幣）的波動性實在太大，不可能成為穩定的計價單位；而且我相信要讓加密貨幣的價格穩定，最好的辦法是嘗試推動設計巧妙的彈性

---

24. 弱主觀性是布特林提出的概念，它是在探討權益證明系統裡的網路節點需要知道哪些資訊。
25. 在區塊鏈的脈絡裡，這是指專門設計用於提升工作量證明系統「挖礦」效率的電腦。加密貨幣礦場有可能成為充斥這些機器的大型集中地，而設計和打造這些機器的目的只是為了解開某些數學問題——這類解題除了用來確認區塊之外，別無其他用途。

貨幣政策（亦即不是透過「市場」或「比特幣中央銀行」來制定）。但我不贊成採取任何以中心化控制為基礎的加密貨幣政策。

- 我比某些人更大力反對制度化機構、更大力支持自由主義和無政府主義，但還有比我更激進的人（我也恰巧不支持奧地利經濟學派）。整體而言，我認為兩邊各有各的好，而且強烈相信人們應該交流折衝，共同努力讓世界更美好。

- 不論加密經濟或其他經濟體系，我都不贊同統一貨幣。

- 我認為代幣銷售是幫助去中心化協定進行貨幣化的絕佳工具，而大力抨擊這個概念的人是在對社會幫倒忙，因為他們威脅要去除這個美好的事物。但我確實贊同，目前我們和其他團體推動的計畫都有缺點，而我們應該主動運用其他模型做實驗，嘗試提供更適切的誘因。

- 我相信未來治理機制（futarchy）[26]是值得嘗試的潛力方案，尤其是在區塊鏈治理這一塊。

- 我認為經濟學和賽局理論是分析加密經濟協定的關鍵，並認為加密貨幣社群的學術發展，主要問題不在缺乏先進的電腦科學知識，而是在缺乏經濟學和哲學知識。我們應該更常造訪 lesswrong.com[27]。

---

26. 這是經濟學家羅賓‧漢森（Robin Hanson）提出的治理機制，可讓投票者在某些社會目標中做選擇，而投資者則在預測市場（prediction market）上針對最有可能達成目標的政策進行下注，藉此決定如何以最有效的政策去達成眾人一致同意的目標。

27. 由人工智慧研究者艾利澤‧尤科斯基（Eliezer Yudkowsky）創立的理性主義網路社群部落格。

- 我認為將來人們實際採用去中心化技術（區塊鏈、Whisper 點對點即時通訊技術、分散式雜湊表[28]）的主要理由很單純，就是軟體開發者很懶惰，不想再花精力維護複雜的中心化網站。
- 我認為「區塊鏈是去中心化自治組織」的隱喻很實用，但有其侷限。我特別相信身為加密貨幣的開發者，我們應該趁著加密貨幣產業還是由理想主義者所掌控的時候，善用這個或許相當短暫的時期來設計體制，以使實際的社會福祉最大化——而非利潤最大化（兩者並不相同）。

針對上述每一件事，可能很少有人全都和我有志一同，更何況也不是只有我一個人才有自己獨有的觀點。再舉一個例子，請思考公開交易公司（Open Transactions）技術長克里斯·歐登（Chris Odom）的話：

我們需要用加密技術證明機制去取代仰賴人們信任的實體。任何你在比特幣社群看到、你必須給予信任的實體都要退場了，從此將不復存在……中本聰的夢想是完全消除〔仰賴人們信任的〕實體，藉此完全消除相關風險，或是讓風險廣為分散，以至於形同完全消失。

---

28. 簡稱 DHT，這是將資料分散儲存於網路節點的系統，每項資料對應一個關鍵值（key），當查詢者提供關鍵值，便可快速有效率地查找資料。

在此同時，也有一些人認為：

換個方式來說，具備商業可行性、運作上較不仰賴信任的網路，並不需要防止這個世界被平台經營者給破壞；它們反而必須保護平台經營者免受外界傷害，才符合平台使用者的利益。

當然，如果你認為加密貨幣的主要好處在於規避管制，那麼第二段話也就有它的道理，只不過，這麼解讀的意思與原作者所要傳達的完全相反——但這個例子同樣說明了人與人之間的意見可以有多大的分歧。

有些人認為加密貨幣是資本主義革命，有些人認為是平等主義革命，有些人則認為落在兩者之間；有些人認為人與人之間的共識非常脆弱、容易遭到破壞，而加密貨幣是以冷硬的數學來取代人類共識的一盞明燈，但有些人則認為加密貨幣共識只是憑藉科技提高效率罷了，它仍然是人類共識的延伸；有些人認為，若要實現與美元平價的加密資產，最佳方法就是推動雙幣金融衍生商品計畫，有些人則認為，只要用區塊鏈來代表實體世界資產的索討權利，這樣就夠了（仍然有人認為比特幣本身最終會比美元更穩定）；有些人認為可擴充性最好透過「擴大規模」來達成，有些人則相信最佳選項莫過於「向外延展」。

沒錯，這些議題很多本身就是政治議題，有的還涉及公共

財；而在這樣的情況之下，並非每個不同方案都能和平共存。假設有個平台會形成負面的外部性，或是有將社會推向次佳均衡點的風險，那麼你就不能光靠改用自己的平台來「退出」。此時，可能有必要透過網路效應發動某種形式的強力反對，甚至在更極端的狀況下，需要由 51% 攻擊來帶動 [29]。

在某些情況下，人們的歧見是與私有財相關，而且主要純屬實證信念的問題。如果我相信謝林元（SchellingDollar）[30] 是讓價格穩定的最佳機制，其他人則偏好鑄幣利差份額（Seigniorage Shares）或 NuBits，那麼經過幾年或幾十年之後，總有一種模型會被證明運作得更好，因而取代其他競爭對手。這種事情就是這麼簡單。

不過，在其他情況下，人們的歧見將透過另一種方式解決：我們最終會發現，某些系統的特質比較適合某些用途，而另外一些系統則比較適合其他用途，因此，每套系統都會自然發展為最符合自身用途的專業化樣貌。正如若干評論家所指出，關於去中心化共識在主流金融界的應用，由於銀行八成不願意接受由匿名節點所管理的網路，在這種情況下，像瑞波幣這類的東西就會比較實用；然而，對於暗網「絲路 4.0」來說，朝著完全相反的方向發展才是唯一出路——至於其他落在這兩者之間的系統，則取決於各自的成本效益分析。

---

29. 發生 51% 攻擊是很可怕的事件，此時區塊鏈網路超過一半的算力落入一名礦工手中，使得該礦工有假造交易記錄的能力。
30. 「謝林元」是謝林幣（SchellingCoin）的一種應用，旨在解決穩定幣的價格問題。

如果使用者需要有些網路專精於高效執行特定功能，那麼有些網路就會為此而生；若使用者需要某種通用網路，能讓各種鏈上應用之間具備良好的網路效應，那麼也會有網路發展成那個樣子。一如大衛・約翰斯頓（David Johnston）所說，區塊鏈就像程式語言，各有各的屬性，幾乎沒有開發者會堅持只用一種語言——我們會視情境選用最適合者。

合作空間

不過，一如先前提過的，這並不表示我們應該單純各做各的、忽視彼此（甚至互扯後腿）。即使我們所有的計畫都必須專門針對不同的目標去發展，仍然有很大的可能性可以大幅減少重複做工，並增加合作。這樣的機會存在於許多層面。首先，我們來看一個加密貨幣生態系模型——這或許是 1 到 5 年內加密貨幣生態系可能發展成的樣貌（請參考右頁表格）：

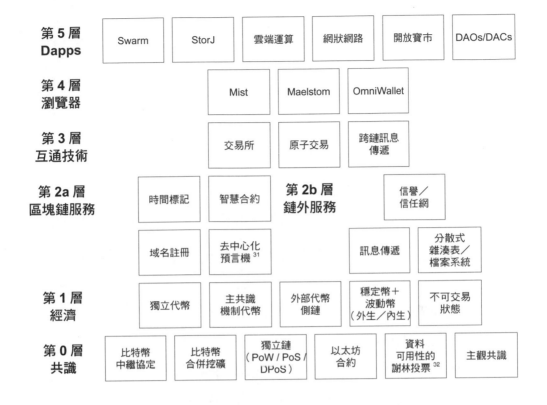

第 5 層 Dapps	Swarm	StorJ	雲端運算	網狀網路	開放寶市	DAOs/DACs
第 4 層 瀏覽器		Mist	Maelstom	OmniWallet		
第 3 層 互通技術		交易所	原子交易	跨鏈訊息 傳遞		
第 2a 層 區塊鏈服務	時間標記	智慧合約	第 2b 層 鏈外服務		信譽／ 信任網	
	域名註冊	去中心化 預言機 [31]		訊息傳遞	分散式 雜湊表／ 檔案系統	
第 1 層 經濟	獨立代幣	主共識 機制代幣	外部代幣 側鏈	穩定幣＋ 波動幣 （外生／內生）	不可交易 狀態	
第 0 層 共識	比特幣 中繼協定	比特幣 合併挖礦	獨立鏈 （PoW／PoS／ DPoS）	以太坊 合約	資料 可用性的 謝林投票 [32]	主觀共識

以太坊幾乎橫跨了每一個層級：

・共識：以太坊區塊鏈、資料可以用性謝林投票（data-availability Schelling-vote，可能應用於以太坊 2.0）。

・經濟：具有做為獨立代幣的以太幣，也同步投入穩定幣的

---

31. 預言機 oracles，是允許智慧合約與其所屬區塊鏈以外的世界互動的系統。舉例來說，預言機可以確認某個新聞事件真的發生了，或確認其他區塊鏈上的某一筆交易已經完成。

32. 這是以太坊的共識機制，旨在透過對資料的可用性進行簡單投票，快速確認區塊資料的可用性，避免驗證失敗。其中的「謝林投票」是美國經濟學家湯瑪斯・謝林（Thomas Schelling）提出的賽局理論概念。在謝林投票中，每一名玩家必須猜測其他人會如何決策，再做出自己的決策。

研究計畫。

· 區塊鏈服務：域名註冊。

· 鏈外服務：Whisper（傳訊協定）、信任網（2014 年時仍在進行中）。

· 互通技術：比特幣轉換至以太幣的橋梁（2014 年時仍在進行中）。

· 瀏覽器：Mist。

現在，比較一下嘗試打造整體生態系的其他幾項計畫。

比特股至少符合：

· 共識：DPoS。

· 經濟：比特股 X（BTSX）[33] 和比特資產。

· 區塊鏈服務：比特股去中心化交易所。

· 瀏覽器：比特股客戶端（但與一般瀏覽器的概念不太一樣）。

MaidSafe 則符合：

· 共識：SAFE 網路。

· 經濟：安全幣（Safecoin）。

· 鏈外服務：分散式雜湊表、MaidSafe 雲端硬碟。

---

33. 已升級為 BTS。

BitTorrent 宣布推出 Maelstrom，功能與 Mist 類似，但使用 BitTorrent 的自家（非區塊鏈）技術。儘管在創新度較低的計畫之中，對單一客戶端進行分叉[34]的做法頗為常見，但加密貨幣計畫一般而言都還是會打造自己的區塊鏈、貨幣和客戶端。域名註冊和身分識別管理系統現在也非常普遍了。當然，幾乎每個計畫都發現必須要有某種信譽和信任網技術。

現在，讓我們描繪一個不一樣的世界。這個世界的樣貌不會是這樣：由多個彼此壁壘分明的生態系集合而成，每個生態系都自行打造各種構成要素，並進行垂直整合。相反地，在這個世界裡，我們可以透過 Mist 接上以太坊、比特股、MaidSafe 或其他主要的去中心化基礎網路架構，而新的去中心化網路也可以加進來，就像 Chrome 和 Firefox 瀏覽器的外掛程式 Flash 和 Java 那樣。

請想像，以太坊信任網的信譽資料也可以用於其他計畫；請想像，Storj 可以在 Maelstrom 當作去中心化應用程式（以下簡稱 DApp），用 MaidSafe 當作儲存檔案的後端，並用以太坊區塊鏈來維護那些可激勵人們持續使用儲存、下載功能的合約；請想像，任何加密網路只要採用相同的底層加密演算法（例如

---

34. 這種做法是先複製開放原始碼的軟體程式碼或資料，再進一步修改，其目的在於發布並行的區塊鏈版本或改善現有版本。例如，許多早期的「山寨」加密貨幣是比特幣軟體的分叉。分叉也可以指稱「為區塊鏈進行軟體更新」，或「某些使用者採用了更新的版本，但其他使用者並未採用，導致區塊鏈由一條分裂成兩條」。

ECDSA ＋ SHA3），就可以讓身分識別在它們之間自動轉移。

這裡的關鍵在於：雖然這個生態系裡的某些層級彼此緊密相連──例如，某個 DApp 通常會對應到以太坊區塊鏈的某項特定服務──但在大部分的情況下，許多層級都能輕易設計得更為模組化，讓各層級裡的每一項產品都能根據本身的優點來獨立競爭。

瀏覽器或許是最能單獨區隔出來的一種東西。大部分具備一定整體性的低階區塊鏈服務套組，對於可執行哪些應用程式都有差不多的需求條件，因此讓每一種瀏覽器都能支援不同平台，言之成理。

鏈外服務也是適合廣泛通用的標的。不論採用何種區塊鏈技術，任何 DApp 都應該能自由使用 Whisper、Swarm（蜂群）、星際檔案系統（InterPlanetary File System，簡稱 IPFS）[35] 和任何開發者所設計出來的各種服務。至於像是資料提供之類的鏈上服務，理論上也都能打造成可以進行跨鏈互動的形式。

除此之外，我們還有許多基礎研發上的合作機會。工作量證明、權益證明、穩定的貨幣體系、可擴充性，以及加密貨幣經濟的其他難題，要使相關討論變得更為公開並非難事；如此一來，就能讓各種計畫都更清楚彼此的發展，並從中受益。

我們可以相互分享攸關網路層、加密演算法導入和其他低

---

35. 簡稱 IPFS，這是美國電腦科學家胡安・貝內特（Juan Benet）於 2014 年發明的傳輸協定，旨在取代傳統的 HTTP 協定，以促進檔案的分散式儲存、共用和長久保存。

階元件的基礎演算法和最佳實務做法，而且我們也應該這麼做。我們也應該開發互通技術，讓不同平台上的服務和去中心化實體能夠輕易地交流與互動。

　　加密貨幣研究小組（Cryptocurrency Research Group）是我們一開始所支持的倡議，其目標在於推廣這一類的合作；而我們希望將來有一天，它能茁壯到不需要再仰賴我們。毫無疑問地，其他正式與非正式的組織同樣也能協助支持這個過程。

　　希望在將來，我們會看見更多更為模組化的計畫；這些計畫只存在於加密貨幣生態系的一兩個層級上，提供共通的介面，允許其他層級上的機制與其合作。當幣圈發展得夠完善，屆時連 Firefox 和 Chrome 都有可能轉為可以使用 DApp 協定。

　　不過，若想發展成這樣的生態系，並不需要急就章。現階段我們還不太清楚人們一開始會使用哪些區塊鏈服務，所以很難判斷哪些通用技術真正實用。儘管如此，這類發展已經緩慢又確實地朝那個方向踏出前幾步了；艾瑞絲公司（Eris）自行推出的 Decerver 是可以進入去中心化世界的「瀏覽器」，能支援連接比特幣、以太坊和他們自己的瑟隆尼斯（Thelonious）區塊鏈，以及星際檔案系統的內容託管網路。

　　目前加密技術 2.0 上的許多計畫都還有成功發展的空間，此時若還抱持贏家全拿的心態，不但沒有必要，還會有害。想要讓這一路走得更順，我們現在需要做的，就是先接受這樣的

前提：我們都在打造各自的平台，並專注於自己獨特的偏好與範疇，而網路最終會變得豐富多元，我們將必須與這個現實共存，因此我們或許現在就該開始作準備。

超理性合作與 DAO

在加密技術 2.0 的領域，許多人對去中心化自治組織（Decentralized Autonomous Organization，簡稱 DAO）的共同疑問就是：DAO 有什麼好處？比起傳統的經營方式，若組織將管理和運作寫死在公開的區塊鏈上，究竟具備哪些根本優勢？與普通的股東協議相比，區塊鏈合約又有哪些優勢？尤其是，儘管公開透明的治理方式正是公共財所需要的，而且這麼做也能確保治理者無法作惡，但對個別的組織來說，有什麼誘因使其自願公開自己最核心的原始碼，讓競爭對手得以看見自己的每一項行動，甚至包含仍在閉門運作的計畫，從而削弱組織自身的力量？

我們可以從許多方面來回答這個問題。關於已經明確投入慈善目的的非營利組織，若說它們缺乏個人的誘因很有道理，

因為它們早已投身於改善世界，僅領取微薄的金錢，甚至是無償付出。

至於私人企業，我們可以根據資訊理論的論述，主張在其他條件相同的情況下，如果大家都能參與，並將本身的資訊和情報輸入方程式裡，治理用的演算法將運作得更好——這個推論相當合理，因為我們已從機器學習得知，比起修改演算法，擴大資料的規模更能提升表現。不過，在這篇文章裡，我們將採取不一樣的觀點來仔細說明。

賽局的合作困境

在賽局理論和經濟學領域裡，眾所周知，在許多情況下，當一群人可以在「合作」或「背叛」這兩者之間擇一而行，如果所有人都選擇合作，就能讓大家都過得更好；但如果對個人來說，不論其他人如何行動，選擇背叛的結果都會對自身比較有利，那麼每一個人最後都會選擇背叛，結果就是個體的理性卻導致最糟糕的整體結果。最常見的例子就是廣為人知的囚徒困境賽局。

許多讀者可能已經知道什麼是囚徒困境了，所以我要加碼聊一聊艾利澤・尤科斯基（Eliezer Yudkowsky）的瘋狂版賽局：

假設全世界有 40 億人（並非世界總人口，但占比極高）染上了只有 S 物質能夠治癒的致命疾病。

但要生產 S 物質，必須與〔來自其他次元、只想盡可能大量生產迴紋針的怪異人工智慧合作〕，因為 S 物質也可以用於生產迴紋針。

追求迴紋針數量極大化的一方只關心他們的宇宙裡有多少迴紋針，而非我們的宇宙有多少迴紋針，所以我們不能向他們提議在這裡生產迴紋針，也不能威脅要銷毀這裡的迴紋針。

我們從來沒有和那些迴紋針愛好者互動過，而且以後也不會再與對方互動。在異次元空間的連接點崩塌之前，人類與那些迴紋針愛好者只有一次機會來取得更多的 S 物質。不過，取得 S 物質的過程也會毀掉一些 S 物質。

報酬矩陣如下：

	人類合作	人類背叛
人工智慧合作	拯救 20 億條性命，取得 2 支迴紋針	拯救 30 億條性命，取得 0 支迴紋針
人工智慧背叛	拯救 0 條性命，取得 3 支迴紋針	拯救 10 億條性命，取得 1 支迴紋針

從我們的角度看，選擇背叛不僅最務實合理，也最合乎道德；其他宇宙裡的 1 枚迴紋針再怎樣都不可能和 10 億條性命畫上等號。但從人工智慧的角度來看，只要背叛就能多得 1 枚迴紋針，而程式碼告訴它人類生命的價值為零，所以人工智慧會選擇背叛。但這樣的結果對雙方而言，顯然比人類和人工智慧攜手合作還要差。然而，假如人工智慧選擇合作，我們只要選擇背叛，就能拯救更多性命；對人工智慧來說，如果我們合作，同理也適用。

在真實世界裡，許多涉及兩方的小規模囚徒困境，可以透過交易機制和司法體系對合約及法律的強制力來解決——以前述的例子來說，就像是有某位神祇，在兩個宇宙同時擁有至高無上的力量，祂只在乎雙方是否遵守最初的約定，此時人類和人工智慧可以簽訂合作的合約，請這位神祇幫忙防範對方背叛。如果哪一方無法履行約定，法律就會懲罰背約者。

然而，在許多情況下，特別是事涉多方的時候，仍然存有背叛的可能性：

- 愛麗絲在市集上賣檸檬，她知道手上這批貨的品質不良，客人一吃就會馬上丟掉。她還要賣這些檸檬嗎？（注意，這是攤商非常多的熱鬧市集，客人無法知曉商家的信譽如何）。愛麗絲賣出一顆檸檬，可獲得 5 美元的收入，扣除 1 美元的運輸和倉儲成本，預期收益等於 4 美元；社會的預期成本則相當於：5 美元收入扣除 1 美元的成本，再減掉

客人浪費掉的 5 美元，等於負的 1 美元。愛麗絲會選擇販售檸檬。

- 鮑伯會捐出 1,000 美元資助比特幣的發展嗎？社會的預期效益為：10 美元乘以 10 萬人，減 1,000 美元，等於 99 萬 9 千美元。鮑伯的預期收益為：10 美元減 1,000 美元，等於負 990 美元。鮑伯不會捐錢。

- 查理撿到別人的錢包，裡面有 500 美元，他該歸還錢包嗎？社會的預期效益為：500 美元（失主收到的錢），減 500 美元（查理的損失），再加 50 美元（社會的無形效益，每個人對於錢包的安全顧慮都少了一些）。查理的預期收益為：負 500 美元。他會留下錢包。

- 大衛該把有毒廢棄物倒入河川，替工廠節省成本嗎？社會的預期效益為：大衛省下的 1,000 美元，減掉「平均每人增加的 10 美元醫療成本乘以 10 萬人」，等於負的 999,000 元。大衛的預期收益為：1,000 美元減 10 美元，等於 990 美元。大衛會把有毒廢棄物倒入河川。

- 伊芙研發出治療某種癌症的新藥，生產成本為每單位 500 美元。他可以將藥品訂價設為 1,000 美元，讓 5 萬名負擔得起的癌症患者購買，或將訂價設為 10,000 美元，讓 2 萬 5 千名負擔得起的癌症患者購買。他應該把價錢訂高嗎？社會的預期效益為：負 2 萬 5 千條性命（其中，伊芙的利潤與有錢買主的損失互相抵消）。伊芙的預期收益為：2 億 3,750 萬美元。相較於訂價較便宜時的 2,500 萬美元利潤，

多了 2 億 1,250 萬美元，因此伊芙會訂比較高的價格。

當然，在許多情況下，人們還是會展現道德、互相合作，就算因此會導致個人的境遇變差也無妨。但為什麼有人會這麼做呢？畢竟我們是演化的產物，而演化通常比較會助長自私自利。關於這個問題有許多解釋。其中一種與超理性的概念有關，這也是我們接下來所要關注探討的。

什麼是超理性？

請思考，以下由大衛・傅利曼（David Friedman）提出的關於美德的解釋：

我要從對人類的兩個觀察開始說起。第一是人在腦袋裡外的活動，彼此之間有強烈的關聯。臉部表情、身體姿勢，以及其他各種徵象，能讓我們多少了解朋友的一些想法和心情。

第二則是我們的智力有限——人無法在那些可供決策的時間內考慮所有的可能選項。用電腦科學的行話來說，我們是算力有限的即時運算機器。

假設我希望人們相信我擁有某些人格特質——誠實、善良、對朋友有益。如果我真的擁有這些人格特質，要表現

出來很容易——我只要自然地說話和做事就好，不需要太擔心自己在別人眼裡的形象。其他人會觀察我的言行、表情，從中得出頗為準確的判斷。

但假如我沒有那些人格特質——例如我並不誠實，而我通常之所以表現得誠實，只是因為在多數時候，這麼做對我有利；一旦不誠實能帶來好處，我會很樂意破例——那麼在許多實際決策的時刻，我就必須進行雙重算計。首先，我得判斷如何行動——例如，偷東西又不被抓到的機率高不高。第二，我必須判斷，假如我真的是自己假裝的那種人，我應該要怎麼想、怎麼做，臉上又應該有什麼表情、應該是開心還是難過。

如果你要電腦計算的事情變成兩倍，電腦的速度會變慢。人類也是如此。如果說，大部分的人都不太擅長說謊，那就表示，若我真的是個誠實（並且善良，又有其他良好特質）的人，相較於只是假裝的，我應該會過得更好（單純從物質條件的標準來衡量，例如，擁有更高的收入），因為真實不虛的美德，比裝的更令人信服。

順著這個邏輯下去，就算我是個完全自私自利的人，我也可能會單純基於自私的理由，希望讓自己成為更好的人——言行更符合他人眼中的美德。

這套論述走到最後，我們會發現，我們可以在自己、父母甚或基因的影響下成為更好的人。人可以嘗試訓練自己養成好習慣，包括主動說實話、不偷竊、當個好朋友，而人

也確實會這麼做。只要經過充分訓練，這些習慣會成為一個人的喜好——即使沒有別人在看，做「壞事」也會令自己感覺不舒暢，所以不會去做。一陣子過後，人甚至不必刻意去決定不做壞事。這可以說是良知的生成過程。

基本上，從認知的角度來看，你很難在可以僥倖貪心的時候，成功假裝品德良好，所以當個真正有品德的人比較合情理。許多古老的哲理認為品德是後天養成的習慣，理由與此類似。大衛‧傅利曼用經濟學家常用的論述方式向我們說明這個道理，將直覺轉化為更好消化分析的形式。

現在，讓我們進一步精煉。簡單來說，關鍵在於人類是會洩漏資訊的行為者——基本上，我們每時每刻的行動都間接暴露出我們某部分的原始碼。當我們真的打算對別人好，我們會遵循某一種行為方式；但是當我們只是假裝好人，實際上想在朋友脆弱時趁人之危，我們又會遵循另一種行為方式，而別人通常會注意到其中的差異。

這看起來似乎是缺點，但這也成就了前述賽局理論中的單純行為者辦不到的合作。假設有兩個行為者，一個是 A，一個是 B，兩人都有某種程度的能力去「解讀」對方是否「有品德」，而兩人正在參與一場對稱的囚徒困境賽局。此時，行為者可以採取以下我們認為合乎品德的策略：

❶ 試著判斷對方是否有品德。

❷ 如果對方有品德，就合作。

❷ 如果對方沒品德，就背叛。

如果雙方都是正直的行為者，那麼他們就會一起合作，獲得較高的回報；如果一方為人正直，另一方則否，那麼正直的行為者也會選擇背叛。因此，不論何種情況，正直的行為者獲得的報酬，至少與不正直的行為者一樣，而且通常還更多。這正是**超理性**（superrationality）的精髓。

聽起來或許很牽強，但人類的文化中，有某些根深蒂固的機制，足以實現超理性。而這些機制特別關注那些不值得信任、卻想方設法讓自己不被看穿的行為者——正如大家常說的那句格言：千萬別相信不喝酒的人。當然，有一類人有辦法成功假裝對人友善，卻總在找機會背叛——這些人具有「反社會人格」，他們可說是人類運作這套系統時的最大漏洞。

阻礙超理性的大型組織

超理性合作可說是過去這一萬年來人類合作的基石，即使是在純粹的市場誘因可能只會引起背叛的情況下，它也讓人們能夠誠信地相互對待。然而，隨著現代的大型中心化組織誕生，或許其最糟糕的副產品就是讓某些人得以瞞天過海，使他

人無法正確解讀他們的想法，導致人們更難像前述那樣地互相合作。

在現代文明中，有些人會在第三世界的河川裡傾倒有毒廢棄物，藉此生產更為便宜的產品，而大多數人至少都曾在某些情況下間接資助了這類活動，並從中獲得許多好處。我們甚至沒意識到自己間接參與了這類損人利己的行為，因為企業替我們做了那些骯髒事。市場已經強大到能夠對我們的道德秤斤論兩，將最骯髒、不道德的工作交給願意以最低成本拋棄善惡觀念，並有效欺瞞別人的人。企業本身精於透過行銷部門打造笑容可掬的公關形象，再讓另一個完全不一樣的部門用花言巧語來吸引潛在顧客，而另外這個部門恐怕不曉得生產部門有不道德、不善良的行為。

雖然網路經常被譽為能夠解決許多這類組織與政治問題的良方，而它的確也在降低資訊不對稱和提高透明度等方面幫了大忙。然而，隨著超理性合作的可能性降低，有時網路也可能讓問題變得更糟。在網路上，我們成了比較不會「洩漏真實意圖」的個體，因此某個實際想要欺騙他人的人，若想假裝正直，就會變得比較容易。這是網路和加密圈比實體世界更常發生詐騙的一個原因。或許這也是人們反對按照加密無政府主義（crypto anarchism）[36]，將所有經濟上的往來轉移至網路的其中一項理由（另一個理由是加密無政府主義會使人無法施加嚴屬的重罰，導致許多經濟機制使不上力）。

倘若能大幅提高透明度，也許可稱得上是一種解決辦法。如果說，個人流露真實意圖的可能性算是中等，那麼目前的中心化組織更不可能洩漏其意圖；然而，如果能讓組織持續、隨機地向世界各地釋出資訊，則其洩漏真實意圖的可能性就會比個人還高。

請想像你處在這樣的世界裡：每當你開始思考要怎麼欺騙朋友、事業夥伴或配偶，有 1% 的機率，你左半邊的海馬迴會造反，把你的想法全盤記下，並傳送給你想要欺騙的對象，以換取 7,500 美元的報酬。對於會洩漏真實意圖的組織來說，在裡面擔任理事會成員正好就是這種「感覺」。

基本上這也是維基解密（WikiLeaks）的創始理念。頗具野心的升級版維基解密「slur.io」則基於同樣理念，將範圍拓展得更大。儘管有了維基解密，黑幕重重的中心化組織仍然存在，而且通常還是如往常一般的黑幕重重。或許，提供誘因並配上具備預測性質的機制，藉此讓人能透過揭發雇主的不當行為得到好處，將能打開促進透明度的大門；但我們也可以同步採取一條不同的路徑：提供方法，讓組織願意大幅自我改造成更容易洩漏真實意圖的狀態，進而達到前所未見的超理性程度。

---

36. 這是一種政治思想，主張透過加密技術和分散式系統，來打造獨立於政府管控之外、不受追蹤的匿名空間，以實現個人的隱私，創造更平等、自由的社會。

用 DAO 推動透明化

DAO 的概念特別之處在，治理演算法不僅會洩漏真實意圖，而且實際上會讓資訊完全公開。也就是說，就算是相當公開透明的中心化組織，外界也只能粗略了解其性質；但如果是 DAO，外界就能實際看見組織的完整原始碼。

現在，雖然外界並無法看見組成 DAO 的那些人的「原始碼」，但我們可以透過編寫 DAO 本身的原始碼，讓組織強烈偏向某個特定的客觀目標，不受組織的參與者所左右。畢竟，即便由相同的一群人來治理，設法讓人類平均壽命最大化的共識機制，與設法讓迴紋針產量最大化的共識機制，兩者還是會採取很不一樣的行動。一旦我們如此設定了 DAO，不僅組織無法對外掩飾欺騙的行為，甚至連「想」欺騙的念頭都無法存在。

那麼，結合 DAO 的超理性合作要如何運作呢？首先，社會上必須真的出現一些 DAO。在某幾個領域應用 DAO，看起來應該不至於遙不可及，包括：博弈、穩定幣、去中心化檔案儲存、專屬身分識別資料提供、謝林幣（SchellingCoin）[37] 等。這些可以歸類為「第一類 DAO」：雖然它們具備某種程度的內部狀態，但自我治理的程度很低。它們所能辦到的，大概只有透過「比例–積分–微分控制器」[38]、模擬退火演算法或其他簡易

---

37. 這是 Vitalik 根據「謝林點」（Schelling point）提出的去中心化協定，旨在透過謝林投票機制實現區塊鏈共識，提高預測市場的可靠度。
38. 簡稱 PID 控制器，可用於調控系統的參數。

的最佳化演算法，去調整某些內部參數，讓效用指標最大化。因此，它們很難稱得上具備超理性，反而功用有限，而且還有些愚笨，結果就是，它們通常需要仰賴來自外部的升級流程，而這些流程一點也不符合超理性。

想要更進一步，我們需要第二類 DAO：理論上能透過治理演算法作任何決定的 DAO。我們現在只有看到未來治理機制、幾種不同的民主機制、幾種不同的協定外主觀治理機制（亦即出現重大分歧時，DAO 會自我複製成許多份，讓每一份都對應一項政策提案，再由每個人自行選擇要與哪一個版本互動），但日後可能會發展出其他的基礎模式，以及多種巧妙組合這些模式做法。一旦 DAO 開始有能力進行各種決策，它們就能進行超理性的商業活動，而且除了與人類顧客互動之外，可能也可以與其他的 DAO 往來。

超理性合作能解決哪些老派傳統合作方式所無法解決的市場失靈問題？可惜公共財的問題恐怕不在此列；我們這裡談到的不同機制，全都無法解決參與者為數眾多時的誘因問題。在這邊談的這個模型裡，組織之所以讓自己去中心化又容易洩漏真實意圖，理由在於藉此爭取其他人的信任；未能做到這點的組織將會被「信任圈」排除在外，因而得不到經濟利益。相對而言，公共財的問題在於無法將任何人排除在利益分享之外，因此這樣的策略行不通。

不過，若是與資訊不對稱有關的問題，全都能由此解

決——這可是囊括了相當大的範圍。隨著社會日漸複雜，各式各樣的詐欺行為也會變得愈來愈容易，不只更難監督，甚至連要搞懂都相當困難——現代金融體系只是其中一例。若 DAO 真的值得期待，那麼真正的理由就在於它能協助解決這類問題。

區塊鏈的長尾效應

　　以我自己對區塊鏈技術的研究來說，其中一個核心問題會是：歸根究柢，區塊鏈究竟有什麼用處？

　　我們為什麼需要區塊鏈？什麼樣的服務應該要在區塊鏈這樣的架構上運行，以及若要在區塊鏈上執行服務，而不是在普通的伺服器上，確切理由為何？區塊鏈究竟能帶來多少價值：它的確不可或缺，抑或只是加分的東西而已？還有，或許最重要的問題在於「殺手級應用程式」會是什麼？

　　過去這幾個月，我花很多時間思考這個議題，並與許多人討論——加密貨幣開發者、創投公司的人等，特別是區塊鏈圈子外的人士，包括公民自由行動主義者，以及金融、支付工具產業和其他領域的人。在這過程中，我得出了幾個深具意義的

重要結論。

首先，區塊鏈技術不會有「殺手級應用程式」。理由很簡單：容易摘的果實不會掛在樹上太久。假如區塊鏈能在特定的應用上，表現大幅超越其他技術，並對現代社會的基礎設施造成重大影響，那麼這種事情早就掀起話題了。

這聽起來或許很像經濟學的一個老笑話，內容是這樣的：有個經濟學家在地上撿到 20 美元，認定是假鈔，因為要是真的鈔票，早就被人撿走了。

不過，區塊鏈的情況有一點不一樣：在鈔票的笑話裡，搜尋成本很低，就算只有 0.01% 的機率是真的，撿起鈔票還是很合理的做法；但就區塊鏈技術來說，搜尋成本卻非常高昂。雖然已經有很多人為了數十億美元的潛在商機投入搜尋，但截至目前為止，還沒有人想出哪種應用程式，強到足以脫穎而出、稱霸一切。

事實上，我們可以合理地說，最接近「殺手級」的應用已經出現，而且經常被人一再提及和大肆宣傳：維基解密和絲路的抗審查機制。絲路是匿名制的線上毒品販售市集，在營運的兩年半間創下超過 10 億美元的銷售額，一直到 2013 年底才被執法單位強制關閉；另一方面，雖然維基解密的金融支付系統被封鎖了，但比特幣和萊特幣捐款仍然為維基解密提供了大量收入 [39]。

在這兩個例子裡，抗審查的需求相當明確，也具有非常高

的潛在經濟剩餘——在比特幣出現之前，你必須親自跑一趟才能購買禁藥，你也必須使用現金袋才能捐錢給維基解密；而比特幣提供了極高的便利性，因此獲利機會一下子就被搶走了。但現在情況已經大不相同，區塊鏈技術的額外商機不再唾手可得了。

總效用與平均效用

但這是否代表，區塊鏈已經達到了效用峰值？當然還沒。雖然單就**每名使用者的效用峰值**來看，區塊鏈已經達到必要用途的最大值，但那並不等同於效用峰值。雖然絲路對許多使用者來說不可或缺，但對整個用藥社群來說並非如此。筆者對於一般人是如何搭上這方面的人脈，深為困惑，大部分的人似乎總會認識某個能夠買賣大麻的「貨頭」。人們喜歡抽大麻，似乎與其方便取得有強烈關聯。因此整體而言，絲路只有機會對小眾的利基群體產生影響力。

維基解密的情況也很類似：關心企業與政府透明度、有強大意願捐款支持爭議組織的群眾人數，遠遠少於全世界的總人口。那還有什麼潛在機會剩下來嗎？簡單來說：長尾效應。

---

39. 維基解密網站在 2010 年洩漏美國對伊拉克和阿富汗戰爭的相關文件之後，美國政府禁止金融機構為維基解密網站提供服務。隔年，維基解密開始接受比特幣捐款。

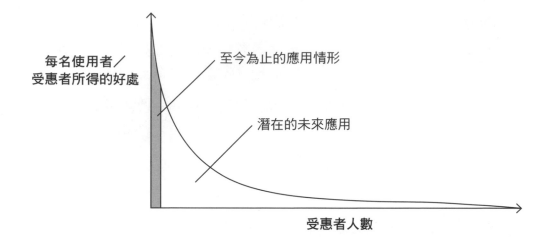

什麼是長尾效應？這就比較難解釋了。我可以提供一份屬於「長尾區」的應用程式清單，但這些應用程式不一定需要區塊鏈才能運作，區塊鏈甚至不具備強大的根本優勢。

就這些例子來說，任何人只要支持「區塊鏈應用程式被高估，重點在比特幣的貨幣功能」，或是認定「整體而言，區塊鏈技術沒有什麼用處」，都能滿輕易地想出其他做法，讓這些應用程式能在中心化的伺服器上運作，或是用法定契約取代區塊鏈治理模式，或者，用不同的替代方案把這些應用程式轉變成更像傳統系統的產品。

從這個角度來看，他們的想法完全正確：就特定用途而言，區塊鏈並非無可取代。而這正是重點所在：這些應用和維基解密、絲路不同，並非位在長尾圖形左側的頭端，否則它們早就用上區塊鏈技術了。區塊鏈在長尾區並非必要技術，而是**帶來方便**；它只是比其他可行工具再好用一些些而已。不過，

因為這些應用都更為貼近主流大眾,能夠嘉惠數十億名使用者,所以對社會的整體效益也大很多(參見左頁「潛在的未來應用」的區塊)。

關於這個推論,最貼切的比擬也許是詢問:「開放原始碼」的殺手級應用程式是什麼?開放原始碼技術顯然對社會幫助很大,運用於全世界數百萬個套裝軟體,但儘管如此,要回答前述問題仍然相當困難。箇中理由跟區塊鏈技術一樣:開放原始碼技術沒有殺手級應用程式,但它的應用清單卻能構成一條非常長的尾巴——基本上,你所想像得到的任何一種軟體,尤其是強調低階程式庫的軟體,大概都會被數不清的計畫重複多次運用,或被用於關鍵的加密安全程式庫。

再次重新定義區塊鏈

那麼,區塊鏈究竟能帶來什麼好處,值得我們將其應用於長尾區?首先,我要引用我現在對區塊鏈的形容:

區塊鏈是一台神奇的電腦,任何人都能上傳程式、讓程式自行運作;在這裡,每一款軟體在當下和之前的所有狀態,始終都公開給大眾檢視。由於區塊鏈上的程式會嚴格落實區塊鏈的協定,所以區塊鏈會具備非常強大的加密經濟安全保障。

請注意，這條定義**並沒有**：

- 使用「帳本」、「金錢」或「交易」等金融相關術語，甚至任何特定情境下的用詞。
- 提及特定的共識演算法，甚至也沒有提及任何區塊鏈運作的技術特性（除了指出「加密經濟」，這個技術詞彙的大意是「去中心化、使用公鑰加密技術進行驗證，以及使用經濟誘因來確保體系持續運作，不會退化或故障」）。
- 對任何特定類型的狀態轉換功能設下限制。

這條定義只是說出了區塊鏈的功用，透過這樣的說明，讓任何軟體開發者都能憑著直覺，多少對區塊鏈的價值主張有大致清晰的理解。

然而實務上，有時候執行軟體的程式語言會有很多限制。例如比特幣的程式語言可說是有順序要求，必須先寫陳述式 DESTROY COIN: <txid> <index> <scriptsig>，再寫陳述式 CREATE COIN: <scriptpubkey> <value>；其中，scriptpubkey 是一種受限制的數學式，而 scriptsig 必須滿足方程式的變數賦值（例如 $\{x = 5, y = 7\}$ 可滿足 $2 \times x - y = 3$），倘若試圖銷毀不存在的代幣、銷毀時未提供對應代幣 scriptpubkey 的有效 scriptsig，或試圖產出的代幣價值高於所摧毀的代幣，就會出現錯誤。相對地，也有其他表現力更強的程式語言。軟體開發者必須自己分析哪一種程式語言適合他們的計畫，就像現在軟體

開發者必須決定要使用 Python、C++、Node.js 還是 Malbolge。

　　這個定義特別強調，區塊鏈並不是要帶給世界某一套特定的規則。它帶來的不是某種固定供給量的貨幣政策，不是有兩百天重新註冊規定的域名註冊系統，也不是某種去中心化的交易設計或其他東西；它的目的是創造一種自由，讓我們能運用各種新規則，極其快速地創立新機制。它們就像是用來打造經濟和社會體制的樂高 Mindstorms 機器人積木。

　　這是用比較溫和的說法，傳達主流業界普遍抱持的核心立場「令人興奮的是區塊鏈，不是加密貨幣」──加密貨幣的確是加密經濟體系區塊鏈不可或缺的構成元素（雖然有些非區塊鏈的資料結構會採用 Stellar 主觀共識模型〔Stellar subjective consensus model〕[40]），但加密貨幣的存在是為了提供共識參與的經濟誘因，以及讓人儲蓄、支付手續費，並不是為了成為投機熱潮的焦點或用來引發消費者的興趣和激情。

　　那麼區塊鏈究竟為什麼有用？我們可總結如下：

- 你可以在區塊鏈儲存資料，確保這些資料具備很高的可用性（availability）。
- 你可以在區塊鏈執行應用程式，確保在極長的時間內都能

---

40. 這是應用於 Stellar（恆星）區塊鏈的共識機制，參與者可以選擇自己信任的其他參與者（即「信任鏈」），並在信任鏈上廣播交易訊息，由信任鏈上的多數參與者協助確認交易是否有效。

正常運作。

- 你可以在區塊鏈執行應用程式，確保在極長的時間內都能正常運作，即使在許久以後亦然。

- 你可以在區塊鏈執行應用程式，並讓使用者相信這些應用程式的運作邏輯是誠實的，會確實執行你宣傳的那些功能。

- 你可以在區塊鏈執行應用程式，並讓使用者相信，即使你無心維護，或是因為被賄賂、被威脅或者出於新的獲利動機，你打算操弄應用程式的狀態，這些應用程式依然會如常運作。

- 你可以在區塊鏈執行應用程式，並在絕對必要的情況下給自己一把後門鑰匙，但你要對鑰匙的使用設下「根本性」的限制——例如，軟體更新必須經過一個月的公開等待期才能進行，或至少必須在應用程式更新時及時通知使用者。

- 你可以在區塊鏈執行應用程式，提供一把後門鑰匙給特定的治理演算法（例如投票、未來治理機制、某種複雜的多院制議會架構等），並讓使用者相信該應用程式確實是由那套治理演算法所掌控管理的。

- 你可以在區塊鏈執行應用程式，而且即使基礎平台只有99.999%的可靠度，那些應用程式還是能以100%的可靠度互相交談。

- 多個使用者或公司能同時在區塊鏈上執行應用程式，而那些應用程式不需要任何網路訊息，就能用極快的速度彼此互動，同時確保每一間公司都完全掌控自己的應用程式。

- 你可以在區塊鏈打造應用程式，而這些應用程式能輕易、有效率地運用其他應用程式所產生的資料（付款和信譽系統的結合，或許是這裡最大的好處）。

以上種種功效正好都是區塊鏈的長處，倘若可以落實成真，將能間接造福全世界數十億人，特別是在某些地區，先進的經濟、金融與社會基礎設施毫無用武之地，區塊鏈的好處更為明顯（雖然科技往往需要與政治改革結合，才能解決這些地區的許多問題）。

由於金融或許是世界上最仰賴同步電腦運算、也最仰賴信任的產業，因此區塊鏈在金融領域的價值顯而易見。不過，區塊鏈應用在網路基礎架構的眾多領域也很有價值。的確還有一些其他的架構也能達成前述功效，但比起區塊鏈，那些架構**或多或少沒有那麼好**。

加文・伍德（Gavin Wood）率先將此理想運算平台稱為「世界電腦」——這臺電腦由大家（這是非常龐大的一群人）所共有，任何人都能自由加入，並參與平台的維護。

底層基礎架構

就像開放原始碼，目前為止，區塊鏈技術最大的獲利機會在於所謂的「底層基礎架構」服務。底層基礎架構服務是一種

通稱，其特色包括：

- 相依性——有許多其他服務密切仰賴底層服務才能運作。
- 網路效應強——若有一大群人（甚或每一個人）使用這一項服務，就能產生顯著的效益。
- 轉移成本高——個人難以從一項服務轉移到另一項。

請注意，這裡並未討論到任何原始「需求」或「重要性」；可以有一點也不重要的底層架構（例如 RSS 摘要），也可以有重要的非底層架構（例如美食）。底層服務早在文明出現之前就已存在；在「穴居人的時代」，最重要的底層服務是語言。再近期一些，主要的例子變成了道路、司法體系，以及郵政和運輸系統；到了二十世紀，我們多了電信網路和金融體系；千禧年末則是出現了網際網路。然而現在，網路的新底層服務幾乎全部都跟資訊有關：網路付款系統、身分識別、網域名稱系統、憑證授權機構、信譽系統、雲端運算、各種資料摘要等，以及不久之後也許會出現的預測市場（prediction market）[41]。

再十年，這些服務將會形成高度相依的網路，我們個人想要從一套系統轉換到另一套，難度甚至更勝於遷居到由其他政府管轄的地方——這也就意味著，確保這些服務經過正確的打

---

41. 這是允許參與者對真實世界事件結果打賭的系統，猜中結果的人可以獲得獎勵。其準確度經常高於其他形式的群眾外包與預測機制。

造、治理程序中沒有權力極大的少數私人實體，是至關重要的一件事。目前，這類系統有許多是以高度中心化的方式打造，一部分原因就是全球資訊網（World Wide Web）的原始設計並未考量到這些服務的重要性，並設定了預設選項，因此，即便到了今天，大部分的網站仍會要求你「登入 Google 帳戶」或「登入 Facebook 帳戶」，而憑證授權機構則是會遇到類似下面問題：[42]

- 一名伊朗駭客週六宣稱從 Google、微軟、Skype、Yahoo 等幾大網站竊走許多 SSL 憑證。
- 安全專家們的初步反應不一，有些相信駭客的說法，有些持懷疑態度。
- 上星期，大家主要推測這是一起由國家支持的攻擊事件。也許是接受伊朗政府的資金贊助，或由伊朗政府發起，駭入美國科摩多公司（Comodo）旗下的一間憑證經銷商。
- 3 月 23 日，科摩多公司坦承遭攻擊，表示駭客在八年前取得九張假憑證，可以用於登入微軟的 Hotmail、Google 的 Gmail、網路電話，以及聊天服務公司 Skype 帳戶、Yahoo 電子郵件信箱等。Mozilla 公司的 Firefox 的附加元件網站憑證也落入駭客手中。

---

42. 以下內容引述自 2011 年克雷格‧凱澤（Gregg Keizer）為《電腦世界》（Computerworld）撰寫的文章。

為何不讓憑證授權機構去中心化，至少再次達到 M-OF-N 系統 [43] 的程度？（注意，M-OF-N 系統的主要應用與區塊鏈可分開來看，但區塊鏈恰巧是執行 M-OF-N 系統的好平台。）

身分識別

現在，我們來實際討論「區塊鏈身分識別」的具體例子。一般來說，要怎麼做才能識別使用者的身分？

我們已經知道最簡單的答案：你要有公鑰和私鑰。你把公鑰公開，那就是你的 ID，之後你要用私鑰替每一則訊息進行數位簽章，讓其他人能確認那些訊息確實由你發出（從他們的觀點來看，「你」是「持有那一把特定公鑰的實體」）。不過，目前還有幾點挑戰必須克服：

❶ 假如你的私鑰被偷走了，而你需要換一把新鑰匙，會發生什麼事？

❷ 假如你的私鑰不見會怎麼樣？

❸ 如果你想要用名字稱呼其他使用者，而不是用資料加密後形成的 20 位元組隨機名稱，會發生什麼事？

---

43. 舉例來說，M-OF-N 系統裡有 N 把可以解鎖的鑰匙，必須使用其中至少 M 把鑰匙才能成功解鎖。

❹ 如果你想採用更高階的資料安全技術，例如，不是單靠一把私鑰，而是使用多重簽章技術，可以嗎？

讓我們逐一解答這些問題，先從第四個問題談起。有個簡單的解決辦法：不採用特定的加密簽章技術，而是將你的公鑰變成一個程式，並將有效的簽章變成一個字串，當字串與訊息一起輸入程式，程式會回傳「1」。理論上，每一把單一金鑰、多重金鑰，或其他任何類型的規則集，都可以編入這樣的程式。

但這裡有一個問題：公鑰會變得太長。解決辦法是將實際的「公鑰」輸入某個資料儲存庫（例如，想要去中心化，可以使用分散式雜湊表），並以使用者的「公鑰」雜湊當作使用者的 ID。這裡還不需要用到區塊鏈技術，不過，最新的可擴充區塊鏈技術與分散式雜湊表的差異並不大，因此完全有可能在十年之內，各種用途的去中心化系統都會有意無意往某種可擴充的區塊鏈靠攏。

現在請思考第一個問題，我們可以將其視為憑證的撤銷問題：如果你想「撤銷」特定的金鑰，你要如何確保每一個需要得知金鑰撤銷的人，都收到這個消息？這同樣也可以交由分散式雜湊表解決。

但下一個問題來了：如果你想要撤銷金鑰，要用什麼代替？如果你的金鑰遭竊，此時你和攻擊者手上都持有金鑰，你們任何一方都無法說服他人自己才是本尊。有一個解決辦法是

設置三把金鑰，若一把被撤銷，必須要有其中兩把或全部三把金鑰的簽章，才能證明下一把金鑰的資格。

可是這會引發「無利害關係」（nothing at stake）的問題：如果攻擊者**最終成功**從某個歷程記錄點偷走三把金鑰，就能模擬出新鑰匙的指派歷程記錄，進一步指派新的金鑰，你的歷程記錄反而再也不具權威性。這正是時間戳記的問題，在這裡，區塊鏈能發揮實際的幫助。

針對第二個問題，持有多重金鑰和重新指派金鑰的問題不大，因此這裡也不需要區塊鏈。事實上，你不需要重新指派金鑰，只要將金鑰「分片」保存，並善用祕密分享技術，就能復原遺失的金鑰。也就是，當你遺失任何一個片段，透過祕密分享演算法，可利用剩下的片段，輕鬆復原遺失的片段。

關於第三個問題，以區塊鏈為基礎的域名註冊系統是最簡單的解決方案。但在實務上，大部分的人都沒有安全儲存多把金鑰的能力，總是會發生一些慘案，此時中心化的服務往往扮演要角，協助人們取回誤丟的帳號。針對這種情況，有個以區塊鏈技術為基礎的簡單解決辦法：M-OF-N 的社群備份。

例如你挑選八個實體來幫忙，可能是你的朋友、雇主、某間公司、非營利組織，甚至在未來你還可以挑選政府。假如有什麼地方出錯了，可由其中五個實體一起幫你復原金鑰。這個多重簽章社群備份的概念或許是去中心化系統設計中最強大的機制，它的安全性非常高，而且成本極為低廉，無須仰賴中心化信任機制。

請注意，運用區塊鏈身分識別技術（尤其是搭配以太坊的合約模型），不費吹灰之力就能將這個備份機制編入程式：在域名註冊系統中，註冊你的域名，並將其指向一份合約，讓合約維護目前持有的主要金鑰、身分相關備用金鑰，以及日後持續更新金鑰的邏輯依據。你不需要再仰賴任何個別實體（除了你本人！）就能建立一套兼顧安全性，而且連老奶奶都能輕鬆使用的身分識別系統。

身分識別不是區塊鏈唯一能夠改善的問題，與身分識別息息相關的信譽系統，也是其一。現代世界所使用的「信譽系統」若非無法確定評價者曾實際與被評價者互動，有不安全的問題，就是將信譽資料存放在特定平台，使得信譽資料必須受到平台的控制，有中心化的問題。當你從 Uber 切換到 Lyft（來福車）時，你的 Uber 評分不會跟著搬過去。

理想中，去中心化的信譽系統會包含兩層：資料層及評估層。資料層將包含對他人獨立進行評分的個人、與交易綁定的相關評分（例如，使用區塊鏈付款技術的話，可以建立一套公開系統，只有已付款的消費者可以對商家評分），以及一系列的其他資料來源，讓任何人都能用自己的演算法來對自己的資料做出評估。

「輕客戶端友善」（light-client friendly）這一類的演算法，因為能透過特定資料集快速評估信譽證明，可能會成為重要的研究領域（許多天真的信譽演算法採用矩陣數學，必須以將近三次方等級的計算複雜度處理基礎資料，因此很難去中心

化）。「零知識」（zero-knowledge，可簡稱 ZK）信譽系統也是前景看好的技術，它讓使用者能夠提供某種加密憑證，證明自己根據特定矩陣來看至少擁有 x 的信譽分數，而且過程中無須揭露其他資訊。

信譽系統的例子很有趣，因為它結合了以區塊鏈做為平台的多項好處：

- 以資料儲存庫支援身分識別技術。
- 以資料儲存庫支援信譽記錄。
- 應用程式互通（評分綁定付款證明、允許各種演算法都能處理相同的基礎資料集等等）。
- 可保證基礎資料將來能夠帶走（公司也許會主動提供符合可輸出格式的信譽憑證，但它們無法事先承諾未來將繼續提供這項功能）。
- 廣泛運用去中心化平台，可保證信譽系統不在運算過程中被人動手腳。

目前，這些好處都有替代方案：我們可以相信 Visa 和萬事達卡會對特定交易提供經過加密的簽名收據；我們可以將信譽記錄儲存在 archive.org；我們可以讓伺服器彼此通訊；我們也可以要求私人公司在服務條款中承諾良善行事。這些替代方案都還算有效，但是**完全比不上**直接將一切公開在「世界電腦」上，交給加密驗證和證明技術來處理。同樣道理也適用於其他

的情況。

節省成本

倘若正如這篇文章所論述，區塊鏈技術的最大價值來自長尾效應，那麼我們能從中得出一項重要的結論：**使用區塊鏈時，能從單筆交易獲得的好處非常少。**因此，如何降低共識成本，並增加區塊鏈的可擴充性，就會非常重要。

在中心化的解決方案中，使用者和業者基本上都習慣不支付「手續費」──雖然維基解密的捐款人為了完成轉帳，可能就連 5 美元的手續費都願意支付，但上傳信譽記錄的人也許只願意付出 0.0005 美元的手續費。

因此，如何讓共識成本降低，無論是就絕對的標準來看（即權益證明機制），或從每筆交易來衡量（即透過可擴充區塊鏈演算法，最多可由幾百個節點處理每一筆交易），肯定都非常重要。除此之外，區塊鏈開發者應謹記，過去這 40 年來，軟體研發方向逐漸偏往較無效率的程式語言和典範，只因為這些程式語言和典範也能讓較無經驗或較為懶惰的開發者使用。因此，設計區塊鏈演算法時，務必考慮以下原則：開發者不可能全部以明智審慎的態度，對待他們放在區塊鏈上或捨棄不用的技術──但設計優良的交易手續費系統，將有可能引導開發者透過個人經驗，自然而然地學到重點。

因此，我們衷心希望在將來，許多系統都能去中心化。輕鬆獲利的日子已經結束了。現在該要付出更多努力，投入更久的時間，辛苦耕耘現實世界，看看我們打造的技術能如何為這個世界帶來實際貢獻。

在這個階段，我們很可能會發現到了某個時間點，事態發展將出現轉折，屆時大多數的區塊鏈之所以被打造出來，**不再是**因為區塊鏈的愛好者想找個實際用途，又碰巧遇到「某個事物」可做個決定試試看，而是**「某個事物」的愛好者**看見區塊鏈，意識到這個工具對於這個事物的某些環節相當有用，因而決定打造區塊鏈。

這裡說的「某個事物」，可以是物聯網、開發中世界的金融基礎設施、由下而上的社會文化和經濟體制、醫療保健的資料彙總與安全性提升，也可以單純是具有爭議的慈善活動或無從審查的各類市場。以最後兩個例子的情況來說，轉折點可能已經到來——最初的區塊鏈愛好者之中，許多人正是因為政治因素**才變成了**區塊鏈的愛好者。一旦其他的情況也出現轉折，我們將確知區塊鏈已然成為主流，而新一波對人類的巨大貢獻即將到來。

除此之外，我們將可能發現，「區塊鏈社群」這個概念本身將不再具有任何準政治運動的意義；假如真的要貼標籤，應該沒有什麼能比「加密技術 2.0」更有說服力。箇中理由就如同我們為什麼沒有「分散式雜湊表社群」那樣的概念；而我們縱

使有「資料庫社群」，那也只是一群專長剛好都是資料庫技術的電腦科學家罷了。

區塊鏈終究只是一項技術而已，其他的去中心化（以及對去中心化友善）的技術還包括：信譽系統、分散式雜湊表、點對點超媒體平台、分散式訊息傳輸協定、預測市場、零知識證明[44]，以及許許多多尚未發明的東西。唯有讓區塊鏈與其他技術一同合作，才能獲得最巨大的進展。

---

44. 零知識證明（zero-knowledge proofs）這是一種密碼學技術。採用這種技術時，使用者在證明自己是某特定資訊的擁有者時，並不需要出示該項資訊，使用者的隱私因此可以獲得保障。

PART 2

戰鬥

以太坊「創世區塊」於 2015 年 7 月 30 日上線，標誌著以太坊協定的正式公開，但以太坊想要站穩腳步並不容易。隨著以太幣暴漲至數億美元，駭客也想趁隙而入、利用這套系統，使得迅速發展的以太坊社群必須齊心協力採取行動。結果顯示，單憑程式碼並不足以保障系統的安全性，人類的政治活動也扮演了重要的角色，而 Vitalik 發現自己正身處這一切的核心。

「The DAO 駭客事件」是一次關鍵的考驗。DAO 的全文為「去中心化自治組織」（Decentralized Autonomous Organization），這類組織是在區塊鏈上以軟體所打造而成。The DAO 正是以此進行實驗的共同創投基金，它募集了價值 1 億 5 千萬美元的以太幣。然而，2016 年 6 月，The DAO 還來不及開始投資之前，一名駭客利用 The DAO 的程式碼技術問題將資金領走。由於 The DAO 持有的以太幣相當於總供給量的 15%，因此一旦依照 Vitalik 的想法將以太坊轉型為權益證明機制，讓單一使用者的持幣占了如此高的比重，將會非常危險。

白帽（counter-hackers）動用反制手段拖住該名駭客，同一時間，眾人開始激辯是否應該讓這些有技術問題的程式碼維持原狀，

抑或有必要採取更重大的措施。Vitalik 支持「硬分叉」，即以徹底重寫以太坊區塊鏈的方式來抹除駭客的攻擊。雖然他對以太坊協定並沒有正式的權力，但他的公信力是決定走向的關鍵。以太坊的社群成員大多選擇追隨他，決定將以太坊的文化與使命看得比程式碼的指令規範更為重要。由 Vitalik 這一時期的文章可以發現，他對自己的魅力型權威感到不安。The DAO 駭客事件尚未發生的幾個月，他才在以太坊部落格寫下：「將以太坊打造成最終由全人類共有的去中心化系統。」在 The DAO 的爭議期間，他曾經在〈簡單的演算法，複雜的區塊鏈〉（Why Cryptoeconomics and X-Risk Researchers Should Listen to Each Other More）一文提到，最終會建立起「世界民主制度DAO」──這是以直接參與為基礎、類似聯合國的組織。

他在〈控制，是一種負債〉（Control as Liability）拿自己與馬克·祖克柏相比較──區塊鏈的世界不像企業平台，最好避免中央集權。〈論言論自由〉（On Free Speech）則探討區塊鏈技術實際上如何避免 Vitalik 擁有審查言論的權力──這正是臉書這類平台逐漸撤守的原則。2018 年，Vitalik 在推特留言：「我認為即使我明天發生人體自燃，以太坊目前也絕對可以承受得住。」不過，從他必須點明這件事來看，似乎也代表其中仍有未定之數。

2017 年，以太坊的市值和熱門度飆高，主因在於以太幣被用來進行「首次代幣發行」。許多新創公司靠著自家白皮書許下的承諾，出售不受監管的代幣，募得大筆資金（還有更多的詐騙事件）。Vitalik 公開質疑以太幣市值的準確性，並在推特上敦促以太坊社群「區分清楚『讓數千億美元的帳面數位資產到處流通』和『做出對社會有意義的實際貢獻』」，以太坊應該要用於改變世界，但正如這些文章所舉的例子，以太坊的諸多實際用途都屬於金融遊戲或博弈。他在以太坊創建初期所寫的文章裡，並未歡慶以太幣價格上漲或代幣銷售創下佳績，而是著墨於探討加密經濟在設計上的問題：如何透過誘因機制推動更有益的協調合作？

這一時期，他的文章（包含其他技術性較高的貼文）醉心於探討身分識別與治理的困難問題；不過，他也懂得忙裡偷閒，就像他在 2019 年底所寫的〈以太世界的數學遊戲〉（Christmas Special）那樣。看著他和其他以太嬉皮聚會、下棋廝殺，我們不禁好奇，這場數億美元的實驗是否只是他們在腦中快速運算的一場大規模解謎遊戲？

——納森・史奈德

簡單的演算法，
複雜的區塊鏈

　　有些社群傳統上都在研究人工智慧和多種攸關人類未來的生存風險（existential risk），但近來卻有愈來愈多跡象顯示，他們開始關注區塊鏈和加密經濟體系。勞夫·默克爾（Ralph Merkle）表示對 DAO 的治理模式感興趣——他發明了著名的加密技術，為以太坊輕客戶端協定所採用。Skype 共同創辦人楊·塔林（Jaan Tallinn）提議藉由研究區塊鏈技術，來打造解決全球協作問題的機制。預測市場倡議者很早就知道預測市場具備做為治理機制的潛力，正著眼於 Augur 平台[45] 的應用。

　　這其中有什麼有趣之處嗎？會不會就是一群電腦怪咖在關

---

45. 這是一種加密預測市場平台，使用者可在上面針對特定事件打賭，再由「神諭」（Oracle）系統判定這些事件在真實世界裡的結果為何。

注「適合電腦怪咖」的主題，只不過本來對 A 主題感興趣，現在也對另一個毫不相干的 B 主題感興趣？還是說，這兩個主題實際上有所關聯？

我認為的確有關聯，而且關聯性如下所說——**加密經濟研究社群和「人工智慧安全／新網路治理／生存風險」的社群，基本上都想處理相同的問題：我們如何用非常簡單、特性一旦建立就很難改變的笨系統，去管理極為複雜、聰明、新特性又難以捉摸的系統？**

在人工智慧的研究領域中，一大次要問題就是：如何定義效用函數，才能引導超級聰明的智慧順利行動，而不會在無意間使其做出符合函數卻背離初衷的事情（這種情況有時又稱為「邊緣實例化」〔edge instantiation〕）。

舉例來說，如果你試著叫超級人工智慧解決癌症，它可能會判斷最可靠的辦法就是先殺光所有人；也許你試著修補這個漏洞，於是人工智慧決定不殺死人類，而是以極度低溫永久凍存人類。這種問題還可以繼續推演下去。在默克爾的 DAO 民主制度中，問題則是如何寫出目標函數，既考量到社會與科技的發展、人們普遍想要的事物，又不涉及人類的生存風險，還可以方便進行量化，不至於因此引發政治紛爭。

在此同時，加密經濟面臨到的問題與此相似，程度之高令人著實意外。共識機制的核心問題在於，如何在驗證者本身是極為複雜的經濟主體、可自由任意互動的情況下，以固定不變

的簡單演算法，激勵驗證者持續支持這套體系發展出一套連貫的歷程。

就 The DAO 來說，問題在於軟體開發者的複雜意圖——他們已經想好這套分裂函數（splitting function）的具體用途——與這套軟體實際執行後的結果出現分歧。Augur 嘗試將共識問題延伸到現實世界的事件；Maker 協定則嘗試打造去中心化的平台治理運算法，以提供兼具「加密貨幣去中心化特性」與「法定貨幣可靠度」的資產。

在這些例子中，演算法都很笨，而演算法必須控制的主體卻很聰明。人工智慧安全性是關於如何用智商 150 的主體，去試圖控制智商 6,000 的主體；加密經濟則是要用智商 5 的主體，去試圖控制智商 150 的主體——問題當然不一樣，但其中的相似性不容小覷。

這些都是很困難的問題，兩個社群都分別思考了許多年，也對某些情況累積了不少見解。關於這些問題，人們也開始探索捷思式的部分解法和緩解策略。以 DAO 來說，有些開發者正在往混合模式發展。在這樣的混合模式下，有一群可控制 DAO 資產的管理員，但他們的權力有限，雖然足以解救遭受攻擊的 DAO，卻不足以單方面對 DAO 發起會造成嚴重破壞的攻擊——這種做法與正在進行的人工智慧安全中斷的研究有些類似。

關於未來治理機制這方面的發展，人們正嘗試將利率視為目標函數，形成一種藉由自願鎖幣，進而結合「未來治理」與

「平方投票法」（quadratic voting）[46]的混合式治理演算法。此外，還有各式各樣介於中間的未來治理機制，這些機制被賦予足夠的權力，能以民主體制做不到的方式來防止多數勾結所發起的攻擊；但在決定其他事務的時候，權力則歸於投票程序。倘若想以未來治理機制打造全球民主參與的 DAO，這些創新的機制絕對值得考慮。

另外一種明顯被輕忽的解決方案，是使用刻意放慢腳步的治理運算法——The DAO 的硬分叉提案之所以有可能解救遭到控制的資金，正是因為 The DAO 設有一套規則，要求所有行動都必須等待一段很長的延遲時間才能生效。還有一種人們正開始探索的解決方案，那就是形式驗證（formal verification）——運用電腦程式來自動驗證其他電腦程式，並確保那些程式做到其宣稱所要執行的任務。

一般而言，我們無法在形式上證明「誠信」，這是因為價值的問題相當複雜；不過，我們可以做出某些局部保證，藉此降低風險。舉例來說，我們可以在形式上證明，至少七天內不得執行某類活動，或是證明當某個 DAO 的管理員們投票啟動某個開關之後，48 小時內不得執行某類活動。在人工智慧的領

---

46. 這是一種決策技術，讓使用者可以依據財力或偏好強度，配置更多代幣去影響投票的結果。不過，對任一名使用者而言，每當多用了一顆代幣，所要付出的成本便隨之遞增。這項設計的目的在於，不讓少數人有能力輕易壓過多數人。平方投票法若要順利運作，必須有穩健的使用者身分確認系統。

域，則可以運用這類證明機制防止獎勵函數出現某些小錯誤，導致人工智慧將人類完全無意執行的活動視為具有高度價值。當然，許多社群早已思索形式驗證多年，但現在我們是在新的情境中探索不一樣的用途。

在此同時，人工智慧安全社群所推廣的一項概念，對於打造包含 DAO 的經濟體系非常有用，那就是超理性決策理論。基本上，這套理論說的是，致力於執行某一類的原始碼——這類原始碼會優待賣力執行它的人——藉此克服囚徒困境。

若要舉例說明，有什麼做法是開放原始碼的行為者可以採取、但「黑箱」行為者所無法採取的，正好可以看看史考特‧亞歷山大（Scott Alexander）在一則短篇故事中所描述的「價值交握」（values handshake）[47]：兩名行為者可同意，將雙方原先的目標值加總，取其平均值當成新的目標值，再一起努力使其最大化。以前，這類概念大多只能在科幻小說裡看到，但現在採用未來治理機制的 DAO 卻真的能實踐。從更廣的層面來看，DAO 可能是一種非常有效的手段，可以幫助社會機構強力實踐具有特定屬性的「原始碼」。

「The DAO」只是打頭陣，今明兩年還會有更多的 DAO 推陳出新。可以想見的是，後起之秀將能從這個先例學到許多寶

---

47. 一般是指兩個不同的設備或應用程式要往來之前，互相交換資料或數值，以確定彼此如何連接溝通的互動過程。

貴經驗，而且它們將會構思出各種創新的程式碼安全政策、治理演算法、管理員系統、分階段慢速啟動程序和推出流程，以及形式驗證保證，盡全力確保自身機制經得起加密經濟風暴的考驗。

最後我要說的是，加密社群教人們最寶貴的一課即是「去中心化」：讓不同團隊冗贅地執行不同的環節，可儘量避免在某個系統的疏失也蔓延至其他系統而未被察覺。加密經濟是一場正在進行中的實驗，涉及許多最新的挑戰，範圍涵蓋軟體技術、電腦科學、賽局理論與哲學。不論這些嘗試在當前的型態下，是否足以成為主流的社會應用，或是還需要經過數次涉及核心概念的重大修改，其結果都將有目共睹，可供每一個人參照學習。

權益證明的設計哲學

以太坊（以及比特幣、NXT、比特股）這類系統是全新的加密經濟有機體——它們是去中心化、不受司法管轄、只存在於網路空間，以密碼學、經濟學及社會共識來共同維繫的實體。有一點像 BitTorrent 又不太像，因為 BitTorrent 沒有「狀態」（state）的概念——這是非常關鍵的差異。有些人稱這類實體為去中心化自治公司，但它們也不完全是公司——你不能對微軟進行硬分叉。它們有點像開放原始碼的軟體開發計畫，但又不完全是那麼回事——你可以對區塊鏈進行分叉，但又不像對 OpenOffice [48] 進行分叉那麼容易。

---

48. 一款開放原始碼的免費辦公室套裝軟體，類似微軟推出的 Microsoft Office。將開放原始碼軟體「分叉」的意思是複製可自由取用的程式碼，並加以修改，製作出不一樣的版本。

這些加密經濟網路有各式各樣的變化版本——仰賴特殊應用積體電路的工作量證明、仰賴圖形處理器（GPU）的工作量證明、單純的權益證明、委託式權益證明，以及可望很快實現的卡斯帕（Casper）權益證明[49]——這些版本必定會有自己的一套底層哲學。

舉個有名的例子：工作量證明的極致主義者認為，礦工消耗最大量的經濟資本所創造的區塊鏈，才是「唯一」的正版。最初這只是一種協定內的分叉選擇規則，但現在在許多情況下，卻已然成為神聖不可侵犯的信條。比特股的委任式權益證明[50]則展現了另一套首尾呼應的哲學，他們也相信一套信條，只不過這套信條更為簡單：股東投票。

中本聰共識、社會共識、股東投票共識，這些哲學都會衍生出自己的結論，並衍生出一套依各自情境產生意義的價值體系（若拿來互相比較，當然各自有可批評之處）。卡斯帕共識也有自己的一套哲學，只不過至今為止還沒有人簡明扼要地闡述過。

我、瓦拉德（Vlad）、多明尼克（Dominic）、杰（Jae）以及其他人，對於權益證明協定為何存在以及應該如何設計都各有見解。在這裡，我要說明我看法的由來。

---

49. 其目的在於支援以太坊轉換至權益證明機制，希望能以更優秀的系統去防範帶有惡意的行為者。
50. 簡稱 DPoS，是用於限制驗證者身分的一種共識機制。

以下列出我的觀察，並直接附上結論。

♦ 易守難攻，符合密碼龐克精神

密碼學在 21 世紀非常特別，因為**密碼學是對立衝突中極少數仍然強烈偏向防禦方的領域**。破壞城堡遠比建造城堡容易，而島嶼雖然可供防禦之用，但還是會遭受攻擊；然而，即使是一般人的橢圓曲線密碼金鑰，其安全性也足以抵禦國家層級的攻擊。

密碼龐克的哲學主要就是利用這層珍貴的不對稱性，來打造更有益於個人自主性的世界，而加密經濟某程度上則是這套哲學的延伸，只不過，這次要保護的是攸關協調、合作等複雜體系的安全性和存續，而不單純是私人訊息的完整與私密。

自認在理念上承襲密碼龐克精神的系統應該要保有這項基本特色，使得破壞或擾亂系統的代價遠高於使用及維護系統的成本。

「密碼龐克精神」不只是一種理想主義；單純就工程設計來說，本來也該打造易守難攻的系統。

♦ 區塊鏈的維護，仰賴共識

人類善於達成中長期共識。即使攻擊者擁有無限的雜湊算力，並對任一主要區塊鏈發動 51% 攻擊，甚至連一個月前的歷程記錄都加以回覆，但要說服社群這條鏈才是正版的，難度遠

高於拚贏主鏈的雜湊算力。他們要對抗區塊瀏覽器、社群中每一名受人信賴的成員、《紐約時報》、archive.org 以及其他眾多網路資訊來源。

總而言之，在資訊科技發達的 21 世紀，想要說服世界相信新的攻擊鏈是最先出現的區塊鏈，其難度等同於說服世界相信美國登陸月球這件事從未發生。**長期而言，這些社會面的考量是所有區塊鏈的終極保障**——不論該區塊鏈社群是否承認這點（請注意，比特幣核心〔Bitcoin Core〕的確也認同社會層面最為重要）。

然而，單單以社會共識來保護區塊鏈不僅過於沒效率，速度也太慢了，而且非常容易落入永無止境的分歧爭論（儘管面臨了重重阻礙，問題仍然發生了）；因此，經濟共識（economic consensus）對於保障區塊鏈的活力與安全，在短期內扮演了至關重要的角色。

◆ 工作量證明以耗能打造安全性

由於工作量證明機制的安全性來自區塊獎勵，而礦工的工作誘因則完全來自於未來可能失去區塊獎勵的風險，因此**工作量證明的運作邏輯是：必須透過可觀的獎勵來催生大量算力。**

在工作量證明機制下，想要從攻擊中恢復非常困難：發生第一次攻擊時，你可以透過硬分叉更改工作量證明，使攻擊者的特殊應用積體電路無法作用，但若發生第二次攻擊，這個選

項就不存在了，使得攻擊者可以一而再、再而三發動攻擊。因此，挖礦網路必須大到讓人無法想像可對其發動攻擊。假設網路持續每天以規模 x 的算力挖礦，那麼規模小於 x 的攻擊者將不會有發起攻擊的動力。

我並不認同這樣的邏輯，因為 (1) 這要靠砍樹來實現；(2) 這不符合密碼龐克的精神——攻擊成本與防禦成本為一比一，防禦者不具備優勢。

◆ 權益證明具備攻防不對稱性

權益證明不以獎勵來維護安全性，而是透過懲罰，打破攻防的對稱性。質押金錢（押金）的驗證者能得到少量獎勵，做為他們鎖住資金、維護節點以及多花心力確保私鑰安全性的獎勵；而還原交易的懲罰，會比同一時間獲得的獎勵還要高出千百倍。**因此，若要用一句話來說明權益證明的哲學，絕非「以耗能換取安全性」，而是「以經濟價值的損失來打造安全性」。**

在這套證明機制中，如果你能證明當區塊或狀態出現衝突時，串通起來改寫歷程的惡意節點必須支付 x 元的協定罰金，才能達到同等程度的最終確定性，則代表該特定區塊或狀態具有價值 x 元的安全性。

理論上，只要多數驗證者勾結，就能奪下採用權益證明的區塊鏈，並開始作惡。然而，(1) 透過巧妙的協定設計，我們就能盡量限縮驗證者透過這類操弄所獲取的額外利潤；更重要的

是，(2) 如果他們試圖阻止新的驗證者加入或發動 51% 攻擊，社群只要協調合作發起硬分叉，銷毀發起攻擊的驗證者所質押的資金就行了。

成功發起一次攻擊，可能要付出 5 千萬美元的代價，但其他人收拾殘局的過程卻不會比 2016 年 11 月 25 日 Geth/Parity 共識失效時的步驟複雜多少[51]。只要經過兩天，區塊鏈和社群就能重回正軌，但攻擊者的資金會減少 5 千萬美元，而其他社群成員的財富則很可能增加——因為貨幣供給在攻擊事件後會緊縮，導致幣價**上漲**。這就是我所說的「攻防不對稱」。

以上看法不應該被解讀為「不在計畫之內的硬分叉會經常發生」；假如我們想要，可以進行設定，使得「對權益證明發動單次 51% 攻擊」的成本和「對工作量證明發動永久性 51% 攻擊」一樣高，如此一來，發動攻擊不僅成本高昂，也很難得手，單憑這兩點，幾乎就能確保沒有人真的會嘗試這麼做。

◆ 經濟邏輯並非一切

個別行為者可能會受協定外的因素影響，例如被駭客攻擊、被人綁架或是單純某天喝醉酒，決定不計代價破壞區塊鏈。

此外，若往好處想，**人們因為具有道德自制力，溝通時又缺乏效率，因而往往會推高攻擊成本，使其遠遠超乎協定定義**

---

51. 此處指很受歡迎的 Go 以太坊客戶端發生錯誤，不得不馬上進行軟體更新，暫時讓區塊鏈分叉，同時有兩本不一樣的帳本。

的帳面價值損失。雖然這個優勢不足以讓我們有恃無恐，但我們也不應該白白拋開。

因此，**最佳協定必須能在多種模型與假設之下都運作良好：**包括協同選擇下的經濟理性、個人選擇下的經濟理性、簡單容錯、拜占庭容錯（理想中，適應性對手和非適應性對手的變體都能考慮進來）、受艾瑞利（Dan Ariely）與康納曼（Daniel Kahneman）啟發的行為經濟模型（「我們都會做出一點欺騙的行為」），以及理想中任何可以推導得出的務實、可行模型。**我們必須兼顧兩種層面的防禦：以經濟誘因防止中心化的聯合集團做出不利社群的行為，並以抗中心化誘因在源頭防止聯合集團的成形。**

◆ 追求速度應小心謹慎

共識協定若追求運作速度愈快愈好，將面臨風險，若要推行，必須非常小心。因為一旦把「快速運作的可能性」和「鼓勵成員這麼做的誘因」綁在一起，就會助長「網路層級的中心化」（network-level centralization。例如，所有驗證者都由相同的供應商提供主機服務），而這樣的網路中心化會引發極高的系統性風險。

相對地，共識協定也可以不那麼在乎驗證者傳送訊息有多快，只要在可接受的時間內完成就好（例如 4 到 8 秒，經驗告訴我們，以太坊的延遲時間通常是 500 毫秒到 1 秒之間）。

若要折衷，可能性之一就是打造非常快速的協定，但內含類似以太坊叔塊（uncle block）[52] 的機制，如此一來就能確保，當某個節點的網路連結度提高，一旦超過一般人無法輕易達到的水準時，其邊際報酬將會相當低。

　　談論至此，當然還有許多細節和相關的分歧點可以說下去，但上述這些至少是我認為 casper 機制所應符合的核心原則。在這個基礎之上，我們當然還可以對其他問題展開辯論：相互競爭的價值觀應當如何取捨？要讓以太幣每年的增發比例定為 1%，並將強制推動硬分叉進行補救的成本設定為 5 千萬美元嗎？還是將每年的貨幣增發比例設定為零，並將強制推動硬分叉進行補救的成本定為 5 百萬美元？我們應該何時選擇降低一個協定在「容錯模型下的安全性」，藉此換取這個協定在經濟模型下有更高的安全性？我們應該更看重可預期的安全性，還是可預期的發行量？這些都是我要另外寫文章討論的問題，至於這些價值觀之間的不同取捨要如何進行，則需要寫更多文章才能探討。但我們終究會談到的：）

---

52. 是指不加入主鏈的未完成區塊。生產叔塊的礦工可得到獎勵，但有點類似安慰獎，安慰他們未能替整個系統的安全性作出貢獻。

去中心化的意義

　　「去中心化」是加密經濟圈使用最多的詞彙，甚至經常被視為區塊鏈存在的理由，但這或許也是定義最不明確的詞彙。人們花上數千小時進行研究，並投入數十億美元算力，只為了試圖達成去中心化，並加以維護、改善。有時，當討論轉變成攻防戰時，常常可以看到某個協定（或協定擴展）的擁護者使出殺手鐧，聲稱對方提出的計畫是「中心化」的協定。

　　但「去中心化」究竟什麼意思，經常令人丈二金剛摸不著頭腦。舉例來說，請想一想右頁這個毫無幫助，卻超級常見的圖示[53]：

---

53. 圖片出處：Paul Baran, On Distributed Communications（RAND Corporation，1964），原作者以此圖說明網際網路的網路架構。

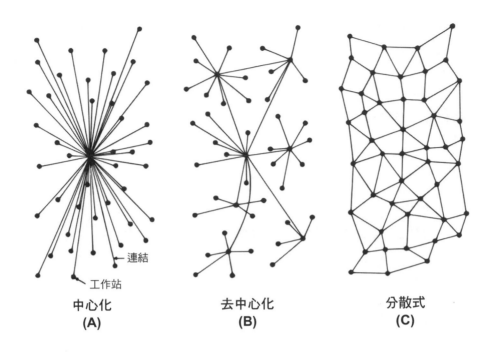

中心化
(A)

去中心化
(B)

分散式
(C)

連結

工作站

　　現在，請想一想知識問答網站 Quora 上面，關於「分散式
架構和去中心化架構，差別在哪？」的兩個回答。第一個回答
基本上只是把上面的圖示機械化地複述一遍，第二個回答則是
截然不同，它說：「分散式是指並非所有交易的處理都發生在同
一個地方，去中心化則是指沒有任何單一實體控制所有的處理
過程。」

　　另外，Ethereum Stack Exchange（以太坊交流棧）的最佳解
答也貼出非常類似的圖，但「去中心化」和「分散式」的標示
卻顛倒過來！顯然，這個概念有必要好好說明。

三種去中心化

人們在談論軟體的去中心化時，指的其實是**三種面向的去中心化（或中心化）**。雖然在某些情況下，很難單純只具備其中一種面向，但一般而言，這三種面向是相互獨立的，它們分別是：

- **架構的去中心化程度**：系統由多少臺**實體電腦**組成？在任一時間點上，能容許幾臺電腦故障？
- **政治的去中心化程度**：有多少**個人或組織**掌控組成系統的電腦？
- **邏輯的去中心化程度**：系統呈現及維護的**介面與資料結構**，比較像是一個單獨的整體，還是形態不固定的群體？若想知道答案，有一種簡便快速的判斷方式：如果將系統一分為二，各自都有供應者和使用者，兩邊是否都能獨立完整地運作？

我們可以試著將這三種面向整理成右頁的圖表：

邏輯中心化

	政治中心化	政治去中心化
架構中心化	傳統公司 歐陸法系	直接民主
架構去中心化	?	區塊鏈、英美法系

邏輯去中心化

	政治中心化	政治去中心化
架構中心化	?	?
架構去中心化	傳統內容傳遞網路、世界語（剛開始）	BitTorrent、英語

請注意，這些空格填入了許多粗略、仍有待商榷的答案，但姑且讓我們針對這些內容討論一下吧：

- 傳統公司是政治中心化（一名執行長）、架構中心化（一間總公司）、邏輯中心化（無法真正一分為二）的組織。
- 歐陸法系仰賴中心化的法律制定機構，而英美法系則是建立在許多個別法官先前作出的判例之上。在歐陸法系裡，各個法院仍有很大的裁量權，具備某種程度的架構去中心化，但英美法系的架構去中心化程度更深。兩種法系都屬於邏輯中心化的系統（「法律就是法律」）。
- 語言是邏輯去中心化的：愛麗絲對鮑伯說的英語，與查理對大衛說的英語，並不需要一致。語言的存在也不需要仰賴中心化的基礎架構，英文的文法規則不是由任何一個人制定或控制。而世界語雖然最早是由路德維克・柴門霍夫

（Ludwik Zamenhof）所發明，但現在比較像是一種沒有特定權威、自行演化發展的活的語言。

- BitTorrent 是和英語類似的邏輯去中心化系統。雖然傳統的內容傳遞網路在這點也大致相同，但卻是由單一公司所掌控的。

- 區塊鏈這套系統是政治去中心化（不由任何人掌控）、架構去中心化（基礎架構沒有中心化的失效點），但邏輯中心化（只有一套為共識所接受的狀態，而且這套系統的**運作情形**猶如單一一台電腦）。

許多時候，當人們提及區塊鏈的好處，他們會說區塊鏈有「一個中央資料庫」，很方便。此時他們提到的這種「中心化」指的是「邏輯中心化」。這種中心化，可以說在許多方面具有優勢。不過，星際檔案系統的胡安・貝納特（Juan Benet）也極力推動邏輯去中心化，因為邏輯去中心化的系統更能挺過網路分隔的現象，在連線能力較差的地區也能順利運作。

架構中心化經常導致政治中心化，但並非必然——在制度化的民主社會裡，政治人物會在實體會議室中開會表決，但會議室的管理人不會因此擁有多少左右決策的力量。

電腦化的系統則可能發生架構去中心化，卻不會發生政治去中心化。例如，某個網路社群為了方便使用中心化的論壇，大家協議以社會契約規定，假如論壇版主做出惡意行為，那麼

社群成員將會轉移到其他論壇（因為認定某一論壇進行審查，因而反對所結成的社群，實務上往往具備這項特質）。

　　邏輯中心化會使架構去中心化變得困難，但並非不可能實現——例如，去中心化共識網路已經被證明可行了，只是其維護的難度高於 BitTorrent。邏輯中心化則會使政治去中心化變得困難——在邏輯中心化的系統中，我們很難透過「各退一步，互相包容」的方式簡單化解爭論。

去中心化的三點理由

　　接下來要問：去中心化究竟有何用處？一般來說有下面這幾點理由：

◆ 容許錯誤

　　去中心化的系統仰賴許多各自獨立的組成部分，不太可能同時故障，所以這類系統比較不會突然失靈。

◆ 抵禦攻擊

　　攻擊、破壞或操控去中心化系統的代價比較高，因為去中心化的系統沒有敏感的中心點，使得發動攻擊所需要投入的成本，無法低於外圍系統的經濟規模。

◆ 防止勾結

　　去中心化系統的參與者很難透過勾結，去犧牲其他參與者來使自己獲益；但公司和政府的領導階層卻有辦法串通一氣，在圖利自己的同時，使那些較難協調合作的市民、顧客、員工和社會大眾的利益受損。

　　以上三點都是重要又合理的主張，然而，當你開始從去中心化的三個面向去思考攸關協定的決策時，這三個理由會分別引導出不一樣的結論。且讓我們逐一拓展這三個理由的論述。

　　關於容許錯誤，其核心論點很簡單：單獨一台電腦當機，或十台電腦當中的五台同時當機，哪一種的發生機率比較高？這是毫無爭議的一項原則，應用於實際生活中的眾多場合，包括：噴射引擎、備用發電機（尤其是醫院等場所使用的發電機）、軍用設施、多元金融投資組合，以及電腦網路。

　　然而，儘管這類去中心化很有效，也非常重要，但它的容錯能力，卻經常不如最簡單的數學模型所預測的那樣萬無一失。問題出在「共同模式失效」（common mode failure）。沒錯，四顆噴射引擎一起故障，機率低於一顆噴射引擎故障；但假如四顆引擎都由同一間工廠生產，四顆都因為某個惡劣員工搗蛋而出現一樣的瑕疵呢？區塊鏈現在已經能防止共同模式失效了嗎？不見得。請思考以下情境：

- 區塊鏈上所有節點執行一樣的客戶端軟體，而這套客戶端軟體本身有瑕疵。
- 區塊鏈上所有節點執行一樣的客戶端軟體，而這個軟體的開發團隊其實貪贓枉法。
- 提出協定升級的研究團隊實際上想要以權謀私。
- 在工作量證明機制的區塊鏈上，70% 的礦工位在同一個國家，而該國政府以維護國家安全為由，決定關閉所有礦場。
- 挖礦硬體設備大多由同一間公司打造，這間公司接受賄賂或被威脅設置後門，讓特定人士有權任意中斷設備運作。
- 在權益證明區塊鏈上，70% 的質押代幣是由同一間交易所持有。

　　想要以宏觀視角探討容錯的去中心化，就必須檢視這些問題，並了解如何盡可能地減少其影響。我們可以得出一些順理成章又顯而易見的結論：

- 必須有數個相互競爭的執行方存在，這點至關重要。
- 協定升級的相關技術知識必須民主化，如此一來，才能有更多人自在地參與研究討論，批評明顯不佳的協定並變更提案。
- 核心開發者或研究員應該受僱於數間公司或組織（或是有許多自願者）。
- 挖礦演算法應該設計成可以盡量降低中心化的風險。

・理想中，我們以權益證明來完全避開硬體中心化的風險；但我們也要小心權益證明衍生出來的其他新風險。

請注意，最單純的容錯要求主要著眼於架構去中心化，但如果你思考容錯問題時，開始觸及那些管理協定當前發展的社群，那麼政治的去中心化也會變得相當重要。

現在，我們來看攻擊抵禦。有時候，你會從某些純粹的經濟模型得出「去中心化根本不重要」的結論。假設你設計了某協定，一旦發生 51% 攻擊（即終局逆轉〔finality reversion〕），驗證者會損失 5 千萬美元，此時驗證者是由一間或一百間公司控制，其實不重要——5 千萬美元的經濟擔保金額，就是 5 千萬美元的經濟擔保金額。事實上，從賽局理論來看，可以從更深的層面解釋，中心化為何甚至有可能放大這種經濟擔保的概念（從現存區塊鏈採用的交易選擇模型即可看出這點，因為透過礦工和區塊發起者將交易活動加入區塊的過程，實際上就是一種變動快速的輪替式獨裁。）

然而，如果你採用比較複雜的經濟模型，尤其是承認脅迫有可能發生的模型（或是輕微許多的狀況，例如，針對節點進行阻斷服務攻擊），去中心化的重要性就提高了。

假如你向某人祭出死亡威脅，那 5 千萬美元對他來說不那麼重要了。但如果 5 千萬美元由十個人來分擔，你所要威脅的人數就變成十倍，而且你還要同時進行。

整體而言，現代世界有許多情況，存在有利於攻擊者的攻防不對稱性。例如，摧毀一棟造價 1 千萬美元的建築物，可能不用花到 10 萬美元的成本。不過，攻擊者的槓桿能力並不是線性的：摧毀一棟造價 1 千萬美元的建築物，成本為 10 萬美元；但摧毀一棟造價 100 萬美元的建築物，可能就要 3 萬美元的成本才能確實做到。也就是說，規模愈小，攻防的相對比例就愈均等。

這個推論會來什麼意涵？第一，這代表權益證明比工作量證明更占上風，因為電腦硬體很容易被偵測、管控、攻擊，但代幣要隱藏就容易多了（權益證明更能抵禦攻擊，還有其他理由）。第二，這也說明了廣為分散的開發團隊比較有利，包括地理上的分散。第三，這意味著設計共識協定時，必須同時考量經濟模型與容錯模型。

最後，我們要來討論三個理由之中最複雜的一項：防止勾結。我們很難定義什麼是勾結，或許，最貼切的描述就是：我們不樂見的合作方式。在現實生活的許多情況中，即使所有人一起完美配合是最理想的境界，**但當某個小團體能在其他人無法合作的情況下協調同步，會很危險。**

其中一種簡單的因應措施，就是反托拉斯法：刻意設置障礙，讓市場其中一方的參與者難以集結成壟斷者，以免他們犧牲市場上的另一方和社會的整體福祉，藉此換取過高的利潤。

另一個例子則是：美國規定候選人不得與超級政治行動委

員會（Super Political Action Committee，簡稱「super PAC」）[54] 積極合作，只不過那些規定實行起來並不容易。還有一個規模小許多的例子：有些西洋棋巡迴賽會規定兩名選手不能對弈太多次，以防刻意提高某選手的戰績。你可以在許許多多的場域看見，複雜精巧的制度裡，設有防範不受歡迎合作的措施。

在區塊鏈協定的範疇裡，共識安全背後的數學和經濟原理多半為非協同選擇模型（uncoordinated-choice model），或假設賽局參與者為許多獨立決策的小型行為者。若任何一名行為者在工作量證明系統裡取得超過三分之一的挖礦算力，他就可以透過自私挖礦攻擊（selfish-mining[55]）取得過高的利潤。

然而，當比特幣網路 90% 的挖礦算力能充分協調，全體出席同場研討會時，我們還能說，非協同選擇模型合乎現實嗎？

區塊鏈擁護者也強力主張，在區塊鏈上打造事物更為安全，因為他們無法任意依照他們的想法來改變區塊鏈的規則。

然而，要是軟體與協定開發者都受雇於同一間公司、屬於同一個社會群體，還一起坐在同一個房間裡，那這個主張就說不通了。

---

54. 簡稱 super PAC，可由個人、企業、工會或其他組織創立及營運，其成立目的在於替政治宣傳活動募款，金額不受限制，可在選舉中發揮極大的影響力。但委員會不得為特定政治候選人宣傳，必須與候選人和政黨維持獨立關係。
55. 礦工有可能採用這項策略，透過互相勾結來產生私鏈，破壞主鏈的有效性。

真正的關鍵其實在於：這些系統的行為運作方式，不能像是某個尋求自利的單一獨占者那樣。因此，我們當然有理由主張，區塊鏈的成員愈是無法協同行動，區塊鏈就愈安全。

　　不過，這麼說就會凸顯出一個根本的矛盾。大家經常稱讚許多社群（包括以太坊）有強烈的社群精神，能夠快速協調合作，以推動各事項的實施與發布，或是啟動硬分叉，在六天內修正協定內的阻斷服務問題；那我們要如何促進這類良好有益的合作，同時防止礦工透過反覆協作發動五一攻擊，做出這種會害慘其他人的「惡劣合作」？

　　關於這個問題，有三種處理策略：

・不浪費心力消弭不樂見的協同行動；而是想辦法打造能抵禦這類協同行動的協定。
・嘗試找出適當的媒介，允許適度的協同合作，讓協定得以發展、前進，但又不至於能讓人發動攻擊。
・區分什麼樣的協同行動有益、什麼樣的協同行動又有害，並讓前者變得簡單、讓後者變得困難。

　　Casper 設計哲學以第一種策略為主。但這樣還不夠，就像單憑經濟學，並不足以解決去中心化的另兩項問題。

　　第二種策略難以透過工程技術明確制定，長期而言更難辦到，卻經常發生。舉例來說，比特幣的核心開發者普遍說英文，但礦工普遍說中文，可以視為是一種偶然的折衷辦法，不

僅創造出某種讓協同作業變得困難的「兩院制」管理制度，還附帶了降低共同模式失效風險的好處——英文和中文社群之間的距離和溝通問題，會使這兩個社群各有一套自己的思考邏輯，因而降低一起犯相同錯誤的機率。

第三種策略是社會最大的挑戰，對策包括：

- 以社會干預措施提高參與者對整體區塊鏈的忠誠度，並置換或消弭掉市場中一方參與者只對己方效忠的機率。
- 促使「市場各方」在相同的大前提下彼此溝通，讓驗證者、開發者或礦工比較不會把自身視為必須合作抵禦外人、捍衛己方利益的「族群」。
- 在設計協定時降低誘因，不鼓勵驗證者和礦工參與一對一「特殊關係」、中心化中繼網路，以及其他類似的超協定機制（super-protocol mechanism）。
- 明確規範協定應該具備的基本特質，以及哪些行為不能出現，或僅能在極端的情況下發生。

因此，第三種去中心化——也就是為了避免「不樂見的協同合作」而推行的去中心化——或許是最難以達成的一種，而且勢必有所取捨。也許，最佳的解決之道需要大力仰仗去中心化程度必定相當高的一群人：協定的使用者。

區塊鏈治理，
代幣投票不是唯一

　　區塊鏈治理近來的趨勢頗有意思：**由鏈上的代幣持有者進行投票，做為諸多決策的機制**。代幣持有者有時會投票決定由誰來運轉維持網路運作的超級節點（例如 EOS、NEO、Lisk 及其他系統採用的委託式權益證明機制），有時則投票表決是否採用某項協定參數（例如以太坊的燃料費上限），有時也會經過表決，再直接實施整批協定升級（例如 Tezos 區塊鏈）。在前述情況下，投票機制都是自動化的——協定本身即包含各種必要的邏輯，可用來變更驗證者的組成或更新協定的規則，並能自動落實投票的結果。

　　顯性的鏈上治理模式經常受到讚揚，因為大家認為它具備了幾大優點。第一，它不像比特幣奉行非常保守的一套理念，而是能夠快速進化和接受必要的技術改良。第二，打造顯性的

去中心化架構，可避免非正式治理機制的明顯缺失。非正式治理常被視為太不穩定、容易發生鏈分叉，或者，太容易形成實質上的中心化——後者正是 1972 年知名文章〈無架構的暴政〉（Tyranny of Structurelessness）主張的論點[56]。

這裡要引述一段 Tezos 區塊鏈的文件內容：

雖然所有區塊鏈都提供了維護帳本共識的經濟誘因，但沒有一條區塊鏈具備穩健的鏈上機制，能夠無縫接軌地修正協定的治理規範，並獎勵協定的發展。因此，第一代區塊鏈實質上把權力交給了中心化的核心開發團隊或礦工，讓他們得以規劃有哪些設計選項。

還有下面這段：

是的，但你怎麼會想讓〔少數人進行鏈分裂〕變得更容易呢？分裂可是會摧毀網路效應的。

用來挑選驗證者的鏈上治理還有另一項好處，就是讓網路能夠嚴格要求驗證者的算力表現，卻不會產生經濟中心化的風險，也不會發生公開區塊鏈所遭遇的類似困境。

---

56. 作者為喬・傅里曼（Jo Freeman），針對號稱無階級的女性主義「討論團體」（rap group），他反思了其中的非正式階級制度。他的分析經常被援用於探討網路社群的非正式階級制度。

目前整體來看，採用鏈上治理似乎明顯利大於弊……那究竟還有什麼問題？

區塊鏈治理是什麼？

首先，我們要更詳細描述「區塊鏈治理」究竟是指什麼。總的來說，這可分成兩種非正式的治理模式，我分別稱為「**決策函數**」（decision function）**治理觀**，以及「**協作**」（coordination）**治理觀**。決策函數治理觀是一條 $f(x_1, x_2 \ldots x_n) \rightarrow y$ 的函數，輸入值是各種利害關係人（參議員、總統、業主、股東、選民等）的期望，輸出值則是決策。

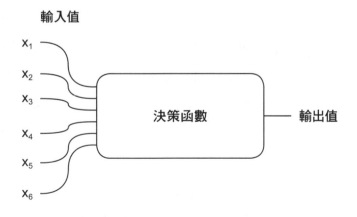

決策函數治理觀通常適合用來模擬真實的情況，但它顯然一下子就能被突破：一來，人們經常可以違反法規又不受懲罰，而且人們真的會這麼做；二來，有時候法規模稜兩可，有時候人們則會發起革命──這些可能性都是好事（至少在某些情況下）。此外，得以在系統外採取行動的可能性經常會產生誘因，進而影響系統內的行為，而這點同樣至少在某些情況下也是好事。

相反地，協作治理模式認為治理具有不同的層級。在現實世界中，最底層是物理定律（地緣政治現實主義者會說，最底層是槍枝和炸藥），而在區塊鏈的世界，這個底層會更抽象一點，它是指每一個個體在自己的能力範圍之內，得以依照自己所想去執行軟體的能力──不論這個個體是使用者、礦工、利害關係人、驗證者或區塊鏈協定所允許存在的其他身分。

這個**最底層永遠都是最終決策層**，舉例來說，假如所有比特幣用戶某天醒來，決定對他們的客戶端原始碼進行編輯，全面改成以太幣客戶端的原始碼，並以某一份 ERC20 代幣合約的帳簿為準，這就意味著那些 ERC20 代幣「就是」比特幣。儘管最底層的最終治理權力不會被終止，但在底層之上的其他層級仍然可以「影響」人們在這個層級所採取的行動。

第二層（也是非常重要的一層）是協調體制（coordination institutions）。協調體制的存在目的，乃是針對個體應該如何行動、何時行動塑造焦點，以更好地協調行為。不論是區塊鏈治

理或在現實生活中，總會有許多情況是你單獨採取特定行動的時候，很可能一事無成（甚至使情況更糟），但只要所有人一起集體行動，就能達到理想的結果。

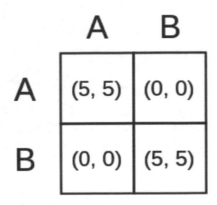

▲這是一場抽象的合作賽局。只要你與其他人採取一致的行動，將獲得極大的好處。

在這類情境之中，選擇和大家一起前進，或選擇與大家一起停下來，都與你的利益相符。你可以將協調體制想成是有人在空中舉起綠旗或紅旗，要你們「前進」或「停下」；而你們的**既定文化是大家都會觀察旗子，並且（通常都會）依照旗子的指示行動**。為什麼有誘因依照旗子的指示行動呢？那是因為，**所有人都在按照旗子的指示行動**，讓你有誘因和大家做一樣的事情。

▲一名正在集結軍隊進攻的拜占庭將軍[57]。集結軍隊的目的不只是讓士兵心懷勇氣、精神抖擻,也是在向他們保證所有人都同樣勇敢、亢奮,大家會一起往前衝,不會淪為單兵作戰的自殺式攻擊。

　　我要提出一項強力主張:這個協調旗的概念含括了「治理」的**一切意義**;倘若是合作賽局(或更廣泛而言的多重均衡賽局)並不存在的情境,「治理」的概念將毫無意義。

　　在現實世界裡,將軍下達的軍令就是一面旗幟,而在區塊鏈的世界,這類旗幟最簡單的例子,就是告訴人們是否「正在進行」硬分叉的機制。協調體制可以非常正式,也可以是非正式的,而且其給予的建議通常是模稜兩可。理想中,「旗幟」最好非紅即綠;然而,旗幟有時卻可能是黃色的,甚至具有立體投影效果,能讓某些參與者看到綠色,另一些參與者則看到

---

57. 這裡舉的例子是對拜占庭將軍的賽局理論難題致敬:有一群士兵正在圍攻拜占庭,他們必須同時進攻才能取得勝利。在缺乏有效的溝通管道下,要如何彼此協調同時發動攻擊?

黃色或紅色。此外,有時候也會有數面旗幟,各自的訊息相互衝突。

因此關於治理,關鍵問題在於:

- 第一層[58]應該要是什麼?也就是說,初始協定本身應該建置哪些特點?這樣的設定將如何影響人們進行公式化(即類似決策函數)協定變更的能力?對於以不同方式行動的各類主體,又會如何影響他們的權限?
- 第二層[59]應該要是什麼?也就是說,應該鼓勵人們關注哪些協調體制?

代幣投票的角色

以太坊也有代幣投票的歷史,包括:

- DAO 提案投票:daostats.github.io/proposals.html
- DAO CarbonVote:v1.carbonvote.com
- EIP 186/649/669 CarbonVote:carbonvote.com

---

58. 區塊鏈裡的第一層(layer 1)與第二層(layer 2)是指兩種網路基礎設施。第一層是用來當成基礎的區塊鏈協定,例如以太坊。
59. 第二層則包括了幫助應用程式在區塊鏈上,以更低的成本更輕鬆地執行的中介服務,例如:卷疊(rollup)技術。

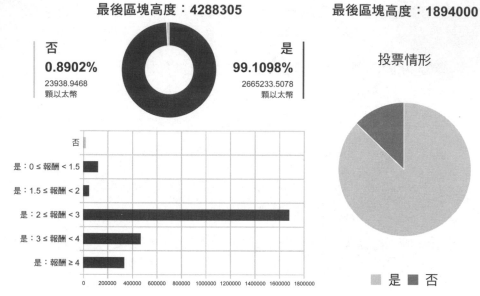

公開提案

公開提案件數：71

隱藏分頁

識別號碼	內容敘述	押金	剩餘時間	投票率	
2	你相信上帝嗎？	2 顆以太幣	已結束	0.75%	
71	啤酒分裂	0 顆以太幣	已結束	0%	分頁
5	在 DAO 合約升級之前先暫停提案……	2 顆以太幣	已結束	8.13%	
11	管理員，拜託請人來修正 DAO 的程式碼……	2 顆以太幣	已結束	1.77%	
15	親愛的 DAO 代幣持有者，我只是單純的 DAO 代幣持有……	2 顆以太幣	已結束	2.24%	
17	將提案押金提高到 11 顆以太幣這項……	2 顆以太幣	已結束	9.62%	

前述三個都是「鬆散耦合」（loosely coupled）代幣投票的案例，也是第二層協調體制進行代幣投票的例子。以太坊沒有任何「緊密耦合」（tightly coupled）代幣投票（或第一層協定內的代幣投票）的案例，但**以太坊確實有緊密耦合的礦工投票：**礦工有權對燃料上限[60]進行表決。

　　顯然，緊密耦合投票和鬆散耦合投票是兩種相互競爭的治理機制，因此我們有必要仔細分析一下，兩者各有哪些優缺點。

　　假設交易成本為零，而且只採用一種投票方式當作唯一的治理機制，那麼這兩種投票方式的效果顯然差不多。假如鬆散耦合投票的結果是變更 X，那只是一面鼓勵大家下載更新的「綠旗」；如果少數人有意抗拒，只要不去下載就可以了。相對地，假如緊密耦合投票的結果也是要變更 X，那麼這項變更將自動進行；如果少數人想反抗，他們可以安裝經過硬分叉的版本，取消變更項目。然而，執行硬分叉不可能毫無交易成本，這就形成了非常重要的差別。

　　其中一個簡單又重要的差別在於，緊密耦合投票的預設狀態，偏向讓區塊鏈執行多數人的想法，少數人必須耗費許多力氣協調來發動硬分叉，才能保留該區塊鏈原本的特性。相對地，鬆散耦合投票只是一種協調工具，使用者還要下載軟體再

---

60. 在這裡，燃料上限是指由所有礦工一同施加的上限，限制了單一區塊內可以進行多少的網路活動。這是一種透過控制礦工的資源消耗，使系統負載達到平衡的方式。

執行，才能實現變更。不過，兩者還有許多其他的相異之處。

現在，我們來討論有哪些「反對」投票機制的論點，並針對第一層投票與第二層投票仔細分析。

問題①：低投票率

目前對代幣投票機制最主要的批評是：不論在哪裡進行投票，投票率往往都很低。DAO CarbonVote 的投票率只有 4.5%：

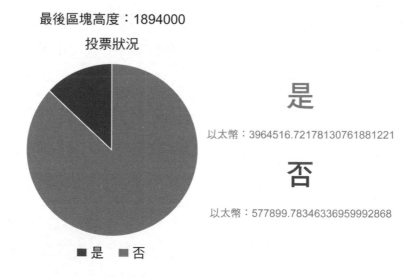

最後區塊高度：1894000

投票狀況

是

以太幣：3964516.72178130761881221

否

以太幣：577899.78346336959992868

■是　■否

此外，財富分配不均的程度很高。某位評論 DAO 分叉的人士曾用右頁圖表清楚顯示這兩項因素加在一起的結果：

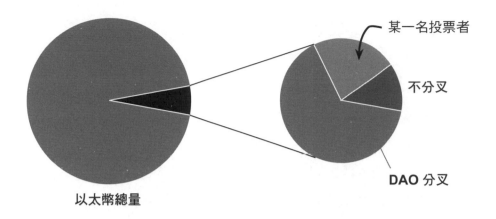

某一名投票者

不分叉

DAO 分叉

以太幣總量

　　EIP 186 CarbonVote 舉辦過大約有 270 萬顆以太幣參與的投票活動；The DAO 的提案也沒有好到哪裡去，投票率始終沒有達到 10%。在以太坊之外的情況也不樂觀，即便像比特股這樣的系統，圍繞著投票制度來設計其核心社會契約，它在進行認可投票時，獲得最高票的代表也只有 17% 的得票率；而在 Lisk 平台，這個數字則是 30%（不過，之後我們會談到這些系統還有其他的問題）。

　　低投票率意味著兩件事：第一，投票結果只反映一小部分人的觀點，難以令人信服；第二，攻擊者只要掌握總代幣量的一小部分，就足以左右結果。不論是緊密耦合投票還是鬆散耦合投票，都有這些問題。

問題②：賽局攻擊

除了媒體大肆報導的一次「重大駭客事件」，The DAO 也發生過幾次規模比較小的賽局弱點攻擊事件。這還只是冰山一角。即使投票機制設計得盡善盡美又正確執行，整體來說還是會有一大瑕疵：不管什麼投票活動，任何一名投票者的影響都微乎其微，因此個別投票者其實幾乎沒有什麼投票的誘因。況且，要是每個人的切身利害都很小，他們也沒有明顯的誘因要投下正確的一票。因此，只要個別對投票者略施賄賂，就能左右他們的投票決定，使結果偏往他們整體不會贊同的方向。

你也許會說，人沒有那麼邪惡、自私，不會只追求利潤極大化；人們不會像前述推導所說的那樣，只因為自己的一票無關大局，就為了區區 50 美分的賄賂，而投票贊同將 2 千萬美元撥給喬許・嘉薩（Josh Garza）[61]；人們會發揮利他精神，拒絕做出如此邪惡的事。針對這點批評，我有兩點回應。

首先，有一些方法可以讓「賄賂」看起來相當合理；例如，交易所可以為代幣押金提供利息（或是採取更混淆視聽的做法，用交易所自己的錢去打造某項很棒的介面和功能），交易所的經營者再用這筆為數可觀的代幣押金，把票投給符合自

---

61. 加密貨幣挖礦公司 GAW Miners 的執行長喬許・嘉薩承認犯下電信詐欺罪，於 2018 年因為設下龐氏騙局被判入獄服刑。

身期望的選項。交易所是靠著混亂賺錢的地方，它們的誘因顯然與用戶和代幣持有者不一致。

第二，更糟的是，實際上人們似乎追求利潤極大化（至少身為代幣持有者的他們會這樣做），也不認為拿一點賄賂是邪惡或自私的事。「證據一」是 Lisk 平台上的兩大「黨派」公然賄賂代幣持有者把票投給他們，並要求代表團成員投給自己人，這兩大「黨派」似乎成功藉此掌控了 Lisk 平台上的代表團。

以下是 LiskElite 代表團的規定，共 55 名成員（總共有 101 名代表）：

成員規範：
1. 除了中國代表，所有 Elite 成員必須每週從自己鑄造的 Lisk 代幣中，拿出 25% 分給投票者。
2. 除了中國代表，所有 Elite 成員都必須從鑄造的 Lisk 代幣中，拿出 5% 捐給 Elite Lisk 基金，用於支持 Lisk 生態系運作。
3. 所有 Elite 成員必須把票投給其他 Elite 成員。
4. Elite 成員的資格登記已經截止，目前不接受任何新成員加入。

投票者規範：
1. 必須把票投給所有 Elite 成員才能領取獎勵金。
2. Elite 獎勵金將於每週自動發放至投票者的帳戶。
Elite 集團保有一切權利。

以下是 LiskGDT 代表團的規定，共 33 名成員：

「證據二」是有些投票者會收取 Ark 代幣為賄款：

請注意緊密耦合和鬆散耦合投票之間有一項關鍵差異。在鬆散耦合投票機制裡，直接或間接賄賂都有可能發生，但如果社群同意特定提案或某些選票構成了賽局攻擊，社群可以直接達成共識，不理會攻擊結果，藉此解決問題。事實上已經發生過這樣的情形──CarbonVote 有一份已知為交易所位址的黑名單，來自這些位址的選票不會列入計算。

緊密耦合機制就不可能在協定的層級上建立這樣一份黑名單，因為誰要被放入黑名單，這件事本身就需要經過區塊鏈治理的決策。不過，由於黑名單包含在社群產生的投票工具裡，

而且只會間接影響協定變更，所以社群可以直接抵制含有糟糕黑名單的投票工具。

值得注意的是，這篇文章**並不是**要預言所有緊密耦合投票系統，都會馬上屈服於賄賂攻擊。許多緊密耦合投票系統都可能因為一個簡單的理由而不受賄賂影響：這些計畫的創始人或基金會擁有大量預挖代幣，他們是具有分量的中心化行動者，關心平台成功與否，不容易受賄賂利誘，而且他們持有的代幣數量夠多，能夠贏過大部分的賄賂者。可是，這類中心化信任模型雖然能在計畫初期的某些情境發揮作用，卻明顯不是長久之計。

問題③：不具代表性

對投票制度的異議還有：代幣持有者只是其中一類使用者，可能會與其他類型的使用者發生利益衝突。以比特幣這種單純的加密貨幣為例，價值儲存（像是「hodling」）[62]和交易媒介（例如「購買咖啡」）這兩種用途互相衝突：價值儲存用途更看重安全性，交易媒介用途則更看重可用性。在以太坊系統裡，這種衝突更強烈，因為許多人使用以太坊的理由與以太幣無關

62.「HODL」是加密貨幣圈的行話，指一個人在代幣價格下跌時拚命輸入「hold」（持有），想要阻止其他人出售代幣，是熱切關注價格的交易者經常喊出的口號。而在以太坊的文化裡，相對應的謎因是「BUIDL」，用於呼籲他人，不論遭遇什麼挫折，都要打造更好、更容易使用的工具。

（例如謎戀貓〔CryptoKitties〕），甚至也不是為了廣義上的有價數位資產（例如以太坊域名服務〔Ethereum Name Service，簡稱 ENS〕[63]）。

除此之外，即使是只牽涉到代幣持有者這類族群的情況（請想像，在加密貨幣體系中有一份已建立的社會契約，目的單純是為了成為新一代的數位黃金，別無所求），仍然會面臨一項挑戰：代幣持有者投票機制讓持有大量代幣的人獲得絕大部分的發言權，為代幣持有中心化開啟一扇門，進而使中心化的決策過程不受阻礙。如果用另一種方式來表達，就是下圖這樣：

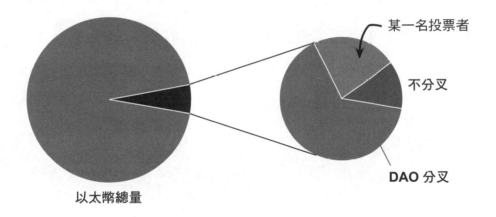

以太幣總量

某一名投票者

不分叉

DAO 分叉

---

63. 簡稱 ENS，這是一種註冊服務，提供獨一無二的以太坊區塊鏈域名，且該域名可以當錢包地址使用。例如，vitalik.eth 是本書作者其中一個以太坊地址的 ENS 域名。

雖然這樣的批評對於緊密耦合和鬆散耦合投票通通適用，但鬆散耦合投票機制比較有可能採取折衷辦法，降低代表性不足的程度，這點我們稍後再談。

問題④：中心化

　　我們來看一看以太坊正在進行的緊密耦合投票實驗：燃料上限。以下是 2015 到 2017 這兩年以來的燃料上限演變過程：

以太坊平均燃料上限圖
資料來源：Etherscan.io

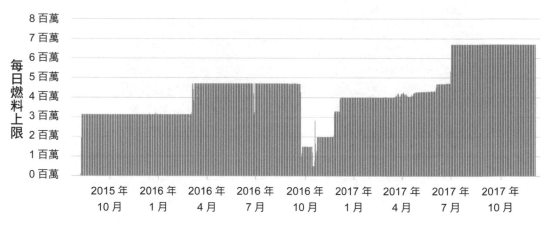

你也許會注意到，這張圖的大致走勢看起來有點像這張你可能頗熟悉的圖表：

最高級距所得稅率：1913-2003 年

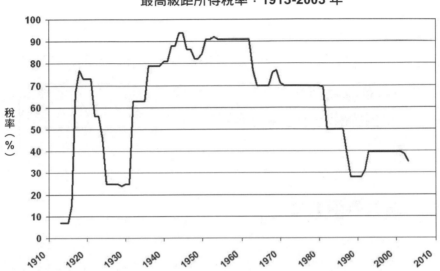

基本上，兩張圖看起來都很像有某個頗為中心化的團體坐在一間房間裡，不斷反覆磋商而得出一些神奇的數字。左頁圖的情況是怎麼產生的呢？礦工基本上遵循社群偏好的方向，而社群偏好的產生，乃是透過類似推動硬分叉的社會共識輔助工具（核心開發者的支持、Reddit 論壇的加分按鈕功能等；在以太坊，燃料上限的爭議不大，不需要透過代幣投票這類嚴肅的途徑來解決分歧）。

因此，假如投票者沒有豐富的技術知識，只是聽從某一群掌控主導權的專家的話，那麼我們將無法確保投票會實際帶來

去中心化的結果。這項批評同樣適用於鬆散耦合及緊密耦合的投票機制。

更新啟示：在這篇文章寫完之後，看起來，以太坊礦工即使沒有和核心開發者或以太坊基金會討論，也有辦法將燃料上限從 670 萬單位提高到 800 萬單位。因此，我們看見了希望。然而，要做到這點，意味著我們必須付出許多努力來建立社群，並針對技術之外的事情下苦功。

數位規章是解方嗎？

有些人建議，可以透過「數位規章」（digital constitutions）來降低治理演算法差勁又失控的風險，也就是以數學寫明協定應該具備的屬性，並規定所有程式碼的變更都必須通過符合這些屬性的電腦驗證程序。乍看之下，這或許是個不錯的點子，但依我來看，我們也應該對這項建議存疑。

總的來說，針對協定的屬性制定規範，並將這套規範納入協調旗幟的想法，本身非常好。因為這代表我們可以將至關重要和極具價值的屬性銘記於協定之內，使其更難被人改變。但這應該是在鬆散耦合投票（第二層）所採取的辦法，而非緊密耦合投票（第一層）。

基本上，任何立意良好的規範實際上都很難在表述上完整

無瑕，而這正是價值問題之所以複雜的部分原因——就連 2 千 1 百萬顆代幣上限 [64] 這類看似毫無模糊空間的事都無從避免。沒錯，我們可以加入「assert total_supply <= 21000000」的程式碼，並在旁邊加註說明「無論如何不能移除」，但還是有許多方法能夠繞過限制來達成目的。

舉例來說，請想像有一條軟分叉的區塊鏈，規定人們必須繳納交易手續費，而手續費的金額是先用「代幣價值」乘以「代幣最後一次傳送後經過的時間」，再按比例計算。這種做法形同收取代幣保管費，也等於讓代幣貶值。或者，你也可以另外發行 2 千 1 百萬顆名為「Bjtcoin」的全新代幣，但不直接發給礦工，而是規定每一筆比特幣的交易送出之後，礦工可以攔截，自己取得比特幣，並改用 Bjtcoin 交給接收方；如此一來，比特幣和 Bjtcoin 很快就會能夠互相替代。如此一來，就能夠在不違背前述程式碼的情況下，將「總供給量」提高到 4 千 2 百萬顆。至於「不得干擾應用程式狀態」這類型的「軟規範」，若要落實就會更形困難。

我們希望能做到，任何協定變更若違反協定規範的承諾，即使通過表決，也應該視為不正當的變更——應該要有協調體制舉紅旗示警。我們也希望能做到，任何協定變更只要公然違背協定的精神，就算在字面上符合規範，仍應視為不正當的變

---

64. 這是比特幣在目前的系統設計之下所能產出的代幣總量。

更。若要達到這個目標，最佳做法就是把規範建立在第二層之上——也就是深植於社群成員的心中，而非只是寫入協定的程式碼。

邁向平衡

儘管有前述問題，但我也不願意跳到另一極端，宣稱代幣投票或類似鏈上投票的其他顯性機制，在區塊鏈治理中毫無用處。雖然這類機制最主要的替代方案看起來是「核心開發者共識」，但如果核心開發者是一群「象牙塔內的知識分子」，只關心抽象理念和聽起來技術性很高的解決方案，卻不太關心使用者體驗和交易手續費這類日常生活的真實問題，將會導致系統進入失效模式。我認為這種失效模式，也是必須認真看待的實際威脅。

所以要如何解決這個難題？首先，我們可以留意部落格 slatestarcodex[65] 裡這一段有關傳統政治的討論：

---

65. Slate Star Codex 是「美國西岸身心科醫師」史考特‧亞歷山大（Scott Alexander）的部落格。在加密文化圈裡，很多人都會讀他的部落格文章。〈關於摩洛克的深思〉（Meditations on Moloch）一文透過艾倫‧金斯堡（Allen Ginsberg）的詩作〈嚎叫〉（Howl），將這個會吃小孩的上古黎凡特（Levantine）神祇，詮釋為導致協作失敗的神。在以太坊的次文化裡有一句話叫「殺死摩洛克」，意思是透過協調一致的誘因去打造一套更好的協作系統。

新手會犯的錯就是：看見某個系統有一部分屬於邪神摩洛克（Moloch）〔被歪曲的特殊利益掌控〕，就說：「好，我們用另一套系統來控制它，這樣就能修正問題了；我們也會在另一套系統裡，用鮮紅色的麥克筆寫下『不要被摩洛克同化』，這樣就能控制那一套系統。」

（這就像是：「我發現資本主義有時候會遭到扭曲，就讓政府去管控資本主義，藉此修正問題吧；而我們只讓好人擔任高官，藉此管控政府。」）我不是要說還有其他絕佳的好辦法，而是有時合宜的替代方案，剛好是新自由主義式的替代方案——找出數個巧妙的系統，每套系統儘量遵循能帶給人們幸福的各種準則來作最佳設計，然後運用制衡原則讓系統互相競爭，希望這些系統能像乳酪理論那樣剛好在不同的地方出現缺點，並讓個人能充分自由選擇是否離開糟糕透頂的系統，剩下的發展就任由文化自行演變。

以區塊鏈治理來說，這似乎也是唯一的辦法了。我所提倡的區塊鏈治理方式是「多因素共識」（multifactorial consensus）治理，要參考不同協調旗幟、不同機制、不同團體的民調，而最終決策則取決於這些機制的整體結果。這些協調旗幟可包括：

・路線圖（即計畫早期所宣傳，關於發展方向的一套理念）。
・主要核心開發團隊之間的共識。
・代幣持有者的投票結果。

- 使用者透過某種抗女巫攻擊（Sybil-resistant）[66] 民調系統進行投票的結果。
- 已建立的規範（例如：不干擾應用程式、2千1百萬顆的代幣上限）。

我認為，運用多種協調體制來決定是否實施某一項變更時，若能納入代幣投票，將會非常有幫助。雖然代幣投票提供的訊號既不完美，也沒有足夠的代表性，但它具備**抗女巫攻擊**的特性——如果你看見1千萬顆以太幣投給某一個提案，你**無法**單靠說「那是花錢找有社群媒體假帳號的俄羅斯酸民啊」來駁回提案。此外，代幣投票所釋出的訊號也與核心開發團隊的意見有相當的區別，因此若有需要，可以用來制衡核心開發團隊。然而，一如前面所說，我們有充分的理由不能把代幣投票當作「唯一」的協調體制。

貫穿前述一切的，正是區塊鏈與傳統系統的關鍵差異，而這也是區塊鏈有意思的地方：「為整套系統奠定基礎的『第一層』邏輯，就是所有協定變更都必須獲得個別使用者同意，倘若有人企圖強推使用者認為有害的變更，使用者可以威脅要對區塊鏈發起『分叉』，而且他們也擁有這麼做的自由。」

---

66. 這是指能夠因應潛在的女巫攻擊事件——意指單獨一名使用者以假冒多名使用者身分的方式去破壞系統。英文名稱中的「Sybil」來自1973年記述「多重人格障礙」的暢銷書《變身女郎》（*Sybil*）。

在某些有所侷限的情況下，也可以採用緊密耦合投票機制，例如，儘管允許礦工對燃料上限進行投票有其缺點，但這項功能已經被證實在許多時候非常有利。比起一開始就在協定上寫死燃料上限或區塊大小，最後造成嚴重問題，礦工試圖濫用權力的風險相對小很多，因此讓礦工對燃料上限進行投票是件好事。然而，「允許礦工或驗證者對少數需要定期快速更新的特定參數進行投票」，與「讓礦工隨心所欲掌控協定規則（或用投票來左右驗證）」是完全不同的兩件事，不論從理論或實務面來看，這些更廣泛的鏈上治理方式前景如何，都還是很大的未知數。

論勾結

近年來，大家很關心如何透過刻意設計的經濟誘因和規劃良好的機制，以利在各種不同的情境下，使參與者的行為協調一致。

在區塊鏈的世界，機制設計的一大重點在於維持區塊鏈本身的安全性，鼓勵礦工或權益證明驗證者誠實地參與區塊鏈的活動，不過，最近機制設計也應用於預測市場、「代幣精選清單」（token curated registry，簡稱 TCR）[67] 以及許多其他的情境。近來興起的激進變革運動（RadicalxChange movement）也引發

---

67. 簡稱 TCR，這是以代幣為誘因，來激勵用戶群共同維護精選清單的系統。這套機制的參與者包括：消費者、清單候選人和代幣持有者（投資人）。清單候選人必須持有代幣才能列入清單，由代幣持有者透過投票維護清單品質，為消費者提供具參考價值的資訊。

了關於哈伯格稅（Harberger tax）[68]、平方投票法、平方募資法等實驗。

最近，也有愈來愈多社群媒體以代幣為誘因，鼓勵使用者張貼內容品質較佳的文章。然而，隨著這些系統從理論發展為現實，我們也面臨了一些挑戰。我認為，這些挑戰，至今尚未適當處理。

中國平台幣乎（Bihu）是近來從理論化為現實的一個例子。他們推出了以代幣為基礎的機制，用於鼓勵使用者撰寫貼文。其基礎機制為：持有幣乎 KEY 代幣的使用者可以將幣乎 KEY 押在文章上，每一名使用者每天可以按 k 次「加分」按鈕，加分的「比重」則視使用者的質押金額占比而定。加分押金較高的文章會出現在比較顯眼的位置，作者可以獲得 KEY 代幣做為報酬，數量與按文章加分的 KEY 代幣大致等比。這是最簡單的解釋，實際機制裡還有一些非線性因素，但那些不是基本運作所必備的。KEY 代幣的價值來自它在平台上的許多用途，但平台廣告收益會撥一部分來購買及燒毀 KEY 代幣（太棒了，要給他們一個大大的讚，因為他們選擇這麼做，而不是製造另一種交易媒介代幣！）

這類設計並不算是獨特的點子。本來就有非常多人關心如何鼓勵使用者創作網路內容，許多設計也已融入與此類似的特

---

68. 這種稅制是以人們的預計售價來計算資產的課稅比率。哈伯格稅與平方模型皆因為《激進市場》（*Radical Markets*）一書而引起布特林與幣圈的關注。

色，另外也有其他完全不一樣的設計。這裡提到的幣乎已經是廣為人們使用的平台了。

　　幾個月前，Reddit 以太坊交易分類討論區 /r/ethtrader 上出現類似的實驗性功能，將「甜甜圈」代幣發給留言獲得加分的使用者，每週也會依照使用者留言的得分比例，將一定數量的甜甜圈發給他們。甜甜圈在 Reddit 分類討論區使用，拿來購買將橫幅內容置頂的權利；或者，也可以用於在社群民調中投票。這套系統與 KEY 不同的地方在於，當 A 對 B 按下加分按鈕，B 所獲得的報酬不是用 A 的現有代幣量去按比例計算；每個 Reddit 帳戶所能貢獻給其他帳戶的資金是一樣的。

這類嘗試實屬寶貴，因為它們以其他方式獎勵優質內容的創作，突破了捐款和小額小費的既有侷限。由使用者生成的網路內容往往報酬不足，這是社會上普遍面臨的嚴重問題。看見加密社群嘗試發揮機制設計的力量去實際解決問題，相當振奮人心。**只可惜，這些系統也很容易遭受攻擊。**

灌票、金權政治與賄賂

以下是前述設計可能遭受的經濟攻擊。假設某個富有的使用者獲得了數量為 n 的代幣，這名使用者按下的 k 個支持，每一個都能讓對方獲得 n × q 的報酬（這裡的 q 可能是一個非常小的數字，例如，q = 0.000001）。使用者只要對自己的分身帳號[69] 按下加分，就能獲得 n × k × q 的報酬。這樣的話，系統就會淪落至每個使用者每隔一段時間就可以領 k × q 的「利息」，這套機制將毫無其他作用。

實際的幣乎機制似乎已預料到這個問題，因而納入了某種超線性邏輯，讓獲得較多 KEY 代幣加分的文章，能獲得超乎比例的報酬；這種邏輯似乎會鼓勵使用者對熱門貼文按下加分，而非為自己的貼文灌票。代幣投票治理系統也經常納入這類超線性邏輯，來預防自我灌票的行為破壞整套系統；大部分 DPoS

---

69. 分身帳號是使用者意圖假裝成其他人而創立的假帳號。

架構都會對代表人的名額設下限制，票數不足以成為代表的人將領不到報酬，而這麼做也有類似的效果。不過，這些做法免不了會製造出兩項新弱點：

- 這些架構會「補貼富豪」，因為極為富有的個人與壟斷集團，仍然可以取得足夠的資金，替自己灌票。
- 使用者可以「賄賂」其他使用者，幫他們全體投票，來規避限制。

賄賂攻擊也許聽起來難以置信（現實生活中，我們誰收賄過？），但發展成熟的生態系真的會發生賄賂攻擊，這種威脅遠比表面所見更加真實。在區塊鏈的世界，多數情況下，賄賂者會用委婉的新說法，將賄賂妝點得和藹可親，他們會說：「這不是賄賂，這是會『分紅』的『質押池』（staking pool）。」

賄賂甚至可能難以辨別：請想像，某間加密貨幣交易所不收手續費，努力打造好得不像話的使用者介面，甚至連賺錢的想法都沒有；然而，這間交易所卻把用戶寄存的代幣，拿來投入各式各樣的代幣投票系統。當然，也一定有人認為團體內勾結相當稀鬆平常。相關例子，請參考近期發生的 EOS DPoS 醜聞（如右頁）：

In allegation 1, Huobi votes for 20 other BPs candidates where 16 of those vote for Huobi as well. As you can see in the image attached to this tweet.

火币投票节点 节点名称	9月4日 火币投票数	9月4日 对方回投数	9月5日 火币投票数	9月5日 对方回投数	9月10日 火币投票数	9月10日 对方回投数
eoshuobipool	1400		1400		1400	
starteosiobp	1000	1300	1000	1300	1200	1400
sheosbp11111	1400	1500	1400	1500	1400	3705
eosflytomars	700	678	700	678	1700	2142
eortitanprod	200	456	200	440	200	484
bitfinexeos1	1000	4750	1000	4750	1000	4800
eoargenblockp	1400		1400		2000	
eoscannonchn			800	1490	1100	2007
eosfishrocks	300	318	300	318	300	458
eosstorebest	400	200	700	200	700	200
eosbeijingbp	600		600		600	
eosbixinboot	500	200	900	290	900	300
jedaaaaaaaa	500	300	500	300	500	759
eoshenzhenio	500	50	500	50	500	98
eosseouldotio	500		500		500	
atticlabeosb		500		500		500
sheleaders21	500		500		500	627
eospacificbp					2000	
eoslaomaocom					200	
geeosgeeosbp					150	280
eoscybexiobp					150	272
geoeoneforbp					100	112
cryptokylin1	500		500		500	
eosiosg11111	1400		1400		2000	
cochainworld	1400		1400		2000	
eospaceioeos	1400		1400		2000	
总计	15600	10252	17100	11726	23600	18044

◯ 2   ⟲ 14   ♡ 50   ✉

▶ 指控一：請見這則 Tweet 貼文的附圖，可知，火幣把票投給另外 20 個區塊生產者候選人，其中 16 個候選人也把票投給火幣。

In allegation 2, Huobi votes for eosiosg11111, cochainworld, and eospaceioeos in exchange for 170, 150, and 50% of the returns respectively, as shown below in the tweet.

EOS节点每日收入情况	9月5日	9月6日
eoshuobipool	848.7496	830.7248
cryptokylin1	/	/
eosiosg11111	137.3051	257.6671
cochainworld	139.5223	141.9138
eospaceioeos		
截止9月4日累计收入个数		
火币每口总计收入个数		235
折合USDT	4740.74225	494...

（注記：施章著:扣除170个,其他作为我们的收入。）

EOS节点每日收入情况	9月5日	9月6日
eoshuobipool	848.7496	830.7248
cryptokylin1	/	/
eosiosg11111	137.3051	257.6671
cochainworld		.9138
eospaceioeos		9.904
截止9月4日累计收入个数		
火币每日总计收入个数	948.14845	989.46235
折合USDT	4740.74225	494...

（注記：施章著:扣除150个,其余作为我们的收入）

◯ 3   ⟲ 10   ♡ 36   ✉

◀ 指控二：如這則 Tweet 貼文所顯示，火幣把票投給 eosiosg1111、cochainworld 和 eospaceioeos，對方可分別獲得 170、150 單位與 50% 的收益。

最後還有一種可能，就是「負面賄賂」（勒索或脅迫），威脅機制的參與者，假如不作出某種行動，就會受到傷害。

在 /r/ethtrader 的那場實驗裡，社群擔心有人會透過購買甜甜圈去左右治理意見調查，最後決定只有鎖住（即不可交易）的甜甜圈可以用來投票。然而，還有比購買甜甜圈成本更低的攻擊方式（這種攻擊也可視為一種難以辨識出來的攻擊模式）：**租用甜甜圈。**

假如攻擊者本身持有以太幣，他們可以在 Compound 這類平台抵押以太幣，借出一筆代幣，進而擁有包括投票在內的各種代幣使用權；使用結束後，只要將代幣傳回借貸合約，就能拿回抵押的以太幣──不僅能進行代幣投票，就算代幣投票機制（如幣乎）設有上鎖時間也無妨，而且連一秒鐘都不必承受代幣價格波動的風險。在任何情境中，不論是賄賂，或是無意間將過多權力賦予有背景又富有的參與者，這類問題都出乎意料地難以避免。

身分識別系統的侷限

有些系統嘗試利用身分識別系統減輕代幣投票的金權政治傾向。就 /r/ethtrader 甜甜圈系統的例子來說，雖然是以代幣投票的方式進行「治理意見調查」，但一開始決定你能領到「多少甜甜圈（即代幣）」的機制是 Reddit 帳號：一個 Reddit 帳號

加一分，可以領到 n 個甜甜圈。理想中，身分識別系統要能讓每一個人都能簡單地取得一個身分，而想要取得多個身分，相對來說就會比較困難。在 /r/ethtrader 甜甜圈系統，身分是指 Reddit 帳號；在 Gitcoin[70]CLR 配比工具裡，則是指具有相同用途的 GitHub 帳號。但至少到目前為止，身分識別仍然是很脆弱的環節⋯⋯

▲這則貼文寫著：我整個迷上點擊農場了；成千上萬台機器在這裡排排站，用來創造假造的互動。

---

70. Gitcoin 是為打造開源軟體募資的平台，尤其是，以太坊生態系的軟體。CLR 機制是一場關於社群捐款「配對基金」（matching funds）的分配實驗，其依據是布特林、柔伊·希茲格（Zoë Hitzig）和格倫·韋爾（Glen Weyl）提出的概念「平方募資法」。

喔，你懶得用手機排滿一整面牆嗎？好吧，也許你想找的是這個：

BuyAccs.com
СЕРВИС РЕГИСТРАЦИИ АККАУНТОВ

Russian Version English Version

Наш магазин аккаунтов рад предложить аккаунты различных **почтовых**
получаете аккаунты **СРАЗУ после оплаты** заказа. Мы принимаем крип
еще около 30 платежных систем через **Unitpay.ru**.

При покупке аккаунтов менее 1000 штук действует специальный тариф.

Заработай на продаже аккаунтов

Купить аккаунты Одноклассников
Купить аккаунты Вконтакте
Купить аккаунты Мамба

Сейчас в продаже

Служба	В наличии	Цена за 1K аккаунтов
Mail.ru	475698	1K-10K: **$7** | 10K-20K: **$6.5** | 20K+: **$6**
Yandex.ru	16775	1K-10K: **$50** | 10K-20K: **$50** | 20K+: **$50**
Rambler.ru	6694	1K-10K: **$30** | 10K-20K: **$30** | 20K+: **$30**
Rambler.ru Mix	8037	1K-10K: **$30** | 10K-20K: **$30** | 20K+: **$30**
Rambler.ru Promo	176605	1K-10K: **$6** | 10K-20K: **$5.5** | 20K+: **$5**
Bigmir.net	10000	1K-10K: **$18** | 10K-20K: **$18** | 20K+: **$18**
I.ua	14020	1K-10K: **$18** | 10K-20K: **$17** | 20K+: **$16**
Gmail.com 2015 USA	2326	1K-10K: **$450** | 10K-20K: **$450** | 20K+: **$450**
Gmail.com 2015 USA PVA	6504	1K-10K: **$800** | 10K-20K: **$800** | 20K+: **$800**

▲粗糙的網頁可能是詐騙、作好自己的功課等老生常談，都能派上用場。

像傀儡師那樣，單純控制數以千計的假身分，去攻擊這些機制，可以說比麻煩的賄賂來得更容易。而且你以為，只要把安全層級拉高到政府等級的身分識別系統，就足夠了嗎？別忘了，有比你想得更遠的專業犯罪組織。即使所有地下組織都被掃蕩了，如果我們笨到創造出讓這類行為有利可圖的系統，那麼也一定會有不懷好意的政府製造出數以百萬計的假護照。況

且，我們還沒談到朝著另一面向發動的攻擊：身分發行機構試圖透過「拒絕核發身分證明文件」的方式，去削弱邊緣社群的權力……。

不穩定的合作賽局

一旦涉及多重身分或流動市場，許多機制似乎都會以極類似的方式失效，既然如此，你也許會想問：是不是有什麼深層的共同因素，導致這所有的問題？我認為是的。「共同因素」就是：想要讓機制維持我們期望的屬性，在「可以串通的模型」裡遠比在「不能串通的模型」裡困難，也更不可能辦到。多數人在直覺上大概早就約略明白這點了。我們可以在行之有年的社會常規（通常是法律規定）找到這項原則的具體例證：相關規定會設法促進市場競爭，並限制聯合集團壟斷價格、防止買票賣票和賄賂。但問題比這更深也更廣。

在著重個人選擇的賽局理論裡（亦即，假定每個行為者獨立作出各自的決定，行為者們無法基於互惠組成團體），數學公式證明了任何賽局都必定存在一個穩定的納許均衡，而且設計機制的人有很大的空間「安排」賽局，使其達到特定的結果。但在允許參與者相互聯盟的賽局理論裡（稱為「合作賽局理論」），**有許多類型的賽局並不會形成某個穩定的結果，因為任何聯盟都能藉著偏離現狀來從中獲利。**

多數賽局（majority games）就是一種本身沒有穩定結果的賽局。其正式定義為：**共有 n 名行為者，只要有人能組成人數過半的群體，就能獲得一筆固定的報酬，並予以瓜分。**這和許多情境有著驚人的相似之處，像是公司治理、政治和其他生活中的狀況。也就是說，如果現在有一堆數量固定的資源，並有某種資源分配機制，仍可能有 51% 的參與者相互串通來攫取資源；不論原本的態勢為何，總會有某種能使參與串通者獲利的勾結方式。然而，任何勾結聯盟反過頭來也會受到其他新的勾結陰謀所威脅，而新的勾結聯盟有可能包含了早先的串通者與受害者⋯⋯，而這種情況將如此循環下去。

回合	A	B	C
1	1/3	1/3	1/3
2	1/2	1/2	0
3	2/3	0	1/3
4	0	1/3	2/3

人們將「合作賽局理論中，多數賽局存在不穩定性」簡化成一般化的數學模型，去解釋為什麼政治也許永遠不會有「歷史的終結」，以及沒有任何系統能被證明可讓人完全滿意。不過，數學模型可說是讓這種不穩定性的功用被大大地低估了。舉例來說，我個人相信其用處更勝於廣為人知的亞羅定理

（Arrow's theorem）[71]。

　　前述問題有兩種解法。第一種是限制人們只能參與「免身分識別」、「無勾結風險」的賽局，這樣就不必擔心賄賂或身分識別的問題。第二種則是嘗試直接出手，並確實妥善處理身分識別和抗勾結的問題，實現無勾結的安全賽局，並善加發揮這些賽局的豐富特性。

兼顧免身分識別與無勾結風險？

　　免身分識別和無勾結風險的賽局類型，其數量頗為可觀。就工作量證明機制來說，只要在單一行為者的算力達到 23.21% 總算力的門檻前，也沒有勾結風險；而且這個門檻還可以透過巧妙的設計，拉高到 50%。競爭市場也還算是沒什麼勾結的風險，因為其門檻相對來說更高，雖然跨越這道門檻的難易度會視情況而定。

　　就「治理」和「內容策劃」來說（兩者都是識別公共財和公害這個大議題底下的特殊案例），運作良好的一項主要機制是「未來治理」，一般會將其描述為「透過預測市場來進行治理」。但我認為，保證金機制基本上也是同一類的技術。一般

---

71. 這是肯尼斯・亞羅（Kenneth Arrow）1951 年發表的數學發現，指排序投票制不可能讓人達成一系列理想的結果。

來說，未來治理機制的作用在於使「投票」不只是表達意見，同時也是一種「預測」，預測正確可得到報酬，預測錯誤則要受罰。

例如，我提出了針對「內容策劃的 DAO」的預測市場構想，這是一種半中心化的設計，每個人都可以對提交上來的內容按下加分或扣分，加分較多的內容有更高的能見度；這種設計還設置了「審核小組」，有權對內容作出最終判斷。每一則張貼內容都有些許機率招來審核小組（這個機率與該貼文獲得的加減分總量成正比），如果審核小組贊同其內容，那麼按下加分按鈕的人可以獲得獎勵，按下扣分按鈕的人則要罰錢；如果審核小組不贊同其內容，則情況相反。這套機制可鼓勵參與者在按下加分或扣分按鈕時，「預測」審核小組的判斷。

另一個可能採用未來治理機制的例子，是擁有代幣的計畫所可以採行的做法。在這種機制底下，如果某個決策獲得表決通過，則投贊成票的人必須以投票活動開始那時的價格，買下一定數量的代幣。這麼做能確保把票投給糟糕決策的代價高昂，而要是糟糕的決策通過表決，那麼贊成這項決策的那群人，基本上等於必須向該計畫裡的其他人進行收購。

如此一來，可確保個別投票者若把票投給「錯誤」的決策，對他來說代價極高，進而杜絕花小錢發動賄賂攻擊的可能。

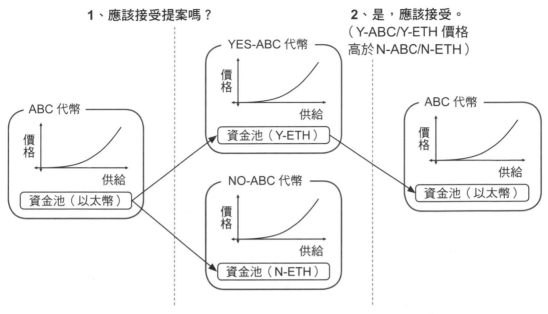

▲其中一種未來治理機制形式的圖解：建立兩個市場，分別代表兩種「未
來可能實現的世界」，並選擇代幣價格較好的那一個。

　　不過，這類機制能做到的有限。以前述內容策劃的例子來
說，我們並沒有真正解決治理的問題，只是擴大了我們已經視
為可信的治理工具的能力。也許你能試著把審核小組改成代幣
價格預測市場（此代幣可用於購買廣告空間），但實務上，價
格這項指標的雜訊太多，除了極少數的重大決策之外，幾乎沒
有其他用武之地。更何況，我們想要盡可能擴大的價值，顯然
往往不是代幣的價值。

　　讓我們來深入探討一下，當我們無法透過某項治理決策對
代幣價格的影響，去簡單判斷這項決策的價值時，為什麼能夠
辨別公共財或公害的好機制，不可能是免身分識別、無勾結風

險的？若我們試圖保留「免身分識別賽局」的特點，去打造一套不重視身分、只重視代幣的系統，就會面臨到難以取捨的窘境：要不就是誘因不足，無法鼓勵人們打造適當的公共財，要不就是過度補貼了富豪。

這套論述的說明如下。假設某人正在創造公共財（例如撰寫一系列的部落格文章），這會對某個萬人社群當中的每名成員都產生價值。假設有一套機制能讓這個社群的成員採取行動，賦予撰文者一元的報酬。此時，除非社群成員**極端利他**，否則採取行動的成本必須大幅低於一元，這套機制才能運作；若非如此，社群成員支持撰文者所獲得的利益，將會遠遠低於他們所要付出的成本，使系統淪為一場無人支持撰文者的公眾悲劇。因此，有必要想出一套方法，讓撰文者獲得一元報酬的成本遠低於一元。

但是我們現在來假設還有另外一個假社群，裡面有一萬個分身假帳號，全都屬於同一名富有的攻擊者。這個假社群可以和那個真的社群採取完全一樣的行動，差別只在於他們支持的不是剛才那名撰文者，而是那名攻擊者的**其中一個假帳號**。如果「真實社群」的個別成員有可能在成本遠低於一元的情況下給撰文者一元，那麼這個攻擊者也有可能一而再、再而三地，以遠低於一元的成本給「自己」一元，進而耗盡這套系統的資金。當一套機制真的可以幫助協調不足的各方實現協作，而沒有適當的防禦措施，這套機制也將幫助早已互相協調的各方（例如掌握在同一人手裡的多個帳號）**協調過度**，進而榨取系統

的資金。

當目標不是資金，而是要決定哪些內容最顯眼的時候，也會產生類似的問題。你認為哪種內容會獲得更多金錢上的支持，是能帶給成千上萬人好處，但每個人受惠相對很小的優質部落格文章，還是這個？

或是下頁的這個[72]？

---

72. Bitconnect 是一個加密貨幣投資平臺，在 2018 年因為監管機構嚴格審查 Bitconnect 是否涉及龐氏騙局而關閉。

　　有在追蹤「真實世界」近期發生哪些政治事件的人，可能會說，答案應該是另一種有利於高度中心化行為者的內容：被居心不良的政府所操弄的社群媒體。到頭來，中心化系統和去中心化系統都面臨一個相同的基本問題：**「想法的市場」與經濟學家常說的「效率市場」，兩者的情況相去甚遠（公共財的市場更是普遍如此）**，不只會導致公共財即便在「承平時期」生產不足，也會造成公共財容易遭到有心人士進行攻擊。這是非常難解的一個問題。

　　這也說明了為什麼以代幣為基礎的投票系統（例如幣乎），相較於以身分為基礎的投票系統（例如 Gitcoin CLR 或 /r/ethtrader 甜甜圈實驗），具有一項真正的主要優勢：至少讓大肆購買帳號的行為不具效益，因為你的每個行動的影響力是與你掌握的代幣數量有關，不論你如何將代幣分散在多個帳戶都沒有差別。

然而，完全不仰賴身分識別、只仰賴代幣的機制，基本上無法解決一項問題：集中的利益比嘗試支持公共財的分散社群更有競爭優勢。免身分識別的機制能賦權給分散式社群，卻免不了會將過多權力交給偽裝成分散式社群的中心化富豪。

　　但公共財賽局不只容易發生身分識別的問題，還有賄賂的問題要考慮。想要了解原因的話，請再次想一想前面的例子，只不過請把有一萬零一個分身帳號的「假社群」，改成攻擊者只有一個接收資金的身分，其他一萬個帳號都是真的用戶——但這些用戶每個人都收了一分錢的賄賂，採取讓攻擊者可多領一元的行動。如前面所說，這些賄賂可能非常難以辨別，就連用戶為了方便而讓其代為投票的第三方託管服務也有可能行賄，而在「代幣投票」的設計之下，更容易進行難以辨別的賄賂：你可以到市場上租用代幣參與投票。因此，縱使有些賽局（主要是預測市場和以保證金為基礎的賽局）能夠做到無勾結風險和免身分識別，但可惜的是，針對一般的公共財募資，無勾結風險和免身分識別就是無法派上用場。

正面迎戰身分識別的難題

　　我們還有另一種做法，就是直接正面迎戰身分識別的難題。前面提過，單純將安全層級拉高到中心化的身分識別系統，例如護照和其他政府發行的身分識別證，並不會收到太大

的效果。因為只要有足夠的誘因，這樣的系統就會變得非常不安全，容易遭到核發身分的政府攻擊！相反地，我們在這裡討論的身分是由多種因素構成的強力主張，意味著，經由一組訊息辨識出來的行為者真的是獨一無二的個體。HTC 區塊鏈手機的社交密鑰恢復機制，可說是這類網路化身分識別非常早期的原型：

它的基本概念是說，你把私密金鑰祕密地分享給可信任的合約，最多五份，只要有其中三份合約的協助，就能復原你的原始金鑰，但兩份以下則辦不到。所以這是一種「身分識別系統」──由五個朋友來判斷試圖恢復金鑰的人是不是真的是你。但這也是針對「個人帳號安全」這個特殊目的所打造的身分識

別系統，與「嘗試辨識獨一無二的個人」並不是同一個問題（而且比較簡單！）儘管如此，個體間互相識別的一般模式，有很大的機會能變成某種穩健的身分識別模式。倘若我們想要，可以運用前面提過的未來治理機制來強化這些系統：如果一個人主張他是獨一無二的個體，另一人不同意，雙方也都願意拿出一筆保證金提起訴訟，系統就可以召集裁判小組，來決定誰是對的。

但我們也希望系統能夠具備另一項至關重要的特性：我們希望身分不能被人出租或出售。我們顯然不能防止其他人作成交易（「你傳 50 元給我，我發金鑰給你」），但我們「可以」防止這些交易變得「可信」──讓賣家可以輕易地欺騙買家，像是交給買家一把無效的金鑰。

其中一種方式是設計一套機制，讓金鑰持有者可以傳送撤銷金鑰的交易，再用另一把自選金鑰取而代之，而且過程完全不需要其他人的證明。也許最簡單的解決方法是找一個可信任的對象來執行運算，只公布運算結果（並以零知識證明技術驗證結果，你只是相信這名可信任對象會保密，並不是相信他是否誠實），或透過多方運算將這項功能去中心化。

雖然這類方法無法完全解決勾結的問題，無法避免一群朋友聚在一起，坐在同一張沙發上協調如何投票，但這類方法至少能將勾結行為降至可管理的程度，不至於使系統完全失靈。

這裡還可以延伸另一個問題：金鑰最初如何分配？如果使

用者透過第三方託管服務建立身分識別，而這個第三方機構存下私鑰，再偷偷用來投票呢？這是一種隱性的賄賂：使用者用投票權交換託管機構提供的便利服務。不僅如此，假如系統很安全，藉著「無從驗明投票者身分」的方式來成功防範賄賂，那麼第三方託管服務偷偷投票的行為也將不會被發現。

避開這個問題的方法似乎只有……親自驗證。舉例來說，我們可以建立「發行者」生態系，每個發行者推出自己的私鑰智慧卡片，使用者可以馬上把卡片下載到智慧型手機上，並傳送訊息，用另一把未向任何人揭露的金鑰，取代原本的金鑰。發行機構可以是某場聚會或會議，或已經由某種投票機制認定可信任的潛在個體。

打造可能實現抗勾結機制的基礎設施──包括穩健的去中心化身分識別系統──是一項艱難的挑戰，但如果想讓這類機制變得可能，我們似乎必須全力一試才行。的確，目前電腦安全所奉行的是「不得」引進線上投票機制的教條，但如果我們希望擴大類投票機制的作用範圍，包括平方投票法和二次方金融（quadratic finance）[73] 這類更先進的做法，就不得不正面迎接挑戰，希望至少能在某些地方成功運用，並讓某些事物變得更加安全。

---

73. 其做法是計算貢獻者的「貢獻平方」在「總貢獻平方」中的占比，先提高小額貢獻者的權重，再根據占比分配公共資金，使公共資金的分配更公平，進而鼓勵社群參與。

論言論自由

一句話可能既真實又危險。前面這句就是。

——大衛・傅利曼

　　言論自由是許多網路社群這二十年來努力解決的問題。以抗審查為一大存在理由的加密貨幣和區塊鏈社群，更是大張旗鼓強調言論自由的重要性。

　　然而最近這幾年，隨著社群高速成長以及龐大的金融和社會利益牽涉其中，這項概念的應用與侷限便反覆受到考驗。我要在這篇文章拆解當中的某些矛盾之處，並說明「言論自由」這項準則的真正含意。

私人空間，審查無罪？

我經常聽到一種令人洩氣的常見論調，說「言論自由」就是以法律去限制政府的行動，而不需要對公司、私人平台、網路論壇、會議等私人實體的行動有所限制。

加密貨幣社群「私人審查」有個明顯的例子，就是 Reddit 分類討論區 /r/bitcoin 的版主 Theymos 決定開始嚴加管制討論區，任何支持透過硬分叉來增加比特幣區塊鏈交易容量的言論，一律禁止發表。以下為 Theymos 的貼文：

> 你可以推廣 BIP 101 的概念，但不能（在 /r/Bitcoin 上）鼓吹大家採用 BIP 101。這個概念必須有共識後才可以實行。比特幣不是民主。它既不屬於礦工，也不屬於節點。轉換到 Bitcoin XT 並不是投票支持 BIP 101，而是為了另一種網路（或貨幣）而拋棄比特幣。你有這麼做的自由，這是好事。但比特幣的一項好處「就在於」它缺乏民主：即使 99% 的人使用比特幣，你也有自由使用另一種貨幣實作 BIP 101，而比特幣使用者無法用民主的方式強迫你回頭使用真正的比特幣網路（或貨幣）。但我沒有義務允許這些不同的比特幣旁系出現在 /r/Bitcoin 上，我也不會這麼做。

對於 Theymos 祭出的審查手段，替他辯護的人通常會說高壓管制沒什麼問題，因為那是 Theymos 創立的「私人論壇」，

他想怎麼做就怎麼做，不喜歡請移駕到其他論壇，例如下面這
段對話：

▲「我希望核心團隊可以彌補 Theymos 造成的破壞。比特幣可以仰賴去
中心化，這個社群能仰賴什麼？」

▲「Theymos 管理的是「私人」論壇，這跟核心團隊無關。這個社群仰
賴的是比特幣。所以說，比特幣的去中心化要保持下去。」

「比特幣現金[74]沒有遭到審查。它有自己的 Reddit 分類討
論區，也可以在其他網路空間自由討論。

將『在 r/bitcoin 被審查』與一般所謂的審查畫上等號，某
程度上證明了這主要是一起政治事件；你希望的是不要在
『某個私人社群』受到審查。如果比特幣現金能憑實力成
功（希望如此！），那麼你根本不需要那麼做。認為需要
那麼做的人，並不是想讓比特幣現金成功，而是想控制比
特幣。這說明了，抱持這種動機的人不該存在。」

---

74. 這是比特幣的分叉，於 2017 年創立，目的在提升系統對於大量交易的處理能力，並提供交易媒
介的功能。

Theymos 這樣管理他的論壇確實**沒有觸犯任何法律規定**，但對大部分的人來說，顯然還是在某種程度上破壞了言論自由。這是怎麼回事？首先一定要清楚知道，**言論自由並不只是某些國家的法律，它還是社會的原則**。這項社會原則與法律抱持相同的基本目標，就是：營造出能讓好想法出頭的環境，而不是只有當權者支持的想法才能出頭。我們所要防範的權力並非只有政府的公權力，還有企業不能隨意解僱人、網路論壇管理員不能大量刪除討論串的貼文，以及許多其他剛性和柔性的權力。

　　那麼這裡的基本社會原則是什麼呢？引述艾利澤·尤科斯基[75]的話：

　　在人類理性的產物中，鮮少有不具「前提」、「共同條件」、「但書」、「例外條款」的禁止令。這就是其一。糟糕的論點會遭到反駁，但不會吃子彈，不會，從來不會，永遠不會。

　　Slatestarcodex[76] 進一步闡述：

---

75. 參見前面〈論孤島〉的注釋。
76. 參見前面〈區塊鏈治理筆記〉的注釋。

上面這段話的「吃子彈」是什麼意思？其他投射物也包含在內嗎？弓箭呢？用投石機拋射的巨石呢？刀劍或錘矛這類近戰型武器呢？究竟該如何界定什麼是對論點做出的「不恰當」回應？針對想法去討論算是好的回應，企圖使想法噤聲的則算是糟糕的論點。若你想要認真談論某個想法，成功與否的關鍵在於意見本身的品質；若你想要讓某個想法噤聲，成功與否的關鍵在你有多大的權力，以及你能在短期內召集多少帶著乾草叉和火炬的暴民。發射子彈是使人噤聲、不處理問題的好辦法。用投石機拋射石頭、用刀劍砍人、集結揮舞乾草叉的暴民也是，而試圖解僱抱持某種想法的人，同樣是在讓想法噤聲、不處理問題。

　　儘管如此，有時候「安全空間」（safe space）確實有存在的必要。不論基於什麼原因，純粹不想討論某些論點的人，可以聚集在這裡，而那些論點確實被消音了。也許最無害的是像 ethresear.ch 這樣的空間，只有「偏離主題」的文章會被消音，好讓討論不失焦。然而，「安全空間」這個概念也有黑暗面。如肯‧懷特（Ken White）所寫的 [77]：

　　你也許會很驚訝，我竟然是支持「安全空間」的人。我支持安全空間是因為我支持結社的自由。安全空間如果依據

---

77. 肯‧懷特是一位經常撰文探討言論自由議題的洛杉磯律師，其文章主要發表於 Popehat 部落格。

有原則的方式設計，也只是一種對於自由的運用……但不是每個人都對「安全空間」抱持那樣的想法。有些人將「安全空間」的概念當成一把刀，並揮舞著這把刀去強占公共空間，要求那裡的人服從他們的私人規範。那樣並不是結社的自由。

啊哈！所以找一個偏僻角落建立自己的安全空間完全沒問題，但還有一個概念叫「公共空間」（public space）；想把公共空間變成為了特定利益而設的安全空間是不對的。那什麼是「公共空間」呢？很明顯，**公共空間並不只是某個「政府擁有或經營的空間」，私有的公共空間也是公認的公共空間。**

這個概念同樣適用於非正式的情境：例如，常見的道德直覺告訴我們，比起在購物中心做出種族歧視或性別歧視的行為，私底下做這樣的事比較不那麼糟。就 Reddit 分類討論區 /r/bitcoin 的例子，我們可以合理地說，不論嚴格來說是誰在總版主的位子上，Reddit 分類討論區都絕對屬於公共空間。有幾項論點特別有理：

• 這個分類區占據「黃金地段」，尤其是它用了「bitcoin」，讓別人以為是討論比特幣時該去的地方。
• 這個分類區的價值不光是 Theymos 一個人建立起來的，而是數以千計來 Reddit 這個分類討論區討論比特幣的人所建立的，他們心中認為，現在或以後，這裡都會是討論比特

幣的公共空間。

- Theymos 的政策轉彎令很多人感到驚訝，沒有人料想得到會發生這種事。

假如 Theymos 創立的是名為「/r/bitcoinsmallblockers」的 Reddit 分類討論區，並表明這是專門倡導小區塊的地方、鼓動他人進行有爭議的硬分叉是不受歡迎的行為，那麼應該就不太會有人覺得有問題。有人會反對他的想法，但很少有人（至少區塊鏈社群的人不太會）主張，與自己的思想體系對立的人「不該」有他們自己的內部討論區。

但回到現實，Theymos 試圖「強占公共空間，並要求那裡的人聽從他的個人規範」，所以比特幣社群在區塊大小上出現分裂，發生非常激烈的分叉和鏈分裂，導致現在比特幣和比特幣現金（Bitcoin Cash）之間的冷和平。

去平台化

大約一年前，我在 Deconomy[78] 論壇公開斥責冒充中本聰的騙子克雷格·萊特（Craig Wright），當我解釋完為什麼他說的話毫無道理之後，我說：「為什麼讓這個冒牌貨來參加大會？」

---

78. 這是 2018 與 2019 年在韓國舉辦的大會，旨在「大力發展分散式經濟的概念」。

克雷格‧萊特的黨羽當然是……指控我審查言論。

我是要讓克雷格‧萊特「噤聲」嗎？我不認為是。也許有人會說，那是因為「Deconomy 不是公共空間」，但我認為比較好的理由是，會議跟網路論壇不一樣。網路論壇可以試著成為完全中立的討論管道，任何事都可以在上面討論。而會議在本質上是一系列精心策劃的演講，要分配有限的演講時段，將眾人的注意力積極引導至有幸上臺演講的人身上。主辦單位對會議進行做安排，然後說：「這裡有一些點子和看法，我們認為大家真的應該要聽一聽。」會議幾乎會逐一「審查」每個觀點，因為不可能有充裕的時間讓每一個人都有機會講到話，這是形式本身的限制。因此，對會議挑選講者的判斷力提出異議是再合理不過的做法。

這可以擴大到其他類型的選擇性平台。臉書、推特、YouTube 等網路平台，已經在利用「投用戶所好」的內容推薦演算法，主動進行篩選了。一般來說，這麼做是基於自私的理由：平台要透過演算法盡可能提高「參與度」，過程往往伴隨著意料外的附加產物，例如，幫忙推廣了「地球是平的」的陰謀論。有鑑於這些平台已經在（自動）選擇性地展示內容，我們完全有理由批評平台並未直接將同樣的技術用於更有利社會的目標——或至少，用於明理的主要政治團體所一致同意對社會有利的目標（例如，優質的知識論述）。

除此之外，這所謂的「審查」之舉，並未真正阻擋任何人

去聽克雷格・萊特怎麼說。你大可去看看他的網站，（coingeek.
com）。**如果某人經營的是會作編輯決策的平台，要求他們做出
相同規模但更有利於社會的決策，應該不為過。**

這項原則最近可見於一個例子，就是 #DelistBSV 活動。有
一些加密貨幣交易所——最知名的是幣安（Binance）——取消
支援 BSV [79] 交易（由克雷格・萊特推動的比特幣分叉）。這次
也一樣，許多人（甚至包括理性的人在內）指控這是一場意在
審查的活動，將其與信用卡公司阻斷維基解密金流的做法相提
並論：

▲「這個現象顯示，#加密貨幣社群對於『抗審查』和去除『人為作用和
人為決定』的承諾，或許也是一種權力——決定是否審查的權力。這是權
力的轉移，而非權力分散。」

---

79. 這是 2018 年由克雷格・萊特發起的比特幣硬分叉，全稱為「Bitcoin Satoshi Vision」，其中 SV
（中本聰願景）代表「遵循比特幣創始人中本聰的設計理念和願景」。BSV 的相關爭議包括：克
雷格・萊特聲稱自己是中本聰所引發的身分爭議、BSV 文件的版權爭議、BSV 的隱私和安全性
疑慮等。

我個人一直批評中心化交易所施展權力。我應該要根據言論自由反對 #DelistBSV 活動嗎？我認為：不應該。我們可以支持這場活動，但這絕對已經是走在邊緣了。

像交易所 Kraken，許多參與 #DelistBSV 的平台，絕對不是「來者不拒」的平台，它們已經作了許多關於接受或拒絕哪些貨幣的編輯決策。Kraken 只接受十來種貨幣，等於是被動地「審查」每一個人；Shapeshift 支援較多貨幣，但不支援 SPANK，甚至也不支援 KNC。因此，就這兩個例子來說，下架 BSV 等於是重新分配一項稀有資源（即關注和正當性），而不是一種審查。幣安的情況有點不一樣，它接受非常多種貨幣，採取接近「來者不拒」的原則。而且，幣安做為高流動性的市場龍頭，地位獨一無二。

儘管如此，我們可以從兩方面幫幣安說話。首先，審查是為了回敬 BSV 社群核心成員惡意審查的做法，他們以法律信函威脅彼得・麥柯馬克（Peter McCormack）等批評者。在規範出現極大爭議的「無政府」世界，以相同方式「以牙還牙」報復回去是比較好的社會規範，因為如此一來，你所遭受的懲罰會是你做過的行為，某種程度上也代表你認定這是正當的手段。

此外，下架 BSV 不會導致 BSV 變得難以交易，Coinex 已經表示不會下架 BSV（事實上我反對「來者不拒」的二線交易所加入下架行列）。但下架活動確實針對 BSV 傳達了強烈的社會譴責，這是有效的必要做法。由此可知，目前下架的做法都在合理範圍內，而幣安「以自由為由」拒絕參與下架活動，也

不像乍看之下那麼不合理。

　　總的來說，一面反對某個集中的權力，一面在該集中的權力尚存之時，支持將其用於你認為有益於社會的目的，這樣的立場絕對合理。我們可以參考在其他領域的例子，像是布萊恩‧卡普蘭（Bryan Caplan）對於如何在「支持開放邊境」與「支持伊波拉病毒限制措施」之間折衝協調的論述[80]。只要你相**信權力集中整體而言有害又容易遭濫用**，你就可以反對集權，但那不表示我們要一概反對集權的所有作為。

　　如果有人能成立一個「完全非許可制」（permissionless）的跨鏈去中心化交易所，使用者可以在上面交易任兩種資產，那麼在這間交易所「上架」**並不會**發出什麼社會訊號，因為誰都可以上架。即使這樣的交易所也交易 BSV，我也會支持它的成立。我支持的是去除 BSV 已經具有的排他性地位，因為 BSV 可從中獲得比單純存在更高的正當性。

　　所以結論是：在公共空間，審查是不好的，即使不是政府的公共空間也一樣；但在真正的私人空間，審查是可以的（尤其是沒有被「預設為」屬於更大的社群的空間時）。藉由斷絕各種對外管道來拒絕某項計畫，這種做法是不好的；但藉由拒絕賦予珍貴的正當性來拒絕某項計畫，則是可以的。

---

80. Bryan Caplan, "Ebola and Open Borders," EconLog（2014 年 10 月 16 日）。

控制，是一種負債

經過了十年，網路服務、應用的監管與法規環境有了大幅改變。2000 年代大型社交網路平台開始竄紅時，人們對於蒐集大量資料遍抱持「有何不可」的態度。在這個年代，馬克・祖克柏（Mark Zuckerberg）說「隱私時代已經結束」，艾瑞克・施密特（Eric Schmidt）則主張「若要人不知除非己莫為」。

從個人角度看，他們會這樣主張是有道理的：你取得關於他人的每一位元資料，都是潛在的機器學習優勢，而你設下的每一條限制，都是弱點，倘若資料發生問題，也是弊小於利。但十年後，情況已大幅改觀。

有幾項趨勢特別值得聚焦討論。

◆ 隱私

這十年通過了若干隱私權法規，歐洲的法規最嚴格，但是其他許多地方也立了法——最近通過的是《一般資料保護規則》（*General Data Protection Regulation, GDPR*）。GDPR 涵蓋許多部分，主要有：

❶ 要求使用者的明確同意。
❷ 要求資料處理須有法律依據。
❸ 使用者有權下載自己的資料。
❹ 使用者有權要求刪除所有資料。

其他司法管轄區也嘗試訂立類似的規範。

◆ 資料在地化規則

印度、俄羅斯和許多其他司法管轄區已逐度制定規範（或正在嘗試制定），要求使用者資料必須儲存於使用者所在的國家。雖然目前還沒有明確的法律規定，但人們愈來愈擔心資料被轉移到保護措施不足的國家。

◆ 共享經濟監管

Uber 之類的共享經濟公司始終無法說服法院相信，從它們應用程式對司機的掌控和調度能力來看，他們不該在法律上被歸類為雇主。

◆ 加密貨幣監管

美國財政部金融犯罪執法網公布了一份指南，試圖針對加密貨幣的相關活動進行分類，區分出需要美國政府許可監管的活動。經營託管錢包？要受監管。經營由使用者自主掌控資金的錢包？不受監管。經營匿名混淆服務？如果你是「經營者」，要受監管。如果你只是撰寫程式碼⋯⋯不受監管。

美國財政部金融犯罪執法網的加密貨幣指南不是隨便寫寫而已，其目的在於區分開發者主動掌控資金的應用程式，和開發者無法掌控資金的應用程式。這份指南仔細區分，經營者和用戶都持有金鑰的「多重簽章錢包」，何時該受到監管，何時又不受監管：

如果多重簽章錢包的供應商自我設限為「打造非託管錢包」的角色，要求錢包所有人在私鑰之外，還要有第二把授權金鑰才能進行驗證、完成交易，那麼供應商就不算是貨幣轉移商，因為供應商並未接受和傳輸價值。

另一方面，如果⋯⋯價值列在供應商的帳本明細裡，錢包所有人並未直接與付款系統互動，或供應商可獨自完全控制價值，則供應商亦歸類為貨幣轉移商。

雖然這些事件發生在各種不同的情境和產業當中，但我認為其中有一項共同的趨勢：**控制使用者的資料，以及數位的資產與活動，正在快速從「資產」轉變為「負債」。**

以前，你掌控的每一位元資料都是好的：你有更多賺取利潤的餘裕，即使現在不賺錢，以後也會賺錢；現在，你掌控的每一位元資料都是負債，讓你可能因此受到監管。

如果你以控制用戶加密貨幣之姿存在，你就是貨幣轉移商。如果你「可以全權決定車資費率，可以對選擇不載客的司機收『取消手續費』，並禁止司機接送不使用應用程式的乘客，還可以讓司機停權或關閉他們的帳號」，那麼你就是雇主。若要掌控使用者的資料，必須提出正當理由，並設置合規人員，還要讓使用者能夠下載或刪除資料。

如果你是打造應用程式的人，你很懶惰，又害怕惹上法律麻煩，有一個很簡單的辦法，可以確保你不會違反前面那些新規定：**不要打造會造成中心化控制的應用程式。**如果你打造的是由使用者自行持有私鑰的錢包，你仍然「只是軟體供應商」；如果你打造「去中心化的 Uber」，而它只是結合付款系統、信譽系統和搜尋引擎的精巧使用者介面，你不自己控制這些元素，你就不會遇到許多相同的法律問題；如果你打造的網

頁⋯⋯但不蒐集資料，那你根本不必考慮會不會違反 GDPR。

　　這個應對方法當然並不是對每個人都很實際，仍然會有許多情況是「一旦去除了中心化控制的便利性，只會讓開發者和使用者蒙受重大損失」；而且在某些情況下，商業模式適合採用中心化的做法（例如，軟體放在你的伺服器上，比較能防止未付費的人使用軟體）。不過，針對「去中心化做法的各種可能性」，我們的探索絕對還稱不上完整。

　　一般而言，當法律想要精準禁止特定的事物，卻意外打擊整個類別的活動，會被視為一件壞事。但針對這點，我認為開發者被迫從「以防萬一，我希望掌握愈多愈好」的心態，轉變為「以防萬一，我希望少掌控一點」，也帶來許多正面結果。自願放棄控制、自願採取措施剝奪自己作惡的能力，對許多人來說都不是能自然辦到的事。而且，雖然現在有些極致的去中心化計畫，受到意識型態所驅動，但我們無法輕易看出這類服務能否延續，並成為業界的未來主流。不過，監管的這股趨勢將推波助瀾，促使人們開發「無法作惡」的應用程式：盡可能減少中心化、盡可能擴大使用者主權。

　　因此，即使這些監管方面的變化可說是不利自由的（至少從應用程式開發者的角度來看是如此），而且網路變成政治焦點，必然會引發許多負面的連鎖反應，然而，相較於盡可能放大應用程式開發者的整體自由，「控制變成一種負債」的這股趨勢竟奇妙地**對密碼龐克更為有利**（雖然這不是人們刻意製造

的結果！）

　　儘管幾乎對每一個人來說，現在的監管環境與最佳做法完全搆不上邊，但它意外推動人們限縮不必要的中心化，並儘量放大使用者對自身資產、私鑰和資料的控制權。這股趨勢具有實踐願景的驚人力量。善用它，改變將事半功倍。

以太世界的數學遊戲

聖誕假期將近時，理論上大家應該都在開心過節，享受天倫時光，而不是在推特上發起無止境的聖戰。因此這篇文章要告訴你一些能和朋友一起玩的遊戲，讓你們在享受樂趣之餘，又能學到一些詭異的數學概念！

♦ 1.58 維西洋棋

這是西洋棋的一種玩法，要將棋盤布置成像右頁的畫面。

我們還是用一般的 8×8 棋盤，但是只使用其中的 27 格，另外 37 格用西洋跳棋、圍棋或其他東西遮住，表示不能走。規則跟一般西洋棋一樣，但有幾項特殊規定：

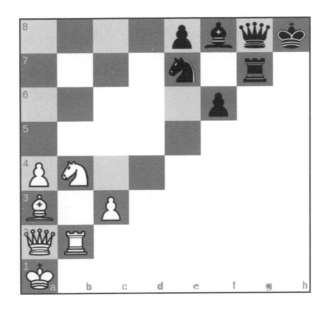

- 白兵往上，黑兵往左。白兵可往左上或往右上走，黑兵可往左下或左上走。白兵走到最上方的棋格會升格變為皇后，黑兵則在最左邊的棋格升變。

- 沒有「吃過路兵」（en passant）、「入堡」（castling）等規則，兵也不可以一次前進兩步。

- 所有棋子都不能走到被蓋住的 37 格上，也不能經過這些格子；不過，棋子中的「騎士」雖然不能走上這些格子，但可以經過。

這個西洋棋遊戲稱為「1.58 維西洋棋」是因為，那 27 格是依據謝爾賓斯基（Sierpinski）三角形所挑選出來的。先從一個開闊的正方形開始，之後每一次要把邊長放大一倍時，就把前一個步驟的圖形，複製到左上方、右上方和左下方，但不放到右下方。在一維結構中，邊長加倍會使空間變成 2 倍；在二維結構中，邊長加倍會使空間變成 4 倍（$4 = 2^2$）；在三維結構中，邊長加倍會使空間變成 8 倍（$8 = 2^3$）；這裡，邊長加倍會使空間變成 3 倍（$3 = 2^{1.58496}$），所以是「1.58 維」。

邊長 1
（1 個正方形）　**邊長 2**
（3 個正方形）　**邊長 4**
（9 個正方形）　**邊長 8**
（27 個正方形）

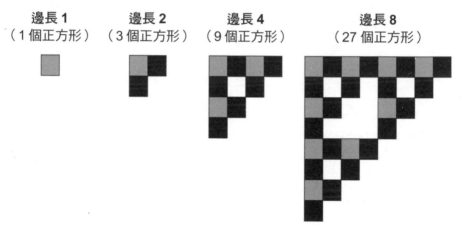

▲製作棋盤時從一個正方形開始，然後在每一個步驟，將前一步驟的圖形複製成三個。

這樣的西洋棋玩法比下完整的棋盤簡單得多，還可以讓我們了解到低維度的空間易守難攻。但不同棋子的相對價值可能會改變，也有可能會有新的結局（例如，你可以只用主教來將軍取勝）。

◆ 三維圈叉遊戲

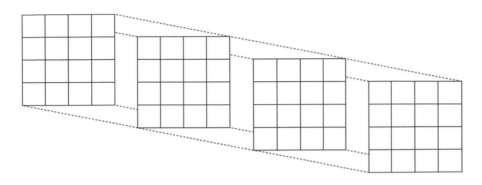

　　在這裡，四個相同圖案連成一線的人獲勝。任何方向都可以，包括直線、斜線，以及跨平面的直線和斜線。例如，像下面這樣，× 贏了。

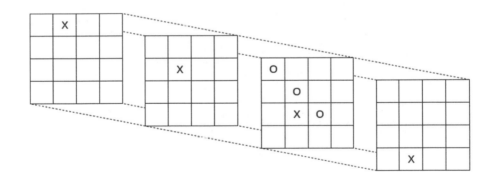

　　這比二維的傳統圈叉遊戲要難上很多，希望能帶給你們更多樂趣！

◆ 模數化圈叉遊戲

這裡要回到二維世界，不過我們允許連線可以繞回（wrap around）：

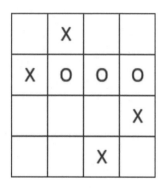

X 獲勝

請注意，任何斜率的斜線都可以，前提是斜線要通過四個點。也就是說，斜率可以是 ±2 和 ±½。

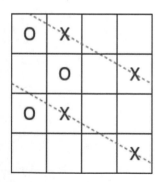

從數學上來看，我們可以將盤面理解成布於模數 4 的二維向量空間，目標為畫出一條能通過空間中四個點的線。請注意，任兩個點一定可以連成一條線。

♦ 四元素的二元體圈叉遊戲

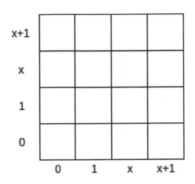

這裡沿用跟前面一樣的概念，只不過，我們要用更詭異的數學結構：布於 Z_2 模 $X^2 + x + 1$ 的四元素多項式體。這個結構不太具有幾何上的意義，我直接提供加法表和乘積表給各位：

加法表

x+1	x+1	x	1	0
x	x	x+1	0	1
1	1	0	x+1	x
0	0	1	x	x+1
	0	1	x	x+1

乘積表

x+1	0	x+1	1	x
x	0	x	x+1	1
1	0	1	x	x+1
0	0	0	0	0
	0	1	x	x+1

好的，簡單來說，全部共有下面這些可能的連線（未列出水平線和垂直線的圖表，這兩種線條也可以）：

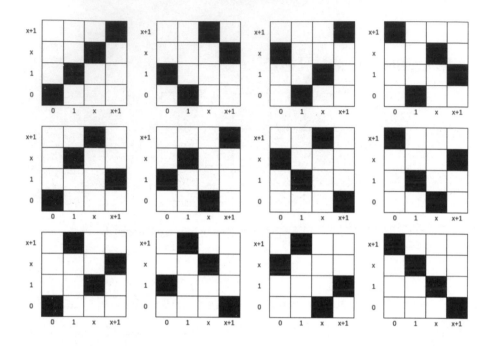

若是缺乏幾何意義，想要贏得遊戲並不容易，你必須記下這 20 種獲勝組合才行。但請記得，基本上這是四種基本圖形翻轉和倒映的結果，包括直線、斜線、以中央為起點的斜線，以及看起來不像線條的怪東西。

◆ 1.77 維圈叉遊戲

　　現在，我要向你下戰帖。請在 1.77 維圖形上玩四點連線的圈叉遊戲。

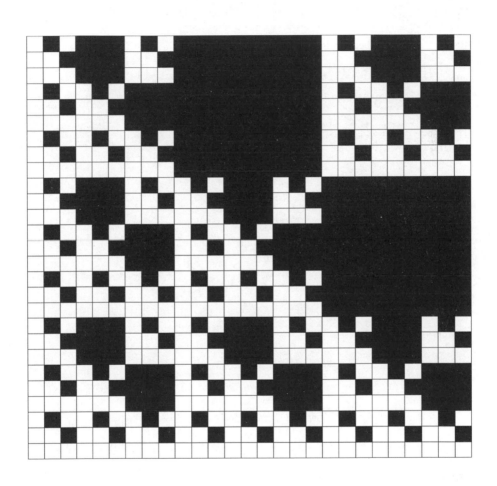

♦ 模數撲克

　　每人發五張牌（你想根據什麼規則發牌都可以，也可以自己規定玩家能不能換牌）。算牌方式為：J 等於 11、Q 等於 12、K 等於 0，A 等於 1。將依序發出的撲克牌依照固定差組成序列，由序列較長的牌組勝出（允許繞回計算）。

　　用數學解釋就是，玩家以數字 L(0)、L(1) …… L(k) 組成 L(x) = mx + b 的序列，看玩家最多能湊到的牌數是幾張，張數值愈大（以 k 表示），贏面愈大。

▲贏得勝利的五張牌組。y = 4x + 5。

　　當玩家的序列牌數一樣時，為了打破平手的僵局，請計算有幾組三張牌組成的序列。哪個玩家的三張牌序列組合比較多就獲勝。

▲這組牌有四種三張序列：K-2-4、K-4-8、
2-3-4、3-8-K。是很罕見的牌組。

必須要三張以上才能計算序列；但如果有三張數字一樣的
牌，也可以算是一個序列。不過，若牌組裡有兩張數字一樣的
牌，用那個數字組成的序列只能算一組序列。

▲這個牌組無法組成三張牌的序列。

如果兩個牌組怎麼比都平手，就看每個人牌組裡最大的一
張牌，誰的數值比較高就獲勝（前面說過 J 等於 11、Q 等於
12、K 等於 0，A 等於 1）。

PART 3

成長

2020 年初，以太坊脫離了成長之初的陣痛期。以太幣的重大安全性事件獲得解決，開始增值了，而新冠肺炎疫情封城期間，鑄造 NFT 的藝術品引爆熱潮，以太坊開始成為這些 NFT 的營運系統。Vitalik 揮別過去在「The DAO 駭客事件」充滿領袖魅力的角色，轉而強調「可信中立」（credible neutrality）的原則，並反思如何讓去中心化系統獲得廣泛的正當性。

Vitalik 不再那麼關注眼前的危機，而將焦點放在「公共財」這個長遠的問題上：要如何提供經濟誘因，系統才會生產不一定賺錢卻必要的東西？由誰來付錢為新世界造橋鋪路？ Vitalik 每次拋出問題，隨即很快給出答案。去中心化自治組織「DAO」的概念終於實現了。DAO 能夠製造產品、支付薪水，有時甚至可以完全脫離任何實體公司或基金會。有些 DAO 經手了數百萬美元的資金，有些則完全搞砸了。加密社群迫不得已，必須嘗試新的治理和決策流程──像是讓投票系統在代幣與人數之間取得平衡，或是讓身分識別系統改為「以使用者之間的關係」為基礎，而不是依據「使用者與國家的關係」。

Vitalik 認為，在一個許多不同價值交疊而成的世界裡，我們有必要重新思考如何衡量不平等。他在預測市場對 2020 年美國總統大選結果下賭注，我們得以看見，用他設計的協定所打造出來的軟體進行預測，結果多麼令人吃驚。然而，我們有可能見樹不見林。在預測市場下賭注，究竟有何意義？Vitalik 希望未來能有更完善的機制，以有效運用我們每個人的不同資訊與判斷，指引我們作出更好的集體決策。不過，良善的立意和聰明的設計有其極限，而幣價這股難以約束的神祕力量總是虎視眈眈，想要吞噬一切。

此刻，以太坊開始朝著 2.0 轉型，這也是 Vitalik 打從一開始就希望實現的願景。至 2022 年，工作量證明機制仍延續了一段時間，但權益證明機制已獲得採行，人們可以質押以太幣了；至此，能源浪費已接近落幕。「樂觀卷疊[81]」（optimistic rollups）和「零知識卷疊」（ZK-rollups）等「第二層」協定，準備終結延遲和交易成本等

---

81. 卷疊 rollups，是屬於第二層生態系的中介系統，介於使用者與做為基礎的區塊鏈之間。卷疊可能帶來一些功用，像是在保留第一層的安全性的同時，讓交易更快速、成本更低廉。卷疊已成一項重要策略，能讓以太坊在原始設計外擴展其容量。

問題，使人用以太坊購物或打造應用程式變得更為便利。在此同時，有些新推出的區塊鏈主張從一開始就解決了這些問題，開始拿走以太坊的市占。

Vitalik 在〈加密城市〉（Crypto Cities）一文中看似兜回老路，好像以前在《比特幣雜誌》那樣對各種新興計畫滿懷希望。然而，他的意味已有所不同：區塊鏈並不是要取代政府等舊有體制，而是要與它們建立關係。Vitalik 曾說，他是因為《魔獸世界》（World of Warcraft）的遊戲公司修改軟體，導致其中角色變弱之後，才開始厭惡中心化平台。但他在這一系列文章的最後一篇，卻開宗明義指出，加密世界可以學習魔獸「靈魂綁定」（soulbound）的概念：由玩家持有但無法買賣的東西。區塊鏈不能只仰賴經濟邏輯，或是只仰賴可供買賣之物；相反地，區塊鏈必須更清楚了解使用的人。我們如何設計社會基礎設施，將攸關人類的發展。

——納森・史奈德

有效的可信中立機制

請想一想下面這些事：

- 若政府用 5% 的 GDP 去支持特定公共計畫或特定產業，有些人會感到氣憤；然而，如果政府推動財產權制度，造成更大規模的資本重分配，這些人通常不會生氣。
- 若某個區塊鏈計畫將許多代幣直接分配（即「預挖礦」）給開發者精心挑選的對象，有些人會感到氣憤；然而，如果主要區塊鏈（如比特幣和以太坊）將數十億元的價值發給工作量證明機制的礦工，這些人通常不會生氣。
- 如果社群媒體平台發現某些內容帶有不受歡迎的政治意識形態，並對其進行審查或使其邊緣化，有些人會感到氣憤（即使他們也反對該意識形態）；然而，如果共乘平台踢掉

評分過低的司機，這些人通常不會生氣。

聽到這些事情，你也許會大喊：「抓包了吼！」對自己揭穿偽君子的真面目感到洋洋得意。雖然有時候這種反應確實是對的，但我認為，將碳稅當作國家干預主義，同時又將政府落實財產權當作執行自然法（natural law），絕對大錯特錯。同樣地，將「礦工出力維護區塊鏈安全」視同「熱力學作功」，因此應該獲得報酬，同時又認定「付錢給開發者改善區塊鏈的程式碼品質」形同「印免費的鈔票」，也是大錯特錯。

然而，縱使我們試圖將直覺想法**系統化**的時候，常常會走偏，但前述的那些深層道德直覺卻並非毫無價值。在這裡，我想指出有一項非常重要的原則蘊含其中，若能掌握這個關鍵，也許就能打造出高效率、支持自由、既公平又兼容並蓄的體制，而且這些體制將影響和規範我們生活的不同面向。這個原則就是：**當一項機制具有重大影響時，能否使其「可信中立」（credibly neutral）將至關重要。**

機制＝演算法加上誘因

首先，什麼是機制？在這裡，我的用法與討論機制設計的賽局理論文獻類似：基本上，機制就是演算法加上誘因。機制是一種工具，將來自不同人的資訊當作輸入，用以判斷參與者

的價值觀，進而作出某種攸關人們的決策。運作良好的機制所作出的決策，既有效率（這是基於參與者偏好所能獲得的最佳結果），又「與誘因相容」（incentive-compatible，意思是人們參與其中時，有誘因「誠實行事」）。

關於機制的例子俯拾即是，以下試舉幾例：

- **私有財產及其交易**：「輸入資料」（input）是指使用者可以透過捐獻或交易，重新分配所有權的能力；「輸出資料」（output）則是一個資料庫，內容是關於「誰有權決定哪個物體如何使用」（有時是正式的資料庫，有時只是帶有資料庫的意味）。目標是鼓勵生產實用的物品，並交給最能有效運用的人使用。

- **拍賣**：輸入資料是投標；輸出資料則是「誰得標，以及買家應該付多少錢」。

- **民主**：輸入資料是選票；輸出資料則是「哪些人掌握了民選公職」。

- **社群媒體上的加分、扣分、按讚和轉推**：輸入資料是加分、扣分、按讚、轉推；輸出資料則是「誰看見什麼內容」。賽局理論的學究可能會說，這只是演算法而不是機制，因為它缺乏內建誘因；不過，未來的版本很可能就會有了。

- **工作量證明與權益證明的區塊鏈獎勵誘因**：輸入資料是參與者產生的區塊和其他訊息；輸出資料則是「網路接受哪

一條公認的區塊鏈」，而區塊鏈獎勵用以獎勵執行「正確」的行為。

我們正在步入一個超網路（hyper-networked）[82]、超媒介（hyper-intermediated）[83] 又快速演進的資訊時代，中心化體制的公信力日漸衰弱，而人們正在尋求替代方案。由此可知，為了匯集群眾智慧（並遠離群眾長久以來的無知）而衍生出的各種機制，將有可能在我們的互動之中扮演愈來愈重要的角色。

可信中立是什麼？

現在，我們來談一談「可信中立」這個重要概念。基本上，某個機制如果符合可信中立的原則，只要觀察其設計，就能輕易看出它並未歧視或反對任何特定身分的人。這個機制必須對每個人一視同仁，甚至當每個人的能力與需求截然不同時，也能維持公平性，舉例來說：

- 「任何人只要挖出一個區塊，就可以獲得 2 顆以太幣」符合可信中立；「因為我們知道鮑伯寫了很多程式碼，應該要好

---

82. 指網路中的節點（個人、組織、設備、系統等），透過各種通訊方式高度連結，形成錯綜複雜的網路。

83. 指節點之間的通訊及交流，高度仰賴做為中介的機構、平臺或技術來實現。

好獎勵他，所以讓他獲得 1 千枚代幣」則不符可信中立。

・「只要有五個人舉報內容不當，該則貼文即無法顯示」符合可信中立；「凡本管理團隊認定其內容對藍眼人士有偏見，該則貼文即無法顯示」則不符可信中立。

・「政府賦予每一項發明為期 20 年的壟斷權」符合可信中立（不過判斷哪些發明符合資格會是一大挑戰）；「政府認為治癒癌症很重要，於是成立委員會，將 10 億資金分配給試圖治癒癌症的人」則不符可信中立。

　　當然我們永遠無法完全做到中立：區塊獎勵偏袒靠著特殊背景取得硬體和便宜電力的人；資本主義偏袒中心化的利益與財富，不利於窮人和高度仰賴公共財的人；而政治對話則不利於站在社會期望對立面的人。此外，任何機制若要修正協調失效的問題，都必須先設定「何謂協調失效」的前提條件，因而輕忽其他協調失效的情況，導致該機制對這些情況構成歧視。儘管會有這種問題，但這並不影響「某些機制遠比其他機制更為中立」的事實。

　　這就是私有財產制如此有效的原因：不是因為它是上帝賦予的權利，而是因為它是可信中立的機制，可以解決社會上的許多問題（即使還不到所有的問題，但它能解決的問題已經夠多了）。

　　這也是為什麼「以人氣做為篩選標準」沒有問題，但「以政治意識形態做為篩選標準」卻有問題的原因：若要大家同意

「中立的機制能公平對待每一個人」，相對容易；但要說服形形色色的人一致同意「某些政治觀點應該列入黑名單」，就困難許多。

此外，這也是鏈上的開發者獎勵被視為有疑慮，而鏈上的挖礦獎勵比較沒問題的原因：畢竟驗證誰是礦工比驗證誰是開發者更為容易，而且在實務上，試圖認定誰是開發者，多半容易被人指控有所偏私。

請注意，這裡要求的並不只是「中立性」，而是「可信的中立」。也就是說，光是將一套機制設計成不偏祖特定人士或特定結果，並不足夠，還必須成功說服一大票各式各樣的群體相信，這套機制至少已盡力做到公平。不論是區塊鏈、政治體系還是社群媒體，這些機制的設計目的都是促使一大群多元相異的人一起合作。

任何一套機制要能實際成為眾人的共同基礎，就必須讓所有參與者都知道它是公平的，同時也必須讓所有參與者明白「其他人也知道這套機制是公平的」，因為每個參與者都想確保其他人不會突然拋下這套機制。

也就是說，我們需要類似賽局理論裡「共同知識」的概念——如果不用數學的方式來說，就是大家對於「正當性」的普遍認知。想要建立這種共同知識，機制的中立性必須顯而易見——明顯到連沒什麼概念的人都看得出來——而且即使被人惡意指控偏頗、不可信，一般人也不會動搖。

打造可信的中立機制

打造可信的中立機制有四大原則：

❶ 不將特定人士或特定結果寫入機制。
❷ 開放原始碼和可公開驗證。
❸ 儘量簡單。
❹ 不頻繁修改。

原則❶很容易理解。回到先前的例子，「任何人只要挖出一個區塊，就可以獲得 2 顆以太幣」是可信中立，「鮑伯獲得1,000 代幣」則不是；「只要有五個人舉報，貼文會無法顯示」是可信中立，「對藍眼人士有偏見的貼文會無法顯示」則不是。因為「鮑伯」是特定人士，而「對藍眼人士有偏見」是特定結果。好，鮑伯當然真的可能是優秀的開發者，對區塊鏈計畫的成功貢獻卓著，有資格獲得獎勵，而且我（也希望你）絕對不樂見大家公然歧視有藍色眼睛的人。但依照可信中立機制的設計目標，這些期望結果不會寫進機制裡，而是隨著參與者的行動揭曉。在自由市場裡，若查理的小工具不實用，而大衛的小工具很實用，那麼這件事會透過價格機制揭曉：最後，大家不買查理的小工具，他破產了，而大衛賺到錢，可以擴大規模，甚至做出更多種小工具。**輸出的資料大部分應該來自參與者的輸入資料，而非機制本身寫死的規則。**

原則❷也很容易理解：機制規則應該要公開，而且要有公開驗證規則是否正確執行的可能性。請注意，有許多情況，你不會希望公開輸入資料或輸出資料，而〈論勾結〉也探討了高隱私度（如果你希望這樣，你甚至不能證明自己的參與過程）為什麼通常比較好。幸好，我們可以結合零知識證明與區塊鏈，兼顧驗證與隱私。

　　原則❸「盡量簡單」其實反而最不簡單。機制愈簡單、參數愈少，就愈不會隱藏支持或反對特定群體的特權。如果某套機制包含 50 項複雜互動的參數，而你想湊出適當的參數來達成某種特定的結果，這會相對容易；但如果這套機制只有一、兩項參數，想這麼做就會困難許多。雖然你可以讓人數眾多的群體（例如「煽動人心的政客」、「有錢人」等）享有特權，但你無法只鎖定一小群人。而且隨著時間過去，你達成特定結果的能力也會遞減。因為你在時點 A 建立了機制，但你的受惠者要到時點 B，才有機會處在特定情境下，進而從機制中牟取暴利，因此一旦時間相隔愈久，中間就會有愈來愈多的「無知之幕」（veil of ignorance）。

　　這就帶出原則❹不頻繁修改機制。改變機制會增加複雜性，而且會「重設無知之幕的時鐘」，讓設計者可趁機利用攸關各群體處境的最新資訊，再依據不同調整方式對各群體的影響來調整機制，進而嘉惠朋友、攻擊敵人。

不只中立，效果也很重要

我在本文開頭所影射的意識形態，其極端版本常會出現的謬誤就是追求極致的中立：若不能達到完全中立，就根本不該去做！其謬誤之處在於這樣的觀點是以廣義的中立為代價，去成就狹義的中立。

例如，你可以確保每個礦工的立足點都一樣（挖每個區塊給 12.5 顆比特幣或 2 顆以太幣），每個開發者的立足點也都一樣（他們提供公共服務，除了感謝，其他什麼報酬都得不到），但你付出的代價就是投入開發的誘因變得比挖礦低上許多。倒數 20% 的礦工為區塊鏈的成功所做出的貢獻，不可能比開發者還多，但目前的獎勵結構似乎在暗示相反的情形。

更廣來看，社會上有許多事物需要生產，包括：私有財、公共財、正確資訊、好的治理決策、目前不受重視但將來會很重要的事物，諸如此類，族繁不及備載。其中有一些比較容易打造出可信的中立機制，有一些則比較不容易。如果我們採取狹隘、毫無妥協餘地的純粹中立主義，認為只可以接受百分之百的可信中立機制，那麼只有那些容易建立純粹中立機制的問題會獲得解決。至於社群的其他需求，將完全無法獲得系統化的支持，以至於廣義的中立將難以實現。

因此，可信中立原則還要搭配另一個概念來加以鞏固，也就是**效果原則（principle of efficacy）：一項好的機制必須能實際解決我們關心的問題**。這通常意味著，即使開發者開發出了明

顯符合可信中立的機制，開發者也要能夠接受批評，因為可信的中立機制也有可能是糟糕的機制（例如人們時常爭論的專利制度）。

　　有時候，這甚至意味著，如果短時間內尚未找出可解決問題的可信中立機制，應該要先採用較不完善的中立機制。區塊鏈上的預挖礦和有時限的開發者獎勵機制，都是這樣的例子。在尚未找出去中心化的方法之前，先以中心化的方法偵測代表某一個人的帳號，同時過濾掉其他人，這也是個例子。不過，我們一定要認清可信中立的珍貴價值，並努力地朝此理想逐步邁進。

　　如果你非常擔心不完善的中立機制會失去人們的信任，或淪為政治的傀儡，你有幾種方式可以「萬無一失」地執行這套機制。例如，你可以設定交易手續費，而不撥款給開發者基金，以「謝林圍牆」（Schelling fence）[84] 限制資金的多寡；你可以加入時間限制或設定「冰河期」，讓報酬隨著時間遞減，並需要用明確的方式才能重新設定；你可以在「第二層」系統[85]（例如彙總或以太坊 2.0 執行環境）實施某套機制，產生某程度的網路鎖定效應，但又可以在機制走偏時透過協作取消。當我們預見某套機制可能成為一言堂時，也可以透過強化退出的自

---

84. 由先前提及的加州心理學家史考特・亞歷山大，根據「謝林點」的概念稍作修改後提出，其名稱來自冷戰賽局理論家湯瑪斯・謝林。圍牆是指參與者共同商定的系統限制。

85. 就這個意義來說，第二層是指建立在「第一層」以太坊區塊鏈上的基礎設施，其作用為提升應用程式的處理效率。

由來降低風險。

　　理論上，一定存在可以解決許多問題的可信中立機制，只需要我們實際開發出來並加以改進，相關例子包括：

- 預測市場，例如 electionbettingodds.com 網站是符合「可信中立」的資料來源，可告訴我們近期的選舉可能由誰勝出。
- 透過平方投票法和平方募資法，對治理和公共財的議題達成共識。
- 以更有效率的哈伯格稅取代單純的財產權制，來分配非同質化、不具流動性的資產。
- 同儕預測（peer prediction）[86]。
- 包含可遞移信任圖[87]的信譽系統。

　　我們還不清楚這類概念的哪些版本——或是那些全新概念——能運作良好，我們也需要經過多次實驗，才能釐清不同情境要制定哪些規則才有成效。我們既要讓機制的規則可以修改，又要能抵禦攻擊，而這將會是一大挑戰。不過，加密技術的開發允許開放式的規則，以及可驗證的執行和輸出伴隨祕密

---

86. 同儕預測與前述謝林點的概念類似，會比較評比系統內的各個使用者評價，並獎勵準確預測他人評價的使用者。下一點列出的信譽系統，關乎社會網路中特定使用者的信賴度；而同儕預測則衡量評價之間的相對差異。
87. 一種表示節點間信任關係的圖形結構，其中「可遞移」代表信任關係可往下推衍，例如：當 A 信任 B、B 信任 C，可推論 A 間接信任 C。可遞移信任圖可用於分析分散式網路系統裡節點的信任關係。

資料的輸入，如此一來，將能大幅降低難度。

　　我們曉得，原則上完全有可能設計出這樣穩妥的規則——前面提過，基本上已經有許多實例了。但隨著我們所依賴、以軟體為媒介的各類市場不斷變多，我們更有必要打造出每個人都支持的可信規則系統，並確保這些系統不會讓權力集中在少數人身上（不論這些人是平台經營者，或日後掌握了平台的其他強大力量）。

協作的好與壞

　　協作（coordination）是指一大群人為了共同利益而齊心努力，它是宇宙中最強大的一股力量。協作正是以下相左情況的關鍵所在：「國王能隨心所欲，專制獨裁地管理他的王國」，或是「人民集結起來推翻國王」；「全球氣溫上升攝氏五度」，或「我們一起努力阻止全球暖化，只讓氣溫小幅上升」。此外，公司、國家和其他人數眾多的社會組織之所以能夠存在，原因也在這裡。

　　有許多方式可以加強協作：加快資訊傳播、強化規範來識別欺騙行為和加重懲罰、更強而有力的組織、智慧合約這類允許低信任度互動的工具、治理技術（投票、共享、決策市場……）等等。事實上，人類每十年就能在這些方面取得進展。

　　但從哲學的角度出發，協作也有違反直覺的黑暗面：「**所有**

人互相合作」當然比「人人自私自利」可以帶來更好的結果，但這並「不」代表，每個人都更努力協作必定會帶來好處。如果協作的提升是用不平衡的手段換來的，結果很有可能會造成傷害。

我們可以將這件事視覺化，畫成一張地圖（雖然在現實世界中，這張地圖會有數十億個「維度」，而非只有兩個）：

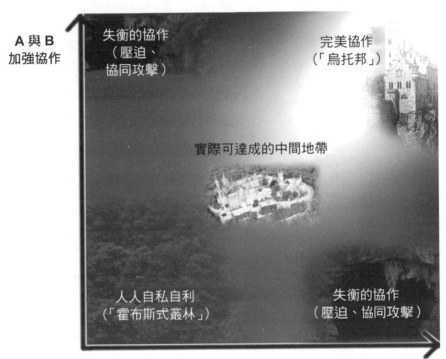

左下角的「人人自私自利」不會是我們想去的地方，而右上角的「完美協作」雖然很理想，但應該辦不到。儘管如此，

中間地帶也絕非平順好走的坦途，雖然能從中找到許多適合安頓之處，但也有許多黑暗深邃、最好避開的洞穴。

現在我們來看看，如果有人只與某些同伴協作，這樣的局部協作會讓我們掉入什麼樣的深邃黑洞？在此舉例說明，最為恰當：

- 某國人民為了國家大義，在戰爭中奮不顧身……而那個國家是第二次世界大戰時期的德國或日本。
- 遊說家賄賂政治人物，換取對方採行遊說家偏好的政策。
- 有人在選舉中賣票。
- 市場上的所有賣家串通好，一起哄抬價格。
- 區塊鏈的主要礦工勾結起來發動 51% 攻擊。

在這些例子中，我們看見一群人集結起來、相互配合，但對非合作圈內的人形成了巨大傷害，使整個世界蒙受淨損失。

在第一個例子中，所有不在合作圈內的人都是該國侵略行為的受害者，受到嚴重影響。在第二和第三個例子中，貪腐的選民和政治人物所作的決策會影響大眾。在第四個例子中，顧客受到影響。在第五個例子中，未參與的礦工和區塊鏈使用者受影響。這不是一個人背叛了一個團體，而是一個團體背叛了更大的團體，通常也是背叛了整個世界。

這類局部協作通常又稱為共謀（collusion），但要留意，我們所說的勾結行為有眾多類型。一般而言，勾結通常是指大致

對等的關係，但上面的例子有許多是非常不對等的關係。「勒索」就是一種不對等的勾結（「把票投給我支持的政策，否則我要公開你的婚外情」）。在本文後半部提到「勾結」時，整體而言是指「不為人樂見的協作方式」。

評估意圖，而非行動！

情節較輕微的勾結有一項特色，就是我們無法單純從行為本身去判斷它是不是人們所不樂見的勾結。原因在於，某個人的行為結合了他的內在知識、目標、偏好，以及外界給予他的誘因，因此勾結行為往往會與個人的自發行為（或好的協作行為）互相重疊。

以賣家勾結為例（這是一種托拉斯行為），賣家各自獨力經營時，三名賣家或許能將商品價格定在 5 到 10 美元之間。價差反映了某些難以看見的因素，例如賣家的內部成本、不同薪資下的工作意願、供應鏈問題等。但如果賣家勾結，他們有可能將價格定在 8 到 13 美元之間。此時，商品價格同樣反映了各種可能性，也許是基於內部成本或其他難以看見的因素。

若你看到某個賣家用 8.75 美元販售那件商品，他是在做壞事嗎？如果不知道賣家是否串通好，根本無從分辨！立法規定產品售價不得超過 8 美元也不是好主意，因為賣家近期可能有訂定高價的正當理由。不過，立法防範勾結並有效執行，可產

生理想結果——假如必須訂定高價才能彌補賣家的成本，價格就會是8.75美元；假如拉高價格的因素不大，價格就不會是8.75美元。

這也適用於賄賂和買票的例子。也許有人真的想把票投給某個政黨，但有些人卻是被買票才投給它的。從制定投票機制的角度來看，制定者無法事先知道那個政黨是好或壞，但他們很清楚，依照內心意願投票的制度可以運作得不錯，但能夠自由買賣選票的制度卻會非常糟糕。這是因為買票是公眾的悲劇：選民好好投票所能獲得的個人利益占比很小，但依照賄賂者的意思投票，就可以領到整份賄賂。因此，相較於賄賂者屬意的政策對眾人造成的損失，賄賂者只要花一點小錢，就能達到賄賂個別選民的目的。由此可知，若我們允許買票，投票很快就會淪為富人的遊戲。

以去中心化反制勾結

順著這套思維可知，還有一種更有前景的辦法，也做得到：如果我們想打造穩定的機制，就必須了解一大關鍵在於如何提高「發起、維持勾結」的難度——尤其是針對大規謀的勾結行為而言。

以投票為例，不記名投票制可確保選民即使有意願，也無

法向第三方證明自己投票給誰（MACI計畫[88]嘗試運用密碼學，將不記名投票原則擴大運用於網路）。這麼做能破壞選民與賄賂者之間的信任，有效限制不樂見的勾結。

在托拉斯行為和其他企業不法行為的例子中，往往要仰賴吹哨者的幫忙，甚至要提供吹哨者獎勵，明確鼓勵破壞性勾結的參與者背叛自己小團體。若放到範圍更大的公共基礎設施來看，**去中心化**這個概念就變得無比重要。

去中心化為何重要？比較天真的觀點是：它可以降低單點故障的風險。在傳統「企業型」的分散式系統裡，這麼說大致正確，但在許多其他情境，這個解釋並不充分。

看看區塊鏈的例子就知道了。大型礦池公開展示自己內部如何分散部署節點和網路元件的相依關係，並無法有效安撫社群成員，讓他們不必擔心挖礦集中化。此外，當雜湊算力合計達到比特幣90%的人能齊聚一堂，出席同一場討論會時，這恐怕會有些嚇人！

但，哪裡嚇人？如果說，去中心化是為了容錯，那麼主要礦工能夠當面交談並不會造成什麼傷害。但如果我們將「去中心化」當成阻擋有害勾結的工具，那麼這張照片就很可怕了，因為它顯示出阻礙完全不如我們想像的那麼大。

事實上，目前絕非完全沒有阻礙。雖然這些礦工可以輕易

---

88. 全稱「minimal anti-collusion infrastructure」（最小化抗共謀基礎設施），這項計畫旨在透過各項技術與機制（如加密協定、驗證系統），設計出一套可防止參與者互相勾結的精簡架構。

發起技術協作，而且很可能加入同一個微信群組，但這並不代表比特幣「在實務上只比中心化公司好一點點而已」。

那目前還有哪些阻擋勾結的障礙？主要包括：

◆ 道德障礙

布魯斯・施奈爾（Bruce Schneier）在《騙子與局外人》（*Liars and Outliers*）一書提醒我們，許多「安全系統」（門鎖、指出「受罰行為」的警告標誌⋯⋯）也具備道德功能，可提醒潛在違規者某些行為會嚴重違反道德，倘若他們想要當個好人，就不應該那麼做。去中心化可說是具備了相同的功能。

◆ 內部協商失敗

個別公司可能會以「參與勾結」做為條件，要求對方讓利，而這麼做可能導致協商完全停擺（請參考經濟學的「拿翹問題」〔holdout problem〕[89]）。

◆ 反協作

去中心化系統可讓不參與勾結的人發起分叉，讓系統轉往另一個方向發展，從而剝奪攻擊方的利益。使用者參與分叉的

89.「拿翹問題」是經濟學領域經常討論的議題。意指交易或協商中，掌握關鍵資源或權利的一方，為了獲得更好的條件，而拒絕達成協議，使交易無法順利進行，導致效率低落。

阻礙很小，而去中心化的「目的」本身也能製造道德壓力，鼓勵人們參與分叉。

◆ 背叛風險

　　五間公司要一起做壞事，難度還是高於一起做沒有爭議或良善的事情。因為這五間公司彼此不夠熟悉，所以個別公司有可能拒絕參與並揭穿陰謀，而且這項風險會有多大，很難正確評估。更何況，這幾間公司裡的個別員工也有可能成為吹哨者。

　　整體而言，這些確實是相當大的阻礙，往往也足以在一開始就化解掉潛在的攻擊。就算某五間公司有能力快速協作來處理正當的事務，也不代表它們可以跨過這些阻礙。例如，以太坊礦工絕對有能力合作來提高燃料上限，但不表示他們可以輕鬆勾結，對區塊鏈發動攻擊。

　　區塊鏈的經驗告訴我們，從制度上將協定設計成去中心化的架構，至關重要──即使我們早就知道，許多活動將會受少數公司支配，也不會改變這點。除了區塊鏈之外，這個概念也可用於其他的情境。

反協作分叉

　　然而，我們不可能每次都有效地預防有害的勾結。萬一有害的勾結真的發生了。我們可以加強系統反制勾結的能力，也就是讓勾結的成本變高，並讓系統容易恢復。

　　我們可以透過兩個核心實作原則來達到這個目的：(1) **支持反協作**、(2) **使人有切身之痛**（skin in the game）。反勾結的背後概念是：我們知道無法設計出「在被動抵禦方面固若金湯」的系統，因為有太多方式可以進行勾結，而且能有效偵測勾結的被動機制並不存在；不過，我們可以主動出擊，反制勾結的行為。

　　在區塊鏈這樣的數位系統，至關重要的一大反協作方式就是**分叉**（這點也可以應用於比區塊鏈更主流的系統，例如網域名稱系統）[90]。

　　如果系統被有害的勾結聯盟所掌控，反對者可以集結打造另一套系統，保留大部分的規則，但不讓攻擊方有能力控制系統。以開源軟體來說，分叉相當容易，其最大的挑戰在於如何取得足夠的**正當性**（即賽局理論的「共同知識」），讓勾結聯盟的反對者統統追隨你。

---

90. 雖然網際網路本身頗為去中心化，但網域名稱系統是中心化的網際網路元件。早期的「域名幣」區塊鏈計畫，其目的就是提供去中心化的替代方案。在以太坊的生態系裡，替代方案為 ENS，這項服務會使用以「.eth」結尾的網域。

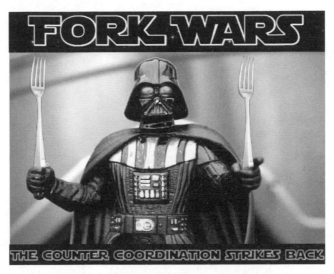

▲這張圖上頭寫著:「分叉戰爭:反協作的回擊」。

市場與切身之痛

另一種抗勾結策略是「切身之痛」的概念。這基本上是指,透過某種機制,讓參與決策的個別行為者對自己的行為負責。假如團體作出糟糕的決定,那麼贊成這個決定的人付出的代價,必須高於不贊成的人。如此一來,就能避免投票系統先天就有的「公眾的悲劇」。

分叉是強而有力的反協作方式,正因為分叉導入了切身之痛的概念。

一般而言,市場是非常強大的工具,原因就在於市場能讓切身之痛極大化;而決策市場(用於指引決策的預測市場,又

稱未來治理機制）則嘗試將市場的這個優點延伸至組織決策。儘管如此，決策市場只能解決某些問題；更何況，決策市場無法在一開始就告訴我們，應該致力於讓哪些變數達到最佳化。

建構協作

這些探討將我們帶向一個有趣的角度，可用來看待人們打造的社會系統有什麼用處。人們之所以打造有效的社會系統，一大目的就是決定「協作的架構」：哪些群體可以透過什麼樣的配置，來聚在一起推動群體的目標，而哪些群體則不能？

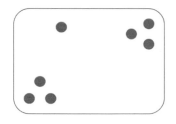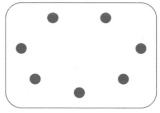

▲協作的結構不同，結果也不同。

有些時候，更多協作是好事，例如人們聚在一起共同解決問題，能帶來較佳的結果；有些時候，更多協作很危險：例如一部分參與者透過協作去剝奪其他人的機會；有些時候，更多協作有其必要：讓更多社群成員能夠「反制」攻擊系統的勾結行為。

針對上述三種情況，各有不同機制可以達到目的。當然，想要完全禁止溝通交流會非常困難，想要達到完美的協作也很困難。不過，我們還是有許多效果強大的中間選項。

　　以下是幾種打造協作架構的可行技巧：

- 保障隱私的技術與規範。
- 運用不記名投票制、MACI 或類似的技術性措施，使人更難以證明自己做了什麼。
- 刻意去中心化，將機制的控制權分散給難以相互協調的一大群人。
- 讓實體空間去中心化，將不同功能（或相同功能的不同部分）分散到不同地點。
- 讓不同角色的選民去中心化，將不同功能（或相同功能的不同部分）分給不同類型的參與者（例如區塊鏈裡的核心開發者、礦工、代幣持有者、應用程式開發者、使用者）。
- 運用謝林點（Schelling point）[91]，讓一大群人快速協調，朝著同一個方向邁進。我們甚至有可能將複雜的謝林點編入程式碼（例如，可以藉助謝林點恢復遭受 51% 攻擊的系統）。

---

91. 即焦點（focal point）。當行為者無法彼此溝通時，通常會根據自己對他人行動的預測來下判斷，而大家的想法會傾向匯聚於某一個結論，也就是謝林點。由於謝林點通常與實情相符，因此人們經常利用這個概念，去設計區塊鏈世界裡的預言機和預測市場。「謝林點」這個名稱來自冷戰的賽局理論家湯瑪斯・謝林（Thomas Schelling）。

- 說共通的語言（或者，將控制權分給多個不同語言的選民組合）。
- 以人為投票單位，不以代幣或持分為投票單位，藉此大幅提高影響決策所需的勾結人數。
- 鼓勵、仰賴叛離者向大家示警即將來臨的勾結。

　　這些策略都不完美，但在不同情境下都能有一定的效果。此外，我們可以（也應該）將這些技巧結合其他機制設計，盡可能讓有害的勾結無利可圖又風險十足，而切身之痛會是達到這個目的的強大工具。至於要結合哪些做法才有最大的功效，則端看你的確切情況而定。

特別感謝卡爾‧弗羅施（Karl Floersch）與
王靜蘭幫忙看稿、給予意見回饋。

美國大選的預測市場啟示

以下文章有我個人的政治觀點，可能觸發不安情緒！

預測市場是我多年來很感興趣的主題。讓社會大眾對未來事件打賭，並將這些賭注的賠率當作可信中立的資料來源，藉以了解人們對這些事件的預估機率，可說是這個機制設計非常迷人的應用方式。與此密切相關的概念（例如未來治理機制）一直是我認為非常有意思的創新工具，我認為它們可以改善治理與決策的制定。此外，包括 Augur 和 Omen 平台，以及較近期的 Polymarket 平台，在在顯示出預測市場也是相當迷人的區塊鏈實際應用（三者都採用以太坊區塊鏈）。

從 2020 年美國總統大選開始，預測市場終於成為眾人的目光焦點，以區塊鏈為基礎的市場，市值更是從 2016 年的趨近於零一路成長，並在 2020 年突破百萬美元。我很樂見以太坊能跨

越鴻溝、受到廣泛應用，所以這當然會引起我的興趣。

最初我傾向只觀察、不參與，畢竟我又不是美國大選的政治專家，怎麼會覺得自己能比早就在平台上交易的人看得更準？不過，隨著我在推特上看見愈來愈多我所尊敬、聰明絕頂的人主張這個市場其實並不理性，他們告訴我，如果可以，我應該要與市場對賭。最後，我被說服了。

我決定在我協助建立的區塊鏈上進行實驗：我在 Augur 平台買了 2,000 美元的 NTRUMP 幣[92]（如果川普輸了，每一枚代幣賠 1 美元）。我當時沒料到這個投資部位會增值到 308,249 美元，獲利超過 56,803 美元，也沒想到我會在川普敗選之後，把這剩下的賭資全部拿去跟人對賭。

接下來兩個月發生的事，將會是社會心理學、專業知識、套利、市場效率侷限的有趣案例，對經濟制度設計的可能性深感興趣的人來說，意義十分重大。

---

92. 全稱「NO Trump Augur Prediction Token」（NO 川普 Augur 預測代幣）。Augur 預測代幣用於在 Augur 平台上對未來事件下賭注。購買 NTRUMP 表示預測川普將在 2020 年的美國總統大選落敗，與之相反的代幣為「YES Trump Augur Prediction Token」（YES 川普 Augur 預測代幣，簡稱 YTRUMP）。

選前

▲ Ｖ神的推友 Ne0liberal 在推特上說：「預測市場真的在政治方面表現很差。不僅沒有效率，而且存在可輕易利用的瑕疵。」Ｖ神則回應：「如果你不認同那些，有快錢可賺，所以你該去投入了吧？」

　　我與人打賭這場選舉的結果，最早其實不是發生在區塊鏈上。肯伊・威斯特 7 月宣布競選總統時，有一位我認為很有見地、想法獨到，平常還滿尊敬的政治理論家馬上在推特表示，他有信心反川普陣營將因此分裂，使川普勝選。我記得自己當時認為，他的看法太有自信，有點是在腦中過度推論的結果──認為看起來聰明冷門的意見，很可能也是正確的意見。所以我當然要跟他賭一下，我用兩百美元賭傳統無趣的拜登贏，他欣然接受了。

　　9 月，這場選舉再次出現在我的雷達上。這一次引起我注意的是預測市場。預測市場給川普將近五成的勝率，但我在推

特看到許多我尊敬的聰明人說機率沒有這麼高。這當然引出了我們熟悉的「效率市場之爭」：如果你可以花 0.52 元賭川普輸，並獲得 1 元報酬，而川普敗選的機率比賭注顯示得更高，大家為什麼不進來賭一把，一直購入代幣，促使價格上漲？而且如果沒有人這麼做，你怎麼會覺得自己比其他人聰明？

我的推友 Ne0liberal 在大選前的推特討論串，簡要說明了，他認為當時預測市場不準確的理由。至少在 2020 年以前，大部分人使用的（非區塊鏈）預測市場有各式各樣的侷限，很難只用一點點現金參與預測。因此，當某個聰明絕頂的人或專業機構發現某種可能性不太會發生，即使他們有意推升正確結果的賭注價格，能力也極為有限。

文章指出 [93] 最重要的侷限是：

・每個人可以下的賭注上限很低（遠低於 1 千美元）。
・高手續費（例如，PredictIt 平台要抽 5% 的手續費）。

我在 9 月這樣反駁 Ne0libera：雖然呆板的舊式中心化預測市場投注上限很低、手續費很高，但加密市場不是這樣！在 Augur 或 Omen 平台上，如果某個人認為代幣價格過低或過高，他可以購入或賣出的代幣數量沒有上限，而且這些區塊鏈預測

93. 指前面提及的推特討論串所提到的一篇文章：Andrew Stershic and Kritee Gujral, "Arbitrage in Political Prediction Markets," *Journal of Prediction Markets* 14, no. 1 (2020)。

市場的代幣定價跟 PredictIt 一樣。假如市場上真的是因為高手續費和低交易上限，導致冷靜的交易者開出的價格無法高於過度樂觀的交易者，因而高估川普的勝率，那在沒有這些問題的區塊鏈市場上，為什麼會出現相同的價格？

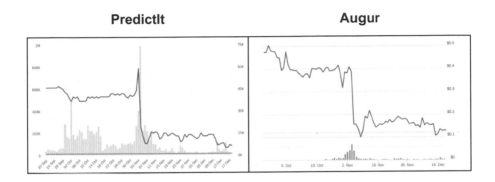

我的推友大致這樣回答：區塊鏈是極小眾的利基市場，能輕鬆取得加密貨幣的人是極少數，而懂政治又能輕鬆取得加密貨幣的人，更是少之又少。這麼說頗有道理，但我不確定這是不是真的原因。於是我拿兩千美元押川普敗選，沒有繼續加碼。

美國總統大選

接下來進入投票階段。剛開始川普拿下比預料更多的選舉人票，嚇了我們一跳，但最後由拜登拿下勝利。在我看來，這場選舉本身究竟是證實或反駁預測市場的效率，有相當大的解

釋空間。

　　一方面，根據標準的貝氏定理[94]，我應該要降低對預測市場的信心，至少不高於對奈特・席佛（Nate Silver）的信心。預測市場預測拜登勝率 60%，而奈特・席佛預測拜登勝率 90%。拜登真的當選了，這件事證明，在我生活的這個世界裡，奈特的預測比較準。

　　但另一方面，你也可以說，預測市場對贏多少的預測比較準。奈特的機率分布中位數為「538 個選舉人團中，有 370 個會投給拜登」：

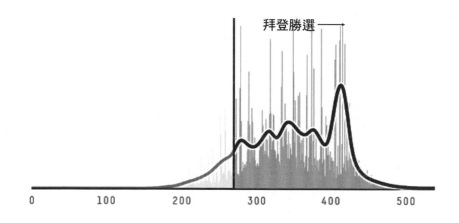

---

94. 由 18 世紀英國牧師湯瑪士・貝葉斯（Thomas Bayes）所提出，用於描述在給定事前機率的情況下，如何根據新證據去估算事件發生的新機率。

預測市場並沒有提供機率分布，但如果一定要猜，從「川普勝選機率 40%」來推論，中位數應該落在 300 個選舉人團投給拜登，而實際結果是 306 個。所以仔細想想，我認為，預測市場和奈特的預測不分軒輊。

選後

不過當時我沒料到，這場選舉本身只是開端。選舉結束幾天後，幾個主要機構乃至幾個外國政府紛紛宣布拜登勝選。川普一如預料發動各種法律攻擊挑戰選舉結果，這些挑戰很快都宣告失敗。但有超過一個月的時間，**NTRUMP 幣的價格一直維持在 0.85 美元！**

起初，人們似乎有理由猜測川普有 15% 的機率能翻盤——畢竟最高法院裡有三名法官是由川普任命的，而且當時黨派意識強烈，比起原則，許多人更重視派系。但接下來三週，川普提出的挑戰逐漸顯露失敗之勢，他的希望一天一天趨向於落空，但 NTRUMP 幣的價格卻未改變；事實上，NTRUMP 幣甚至曾經短暫貶值到大約 0.82 美元。12 月 11 日，選舉結束超過五週，最高法院法官一致同意裁定，駁回川普提出的翻盤訴訟。NTRUMP 幣才終於升值到……0.88 美元。

我一直到 11 月才相信市場懷疑論者是對的，並投入其中押川普輸。這個決定主要不是關於錢，畢竟，短短兩個月後，我

甚至將持有狗狗幣所賺來的更大一筆錢捐給了 GiveDirectly。重點在於，我不只是觀察，更主動參與實驗，深入了解為什麼其他人沒有比我更早購入 NTRUMP 幣。

進場

我透過 Catnip 平台購入 NTRUMP 幣。Catnip 是前端使用者介面，結合了 Augur 預測市場，以及與 Uniswap 風格類似的常數函數造市商 Balancer。若想從事這類交易，Catnip 是目前最容易使用的介面，我認為 Catnip 對提升 Augur 的可用性大有幫助。

在 Catnip 上，有兩種方式賭川普輸：

❶ 使用 DAI[95] 在 Catnip 平台直接購買 NTRUMP 幣。
❷ 透過 Foundry 使用 Augur 的功能，將 1 枚 DAI 換成 1 枚 NTRUMP ＋ 1 枚 YTUMP ＋ 1 枚 ITRUMP（ITRUMP 裡的「I」代表「invalid」，意思之後再解釋），並在 Catnip 平台賣掉 YTUMP。

---

95. DAI 是由去中心化自治組織 MakerDAO 管理的「穩定幣」，在設計上與美元維持大致恆定的相對價值。

起初我只知道第一種方式。但我後來發現，Balancer 上 YTUMP 的流動性高很多，所以我就改用第二種方式。

還有另一個問題，就是我沒有任何 DAI 幣。我有以太幣，我可以賣掉換取 DAI 幣，但我不想讓自己的以太幣曝險，要是我賭川普輸贏了 5 萬美元，卻因為以太幣的價格波動損失 50 萬美元，就得不償失了。所以我決定在 MakerDAO 設立一份債務擔保合約（collateralized debt position，簡稱 CDP，現在也稱為「金庫」〔vault〕），避免影響以太幣的價格曝險。

DAI 只能靠 CDP 來產生：使用者將以太幣存入智慧合約後，可以提領一部分新產生的 DAI，最高金額為使用者所質押以太幣的三分之二。只要將之前領出的 DAI 金額傳回去，加上額外的利息（目前為 3.5%），就能換回以太幣。

如果你存入的以太幣擔保品價值下降到低於所提領 DAI 價值的 150%，任何人都可以介入「清算」你的金庫，強迫你賣以太幣贖回 DAI，並向你收取高額罰金。

由此可知，擔保比率最好維持在高檔，以防價格突然波動。我每提領 1 美元的 DAI，就會在 CDP 裡放超過 3 美元的以太幣。

總結以上，流程如下頁圖表所示：

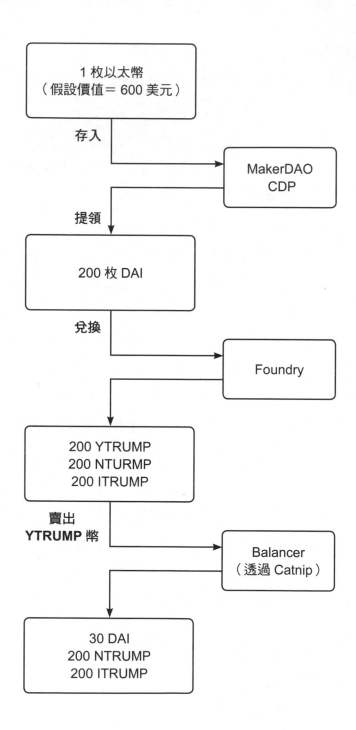

我操作了好幾次。由於 Catnip 平台會發生滑價，價格不太差的時候，我可以交易的金額，最高通常約在 5 千至 1 萬美元之間（我若不透過 Foundry，而是直接用 DAI 購買 NTRUMP，最多大概只能交易近 1 千美元）。兩個月後，我累積了超過 367,000 枚的 NTUMP 幣。

別人為什麼不買呢？

　　在我投入之前，我對於為什麼願意購買 0.85 美元 NTUMP 幣的人寥寥無幾，主要有四個推測：

❶ 擔心 Augur 智慧合約違約，或川普支持者操控預言機（這是 Augur 平台上一種去中心化機制，持有 REP 幣的人可將代幣押在其中一種結果上，進行投票），從而導致結果失真。

❷ 資金成本：要購買這些代幣，你的資金要被鎖住超過兩個月，這段時間你不能動用那些資金，或將其投資在其他可獲利的交易上。

❸ 對大部分的人來說交易技術過於複雜。

❹ 即使機會擺在眼前，真的有足夠動機把握奇怪投資機會的人，比我想像的真的少很多。

以上這四點都有合理的解釋。這裡的智慧合約確實有違約風險，Augur 預言機不曾經歷如此備受爭議的情況。資金成本也是真的，雖然因為你知道價格不會超過 1 美元，在預測市場下對賭注會比在股票市場容易，但無論如何，只要鎖住資金，你就不能將其投資於加密市場上其他更有利可圖的標的。此外，透過 DApp 進行交易是一項複雜的技術，而對未知抱持一定的恐懼也是合理的。

但實際投入資金冒險，並看著市場價格演變，這些經驗讓我對這幾點假設有了更深入的理解。

對智慧合約漏洞的恐懼

起初我想，「對智慧合約漏洞的恐懼」一定是很重要的理由。但隨著時間過去，我愈來愈相信，這應該「不是」主因。從比較 YTRUMP 幣和 ITRUMP 幣的價格，可以說明我為什麼得出這個結論。ITRUMP 幣代表「川普無效」，而「無效」這個結果在某些特殊情況下會被觸發：事件的描述模稜兩可、市場結束時的事件結果仍然未知、市場不道德（例如暗殺市場），以及其他幾種類似情況。在這個市場中，ITRUMP 幣的價格始終不高於 0.02 美元。如果有人想要透過攻擊市場來獲利，以 0.02 美元買進 ITRUMP 幣，比以 0.15 美元買進 YTRUMP 幣有利得多。如果他們購入大量 ITRUMP 幣，並能

迫使「無效」結果真的發生，他們可以賺 50 倍的報酬。因此，假如你擔心有人發動攻擊，買進 ITRUMP 幣是目前最合理的反應。儘管如此，卻沒什麼人買 ITRUMP 幣。

反對「對智慧合約漏洞的恐懼」的另一項理由當然是，在「預測市場以外」的所有加密應用中（例如：Compound、各種流動性挖礦機制〔yield-farming scheme〕），人們對智慧合約風險的無感程度令人驚訝。如果大家願意為了區區 5-8% 的年報酬率，將錢投入各種具有風險又未經檢驗的機制，為何突然之間小心翼翼？

資金成本

我比以前更加體會到，扣住一大筆金錢不能用，會帶來什麼不便和機會成本，這也正是資金成本。單從 Augur 平台的角度看，我需要鎖住 308,249 枚 DAI，平均鎖住兩個月，才能賺取 56,803 美元的利潤，等於 175% 的年利。目前為止，報酬還算不錯，甚至不比 2020 年夏天的各種流動性挖礦熱潮遜色。但如果考慮到我要在 MakerDAO 平台做的事，報酬就沒那麼好了。因為我不想改變以太幣的曝險，所以我得透過 CDP 取得 DAI 幣，而且想要安全地使用 CDP，擔保比率必須大於三倍。因此，我「實際上」需要鎖住的資金在 100 萬美元左右。

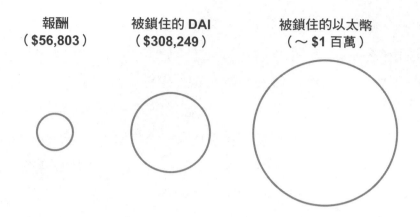

報酬
（$56,803）

被鎖住的 DAI
（$308,249）

被鎖住的以太幣
（～ $1 百萬）

　　這樣，利率就沒那麼好了。即使加入其他可能性，像是智慧合約遭駭客攻擊，或發生完全意料外的政治事件（不論機率多低，都真的「有可能」發生），利率依舊看起來不太好。

　　即便如此，以三倍扣留資金和百分之三的 Augur 違約機率來看（我購入 ITRUMP 幣，以防發生「無效」導致違約的結果，這樣我就只需要擔心資金全部被偷或是「翻盤成功」的風險），發生「風險中立」的機率為 35%，而且如果你將人類對風險的觀點納入考量，機率甚至更低。不過，這仍然是非常誘人的一筆交易。但另一方面，這也清楚說明了，幣圈的人習慣了動輒百倍漲跌，對他們來說，這樣的報酬數字沒有吸引力。

　　另一方面，川普支持者不需要面對前述挑戰：他們只要丟 6 萬美元，就能抵銷我的 308,249 美元（因為要扣手續費，我贏來的錢不到這個數字）。包括這個例子在內，很多時候當機率接近 0 或 1，局勢會對試圖讓機率遠離極端值的一方**非常有利**。這不只說明了川普陣營的情況，也說明了為什麼各種受小眾歡

迎、根本沒什麼勝算的候選人，經常會獲得 5% 的勝率。

技術複雜性

剛開始，我嘗試在 Augur 平台購入 NTRUMP 幣，但因為使用者介面的技術問題，導致我無法直接透過 Augur 下單（我問過其他人，他們都沒有這個問題……我仍然不清楚是怎麼一回事）。Catnip 的使用者介面好用許多，而且運作非常順暢。但 Balancer（和 Uniswap）這類自動化造市商非常適合小額交易（大額交易的滑價會太多）。這絕對是廣義的「AMM 與訂單簿之爭」的小宇宙：AMM 比較方便，但訂單簿真的更適合大額交易。Uniswap 第三版即將引入資金效率較高的 AMM 設計，讓我們拭目以待它是否真的有所改進。

技術還有其他複雜的地方，幸好都很容易解決。Catnip 這類介面沒有道理無法將「DAI → Foundry → 賣出 YTRUMP」的途徑整合至合約，讓你用一筆交易購入 NTRUMP 幣。

事實上，這個介面甚至可以檢查「DAI → NTRUMP」和「DAI → Foundry → 賣出 YTRUMP」的價格和流動性，幫你自動完成比較好的一筆交易。甚至可以把從 MakerDAO 的 CDP 提領 DAI 加入這個流程。我對這件事的結論是樂觀的：這一回合，科技複雜性對人們的參與形成了真正的阻礙，但未來隨著科技進步，操作將變得更簡單。

對知識信心不足

現在我們剩最後一個可能性了：許多人（尤其是聰明的人）得了一種過度謙虛的病，一下子就認定如果沒有人這麼做，一定有不值得這麼做的好理由。

艾利澤・尤科斯基在他很棒的著作《不充分的均衡》（*Inadequate Equilibria*）後半部說明了這點。他提出有太多人過度秉持「謙虛認識論」，我們應該更樂於依照自己的推理判斷去行動，即使推理的結果顯示絕大多數人不理性、太懶惰或對某件事的看法有錯，你也要相信自己。我第一次讀到這些段落時並不相信他的話，我認為艾利澤太傲慢了。但有了這次經驗，我看見了這個論點所展現的智慧。

這不是我第一次親身體會應該要相信自己的判斷。剛開始開發以太坊的時候，我本來很煩惱，害怕一定有什麼理由導致計畫以失敗告終。邏輯告訴我，一條完全可以程式化的智慧合約區塊鏈，顯然會為這項技術帶來長足的進展，在我之前一定有很多人想過。所以我認定，只要我公開這個點子，許多聰明絕頂的加密技術專家會告訴我，關於以太坊這樣的技術為何無法實現的根本理由。然而，一直到現在，都沒有人對我說起這件事。

當然，不是每一個人都有過度謙虛的困擾。許多在預測中贊同川普將會勝選的人，可說是被自己過度為反對而反對的想法給欺騙了。我的初生之犢不畏虎幫到了以太坊，但如果大家

能在智識上更謙虛、避免掉更多錯誤，會有更多計畫受惠。

　　儘管如此，我非常確信，一如知名詩人葉慈所說：「最好的人全無信念，而最糟糕的人滿是強烈熱情。」過度自信或為反而反都有可能出問題——不論是哪種問題，在我看來，我們不該向社會散播「全盤相信學術機構、媒體、政府、市場的既有做法就是最佳辦法」的訊息。這些機構之所以能運作，正是因為有其他人認為它們無法運作，或它們有時候也會出錯。

▲這人沒有過度謙虛的困擾。

關於未來治理機制的一課

我從親身經歷認識到資金成本的重要，以及資金成本與風險的互動關係，這也讓我在評判未來治理機制這類系統時，有了重要的依據。未來治理機制以及範圍更廣的「決策市場」，都是非常重要的預測市場應用，而且或許會對社會大有幫助。預測下一任總統是誰的準確度略微提高，並不會產生多大的社會價值，但**條件式預測**（conditional prediction）的社會價值就很大了：

> 如果我們做出 A 行為，衍生出好事 X 的機率多高；如果我們轉為做 B 行為，這個機率又是多高？

條件式預測的重要性在於，這些預測不只滿足我們的好奇心，還能幫助我們制定決策。

而選舉預測市場雖然沒有條件式預測那麼實用，卻有助於釐清一個重要的問題：這類市場是否足夠強健，得以抵擋人為的操弄，甚至是抵擋偏見和錯誤的看法？

我們可以透過檢視套利的難易度來回答這個問題：假設（你認為）某個條件式預測市場目前給出的事件機率「不對」（可能因為交易者的資訊不足或顯然受到操弄；但這些都沒關係），那麼你能藉著矯正事態發揮多少影響力，又能從中獲利多少？

讓我們用具體的例子來看。假設我們想要透過預測市場從決策 A 和決策 B 當中挑一個，而這兩種決策都有機會達成某個期望的結果。假設你認為決策 A 有 50% 的機率達成目標，決策 B 有 45% 的機率，但市場認為（在你看來是錯的）決策 B 有 55% 的機率達成目標，決策 A 只有 40% 的機率。

選擇該策略並達成目標的機率……	當前市場的看法	你的看法
A	40%	50%
B	55%	45%

假設你只是個小咖，個人投入的賭金無足輕重，只有當眾多參與打賭者採取同樣的行動時，才會影響結果。那麼，你應該投入多少錢下注？

這裡要運用的標準理論是凱利準則（Kelly criterion）[96]。基本上，你應該要盡可能擴大資產的期望對數。也就是說，可以這樣求解：假設你拿比例 r 的金錢，以一枚 0.4 美元的價格，買進 A 代幣。從你的角度看，你的新資產期望對數為：

```
0.5 x log [(1-r) + r/0.4] + 0.5 x log (1-r)
```

---

96. 由美國科學家約翰・凱利（John Kelly）所提出的數學公式，旨在根據輸贏機率，計算出賭注在資本中的最佳占比，使長期資本增長率最大化。

前半部的 50%（從你的觀點看）機率代表你贏錢，而且你投入比例 r 的資金成長了 2.5 倍（你以 0.4 美元買代幣）；後半部的 50% 則是未贏錢的機率，你會失去投入的賭金。我們可以由此計算出 r 值最大時，答案是 r = 1/6。如果其他人買進 A 代幣，A 代幣在市場上的價格上升到 47%（B 代幣下降到 48%），我們可以重算一遍，當最後這一名交易者試圖扭轉市場，使其偏向「有利於 A」的正確結果時，他的報酬會是多少：

```
0.5 x log [(1-r) + r/0.4]+ 0.5 x log (1-r)
```

此時使資產期望對數最大化的 r 只有 0.0566。結論很清楚：當決策很接近，又有很多雜訊的時候，在市場投入你資金裡的一小部分，才是最明智的投資方式。然而，這還是在假定人是理性的情況下，實際上，多數人在不確定賭局中投注的資金，會低於凱利準則認為他們應該投入的資金。如果再把資金成本納入考量，差距會拉得更大。不過，倘若攻擊者基於某些個人理由，真的想蠻幹，讓 B 結果發生，他可以直接拿所有資金去買 B 代幣。從各方面來看，賭局很有可能偏向攻擊者那邊，而且偏斜程度高達 20 比 1。

當然，實際上攻擊者很少願意將所有資金押在同一個決策上。此外，未來治理機制也不是唯一易受攻擊的機制：股票市場也很容易遭受攻擊，而有錢人若決意攻擊，也能以各種方式操弄非市場的決策機制。儘管如此，我們對於未來治理機制能

否將決策的準確度推向新高，仍應該抱持謹慎的態度。

　　有趣的是，數學似乎顯示，當預料中的操弄者想要將結果推向極端值，未來治理機制似乎是最有效的抵禦方式。類似例子有責任保險：若有人想要以不正當的方式領取保險金，將會導致市場預估不利事件發生的機率降為零。責任保險正是未來治理機制發明人羅賓・漢森最近最支持的政策處方。

預測市場能更上層樓嗎？

　　最後一個問題是：預測市場是否注定重蹈覆轍，一再出現慘烈的失誤──像是在 12 月初，預測川普有 15% 的機率能推翻選舉結果；甚至當最高法院（包括他任命的三位法官）要他罷手時，這個機率仍有 12%？或者，市場會隨著時間進步？我的答案出奇樂觀，而我會這麼想，有幾點理由。

◆ 市場會進行天擇

　　首先，這些事件帶我重新認識市場效率與理性實際上是如何達成的。市場效率理論的擁護者經常說，市場效率來自於多數參與者是理性的（或至少理性的人多於任何一群被蒙蔽的人），雖然這句話被人廣為接受，但或許我們應該改從「演化」的觀點去理解真實世界的狀況。

加密生態系還很年輕。儘管伊隆・馬斯克（Elon Musk）[97]近來在推特上發表不少言論，但幣圈還是一個尚未與主流緊密結合的生態系，裡面還沒有太多選舉政治的詳細專業知識。選舉政治專家尚未打入幣圈，這裡有很多為反而反的言論，其內容不見得正確，尤其是政治方面。但 2021 年幣圈上演的狀況是，正確預測拜登當選的預測市場用戶，資金增加了 18%，錯誤預測川普當選的預測市場用戶，資金則全數歸零（或至少投入賭局的資金歸零）。

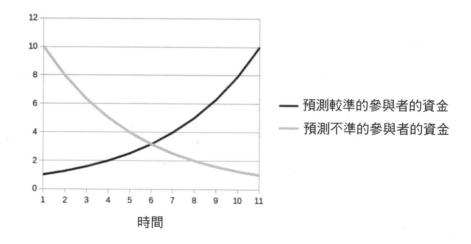

預測較準的參與者的資金
預測不準的參與者的資金

時間

　　因此，預測市場會有「淘汰」的壓力，對下注於正確結果的人較為有利。經過十輪較量之後，厲害的預測者會有更多下

97. 沒錯，是指億萬富翁伊隆・馬斯克。只要他一在推特上發表有關加密貨幣的貼文，加密貨幣的市值就有可能劇烈波動。

注資金，糟糕的預測者的下注資金則會減少。這無關乎誰「變聰明」或「學到教訓」，也無關乎其他對於人類推理和學習能力的假設，這單純是淘汰的力量運作的結果——善於預測的參與者將主宰這個生態系。

請注意，預測市場在這方面的表現比股票市場好：股市「暴發戶」經常誕生自一筆獲利千倍的幸運交易，導致市場上充斥著雜訊；但在預測市場，價格只會落在 0 和 1 之間，任何單一事件所能產生的影響都相當有限。

◆ 參與者素質與技術的提升

其次，預測市場本身也會改善升級。使用者介面本身已有長足進步，而且會繼續更上層樓。複雜的「MakerDAO → Foundry → Catnip」循環將會簡化為一筆交易操作。區塊鏈的擴充技術也會改進，降低參與的手續費。

第三，預測市場能夠正確運作會是很好的展示，可以化解參與者的憂懼。使用者將會看見，即使在爭議十足的情況中，Augur 預言也能產生正確的結果（這次有兩輪爭議，但最後由反方俐落地贏了）。幣圈外的人將看見這套過程順利運作，因而逐漸傾向投入參與。說不定就連奈特·席佛本人都會在 2022 年或之後買進一些 DAI 幣，利用 Augur、Omen、Polymarket 或其他市場來增加收入。

第四，預測市場的技術本身是可以改進的。我個人在這裡

所提出的市場設計，可以讓市場資金更有效率地同時對許多不太可能發生的事件下注，幫助預防不太可能發生的結果出現不理性的高機率。將來一定還會出現其他構想，我很期待能看到更多朝此邁進的實驗。

結論

事後證明，這一長串事件是對預測市場，以及市場如何與複雜的個體和社會心理碰撞的初步測試，非常有意思。它帶我們深入認識市場效率的實際運作情形、市場效率的侷限，以及如何改進。

它也是區塊鏈力量的有力證明。對我來說，事實上，這是實際價值最高的以太坊應用。區塊鏈經常被人批評是用來投機的玩具，是一場自嗨的遊戲（在流動性挖礦機制中，代幣的報酬來自於……其他代幣的發行），毫無意義可言。這些批評當然忽略了某些情況，像是 ENS 就讓我大有助益，而且我有好幾次信用卡完全派不上用場，卻能用以太幣付款。不過，過去這幾個月來，似乎冒出許多以太坊應用，既實用又能與實體世界連結，而預測市場就是其中一個關鍵的例子。

2020 年只是開端而已，預測市場在未來將成為愈來愈重要的以太坊應用。我預期，人們會對預測市場更感興趣，除了用於選舉，也會將其用於條件式預測、決策制定和其他用途。預

測市場若能依照數學邏輯順利運作，將會為我們帶來非凡的前景，但它勢必也將繼續與人類現實的侷限碰撞。我希望隨著時間演進，我們會更清楚知道，這項新的社會技術究竟能帶來多大的價值。

特別感謝傑夫‧柯爾曼（Jeff Coleman）、卡爾‧弗羅、施羅賓‧漢森幫忙閱讀本文，並給予批評指教。

正當性是最稀缺的資產

比特幣與以太坊生態系在網路安全上（這是工作量證明機制挖礦的目標）花費的金錢，遠超過其他所有事項的花費總額。比特幣區塊鏈自第一天起，平均每天支付給礦工 3,800 萬美元的區塊獎勵，而且每天大約產生 500 萬美元的手續費。以太坊區塊鏈緊追在後，每天產生 1,950 萬美元的區塊獎勵，以及 1,800 萬美元的手續費。

在此同時，以太坊基金會用於支付研究費用、協定開發、獎金和各種開銷的年度預算，只有區區 3,000 萬美元。也有其他非以太坊基金會提供的資金，但只有少數幾次高於這個預算數字。比特幣生態系在研發方面的支出可能更少，其研發資金多半來自公司行號（目前為止共募得 2 億 5 千萬美元），研發團隊約有 57 名員工。假設去掉高額薪水，並且撤除支薪開發者

受雇於公司的可能性，則大約剩下每年 2,000 萬美元。

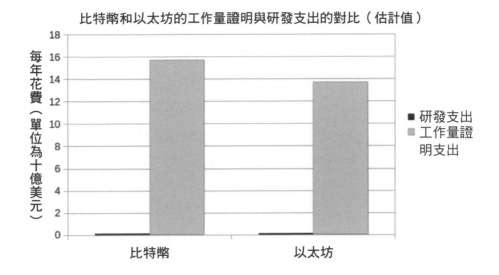

比特幣和以太坊的工作量證明與研發支出的對比（估計值）

顯然，這是**資源嚴重分配不均**的一種支出模式。網路雜湊算力最低的 20% 為生態系帶來的價值，大幅低於將相同資源用於研究和核心協定開發的價值。所以我們為什麼不將工作量證明預算削減 20%，重新分配到其他事項呢？

這個謎題的標準答案牽涉到「公共選擇理論」和「謝林圍牆」的概念：就算我們可以輕易找出某些極具價值的公共財，並為了一勞永逸，而將部分資金重新分配至這項公共財，但要將這樣的決策變成「制度化的固定模式」，卻有產生政治混亂和遭到政治操控的風險，長期而言並不值得。但不論原因為何，擺在我們眼前的有趣事實是：**比特幣和以太坊生態系這樣的有機體有能力匯集數十億美元的資金，卻對資金的用途設下**

了奇怪又令人費解的限制。

是什麼社會力量如此強大，足以促成這種結果？這個問題值得探討。我們接下來將會看到，這股社會力量也能解釋，為什麼以太坊生態系最初能集結資源，但採用相同技術的以太坊經典（Ethereum Classic）[98] 卻無法辦到；同時，它也是幫助區塊鏈從 51% 攻擊恢復的關鍵，更是各種威力強大的機制所賴以存在的基礎，其影響範圍遠遠超出了區塊鏈的世界。

我把這股強大的社會力量稱為**正當性**。（legitimacy），以下將來說明箇中原因。

透過社會契約持有代幣

若想深入了解這股力量，其中一大案例就是 Steem 和 Hive 區塊鏈的史詩級事蹟。2020 年初，孫宇晨（Justin Sun）買下 Steem 公司，雖然不等於買下 Steem 區塊鏈，但仍然持有約總量 20% 的斯蒂姆幣。斯蒂姆社群並不信任孫宇晨，於是他們發起鏈上投票，正式制定一項長期有效的「君子協議」，規定為了斯蒂姆區塊鏈的共同利益，Steem 公司持有的代幣必須以信託的形式持有，且不得用於投票。孫宇晨隨即找上持有斯蒂姆

---

98. 這是以太坊區塊鏈的分支。這個分支並沒有採用「硬分叉」的方式，去消除 2016 年 The DAO 駭客事件的影響。以太坊經典在 The DAO 駭客事件發生前和以太坊是同一條鏈，之後便與以太坊分離。

代幣的交易所，並在它們的援助之下發動反擊，進而掌握了足以單方面控制該區塊鏈的代表權。斯蒂姆社群眼見沒有其他協定內的因應措施，只好選擇分叉。分叉後的區塊鏈稱為 Hive，完整複製了斯蒂姆幣的帳本，並排除掉孫宇晨和參與攻擊者的代幣。

▲ Hive 上面有許多種應用程式。假如它們無法做到這種程度，可以想見將會有非常多使用者留在斯蒂姆區塊鏈或轉移到其他計畫。

我們可以從這起事件學到一個教訓：**斯蒂姆公司從未真正「持有」代幣。**不然的話，他們應該要能夠隨心所欲地使用、享受甚或濫用代幣。但實際上，當斯蒂姆公司試圖濫用代幣而違背了社群的偏好時，**竟然被社群給擋下了。**這個情況出現的模式，我們也能在尚未發行的比特幣和以太幣獎勵身上看見：代幣的所有權最終仰賴的不是加密金鑰，而是某種「社會契約」。

我們可以將這個邏輯推演到其他多種區塊鏈結構。例如，ENS根域多重簽章[99]，這個根域多重簽章機制由七名ENS和以太坊主要社群成員所控制。假如其中四名成員聚在一起「升級」註冊機構，規定註冊機構將所有最佳網域轉移給他們呢？在ENS智慧合約的系統裡，他們絕對擁有這樣的能力，但如果他們膽敢濫權，大家都知道會發生什麼事：社群會將他們驅逐，而剩下的成員會建立新的ENS合約，將網域交還給原本的持有者，並讓以太坊上所有使用ENS的應用程式都把使用者介面重新導向新合約。

　　智慧合約架構之外也是這樣。馬斯克為什麼能賣「馬斯克推特貼文」的NFT，貝佐斯卻不能？依馬斯克和貝佐斯的能力，兩人都可以對馬斯克的推特貼文進行螢幕截圖，並將截圖貼到NFT DApp裡，當中的差別是什麼？凡是對人類社會心理（或對贗品）稍有了解的人都很清楚答案：馬斯克賣的「馬斯克推特貼文」是「真品」，貝佐斯賣的不是。在這裡，數百萬美元之所以受到控制和分配，不是因為某些人或某些加密金鑰的作用，而是因為社會對正當性的認知。

　　進一步來說，正當性的影響及於各式各樣的社會地位賽局、知識論述、語言、財產權、政治體系和國界。就連區塊鏈共識也是這樣運作的：社群認可的「軟分叉」之所以不同於

99.「根域多重簽章」是一種用於控制特定合約的以太坊錢包。此處的合約是ENS系統管理合約。

「51% 審查攻擊」，唯一的區別就在於正當性；倘若發生後者的情況，社群將會在協定外展開協作，以分叉來復原區塊鏈，並趕走攻擊者。

那什麼是正當性？

想要了解正當性如何運作，我們需要深入探討某些類型的賽局理論。生活中有許多狀況需要人們展現**協調合作的行為**：如果只有你一個人做某件事，你也許什麼都得不到（甚至使情況變糟），但如果大家一起做，就能達到期望的結果。

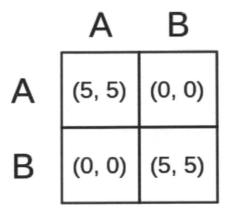

	A	B
A	(5, 5)	(0, 0)
B	(0, 0)	(5, 5)

▲一場抽象的協調賽局。與其他人採取一致的行動，將獲得極大的好處。

舉個常見的例子，就是車輛靠左行或靠右行：行駛哪一邊其實並不重要，只要大家都一樣就行了。假如你同時跟其他人

一起改開另一邊，而且大部分的人都偏好新規則，整體而言是利大於弊。但如果只有你改開另一邊，不論你對這麼做的偏好有多強烈，對你來說結果將是利小於弊。

現在，我們可以來定義正當性是什麼了：

正當性是一種高階的接納模式。當某個社會中的人普遍接受並落實某個結果，這就是這個社會上「具有正當性」的結果；而每個人之所以願意這麼做，是因為他們預期別人也會這麼做。

正當性是在合作賽局中自然產生的現象。如果你不處在合作賽局中，你並不需要預測他人的行動再據以行事，所以正當性並不重要。不過，我們已知社會裡隨處可見合作賽局，所以正當性其實相當重要。幾乎所有環境只要長期存在合作賽局，都必定具備某些引導人們做選擇的機制。這類機制的運作仰賴某種既存的文化規則：每個人都會留意機制如何運作，並且（通常會）依此行事。每個人都將如此推論：其他人都會遵守機制，要是自己做出不一樣的行為，只會引起衝突和傷害，或至少會引發分叉，讓自己被孤立在空無一人的生態系裡。假若某個機制能夠成功使人做出特定抉擇，那這就是具正當性的機制。

任何合作賽局存在已久的環境中，都可能存有正當性的概念。**而區塊鏈世界正充斥著各種合作賽局。**你要執行哪一種客戶端軟體？你要採用哪一種去中心化的網域名稱註冊機制？而

哪些位址能對應到有「.eth」的名稱？你用哪個版本的 Uniswap 合約來執行「Uniswap 交易所的協定」[100]？

就連 NFT 都是一種合作賽局，其價值主要來自兩個部分：

❶ 持有 NFT 的驕傲感和能夠炫耀你持有 NFT。
❷ 將來出售的可能性。

不管哪個理由，你入手的 NFT 都一定要被大家承認是「具有正當性」的 NFT。在這些例子裡，與大家意見一致可帶來極大的好處，而有能力決定賽局均衡點的機制將擁有很大的權力。

正當性的相關理論

正當性可以透過許多方式來建立。一般來說，擁有正當性的東西對多數人都具有吸引力；但當然，人的心理感受相當複雜。我們不可能將關於正當性的所有道理統統寫出來，不過會先從以下幾種開始了解：

---

100. 以「.eth」結尾的域名屬於以太坊域名系統。這個域名註冊機構會將網域名稱連結至以太坊地址。Uniswap 是以太坊上以智慧合約協定方式運作的代幣交易平臺；任何人都可以複製或修改這個開放原始碼軟體。

◆ 憑暴力取得正當性

若某人能說服其他人相信，他擁有足以施展意志的力量，要反抗他非常困難，那麼大部分的人都會因此屈服，因為大家都預期其他人也不敢反抗。

◆ 憑時間延續取得正當性

假設某件事在時間點 T 是正當的，這樣的正當性會自動延續到時間點 T+1。

◆ 憑公平取得正當性

某項事物有可能因為人們直覺上認定公平而取得正當性。這部分可參考我討論可信中立的文章，但請留意，除了可信中立，公平還有其他的形式。

◆ 憑程序取得正當性

如果某個程序是正當的，那麼這個程序產出的結果也會取得正當性（例如，經民主程序通過的法律具有正當性）。

◆ 憑表現取得正當性

當某個過程產生了令人滿意的結果,則這個過程可能會取得正當性(例如,成功的獨裁政權取得正當性)

◆ 憑參與取得正當性

當人們參與決策時,他們更有可能認定決策的結果具有正當性。這和公平有些類似,但又不太一樣:其中的關鍵在於人類心理上渴望後續的態度能與先前的一致。

請注意,正當性是一種主觀的概念,就連你個人認為糟糕透頂的事物都可能具有正當性。儘管如此,如果認為結果糟糕透頂的人達到一定的人數,那麼將來發生某個事件導致結果失去正當性的機率就會上升——剛開始正當性通常是逐漸流失,之後突然一夕崩塌。

正當性是強大的社會技術,應該善加利用

公共財募資在幣圈的情況非常糟糕。這裡有上億美元的流通資金,但這些資金所仰賴的關鍵公共財,每一年卻只收到幾千萬美元挹注。

Vlad "1 bitcoin = 1 million bits" Costea @TheVladCostea · Mar 1 · · ·
This is the way. I'm always happy when devs get the rewards they deserve.
We all freeload on their work and learn from their expertise.

> 🎭 NAKED FACE ✚ 🌐 bullbitcoin.com ✓ @francispouliot_ · Mar 1
> Bull Bitcoin and Wasabi Wallet have teamed up to award a no-strings
> attached $40k Bitcoin development grant to Luke-Jr (@LukeDashjr).
>
> Thank you Luke for your work maintaining Bitcoin Knots and your
> tireless dedication to the decentralization of Bitcoin!
>
> medium.com/bull-bitcoin/b…
> Show this thread

◯ 1   ⇄ 4   ♡ 28   ⬆

▲ Vlad 說:「此乃我輩之道。我向來樂見開發者拿到應得的報酬。我們都
平白享受了他們的成果,並從他們的專業中學到東西。」NAKED FACE
回應:「Bull Bitcoin 交易所和 Wasabi Wallet 錢包平台聯手將 4 萬美元的
比特幣開發基金無條件贈與開發者 Luke-Jr(@LukeDashjr)。Luke 謝謝
你維護 Bitcoin Knots 錢包,以及不辭辛勞地為比特幣去中心化付出!」

Collaborating for Philanthropy

This is why **zkSNACKs**, alongside **Francis Pouliot**, CEO of Bull Bitcoin, have come
together to make a .86 bitcoin, or $40,000 contribution (split evenly between the two
companies) in **support of the growth and development of Bitcoin Knots** - an open
source enhanced bitcoin node/wallet software. More specifically, Bitcoin Knots is a Bitcoin
full node and wallet software which can be used as an alternative to the more popular
Bitcoin Core.

One of Bull Bitcoin's core values is "skin in the game".

> *Cypherpunks write code, but cypherpunks don't always get paid. We can't
> expect the world's most talented experts to contribute indefinitely without financial
> compensation. If the companies that profit from Bitcoin open-source development
> don't provide the necessary funding, who will? ~ Francis Pouliot*

▲在 Wasabi Wallet 的一篇公告中,以「為慈善協作」(Collaborating for
Philanthropy)為標題的段落寫道:「此即 zkSNACKs 以及 Bull Bitcoin 執
行長 Francis Pouliot 聯手捐贈 0.86 顆比特幣/ 4 萬美元(兩間公司均分)
支持 Bitcoin Knots 成長與開發的理由── Bitcoin Knots 為開放原始碼的
增強型比特幣節點/錢包軟體。更具體地說,Bitcoin Knots 是比特幣全節
點暨錢包軟體,可用於取代普及度更高的比特幣核心。」公告同時寫道:
「Bull Bitcoin 的核心價值裡有『切身之痛』原則。」
Francis Pouliot 表示:「密碼龐克撰寫程式碼卻不一定拿得到錢。我們不
能期待全世界最優秀的專家永遠無償貢獻。如果連從比特幣開放原始碼開
發獲利的公司都不提供必要的經濟支援,還有誰會提供?」

針對這個情況，有兩種回應的態度。第一種是對這種侷限感到自豪，同時也對社群努力避開這種侷限的英勇——即使效果不佳——感到驕傲。這似乎是比特幣生態系經常採取的態度：

　　比特幣團隊犧牲自己為核心開發提供資金固然令人敬佩，但艾里伍德‧基普喬蓋（Eliud Kipchoge）兩小時內跑完馬拉松比賽也很令人敬佩——雖然他展現出驚人的堅毅精神，但交通運輸的未來並不在此（或以我們的話題來說，公共財募資的未來不能仰賴這種精神）。就像我們有更好的科技，可以讓人們不必有超凡毅力和多年訓練，也能一小時移動 412 公里，**我們應該也要把焦點放在打造更棒的社會技術，讓我們能依照需要的規模為公共財募資，而且這項技術要能完整融入經濟生態，並非只是一閃即逝的慈善計畫。**

　　現在，讓我們回到加密貨幣。加密貨幣（以及其他數位資產，例如網域名稱、虛擬土地和 NFT）的主要力量來自於不需要任何私人捐款，也能讓社群匯集到大筆資金。不過，**資金受制於正當性的概念**：你不可能在不損及資金價值的情況下，隨意將資金分配給中心化的團隊。雖然比特幣和以太坊確實已在運用正當性的概念去對抗 51% 攻擊，想用正當性的概念將協定內的資金引導至公共財卻困難許多。不過，隨著新協定不斷出現在各種應用層（application layer），使其愈來愈豐富，資金能夠流向哪裡也變得靈活許多。

比特股與正當性

比特股的社會共識模型被大家遺忘已久，但這個幣圈早期構想在我看來極具新意。根據比特股自己的說法，比特股社群（PTS 與 AGS [101] 持有者）基本上是願意集體支持新計畫生態系的一群人。但任何新計畫若要成功打入這個生態系，必須將代幣供給量的 10% 撥給現有的 PTS 和 AGS 持有者。

現在，當然每個人都可以設計不撥代幣給 PTS 和 AGS 持有者的計畫，甚至分叉出「會撥付代幣，但會將那些代幣移除」的計畫。但正如丹·拉里默（Dan Larimer）所說：

> 你不能強迫任何人做任何事，在這個市場裡，這完全是一種網路效應。如果某人想出某個說服力十足的執行計畫，那麼你可以將新創世區塊的生成成本分攤給整個 PTS 社群。決定從零做起的人得圍繞著自己的系統，去打造一整個新社群。考量到網路效應，我推測發揚 ProtoShares 的代幣將會勝出。

這也是正當性的概念：任何撥代幣給 PTS 和 AGS 持有者的計畫將會獲得社群的關注和支持（而且每個社群成員會因為

---

101. PTS（全稱 ProtoShares）是比特股區塊鏈計畫早期為了融資而發行的原生代幣，持有者可在新計畫誕生時以 PTS 按比例兌換比特股；後來比特股改發 AGS（全稱 AngelShares）為比特股計畫募資，參與者可用比特幣或 PTS 購買 AGS，將來再以 AGS 換回比特股。

其他成員也在關心，而認為應該要關心這項計畫），不撥代幣的計畫則不會獲得關注和支持。**好，我們當然不會想要原封不動地複製這樣的正當性──以太坊社群並不樂見一小群早期採用者致富──但我們可以把核心概念調整成更具社會價值的應用方式。**

將這個模型延伸至以太坊

區塊鏈生態系（包括以太坊）重視自由和去中心化，但很遺憾地，這些區塊鏈的公共財生態仍然多半既是中心化的，又仰賴權威來推動：不論是以太坊、Zcash 還是其他主要區塊鏈，通常都有一個（或至少兩到三個）實體組織，提供遠超過所有人的資金，給獨立團隊幾個打造公共財的選項。我將這種公共財募資模式稱為「公共財的中央資金協調模式」（Central Capital Coordinators for Public-goods，簡稱 CCCPs）。

發生這樣的事態並不是這些組織本身的錯，他們通常只是英勇地盡力支持這個生態系。實際上，問題在於生態系的規則要求這些組織遵守不合理的高標準，對他們並不公平。任何一個中心化組織都一定會有盲點，而且八成會搞不清楚其中某些事項和團隊的價值所在。但這不是因為組織內有人做錯了什麼事，而是因為人類的小團體本來就不可能完美。因此，若能建立更多元又韌性更強的公共財募資途徑，幫助單一組織卸除壓力，將會極具價值。

　　幸好，我們已經擁有發展這類途徑的種子！以太坊擁有日漸強大的應用層生態系，而且已經展現出公共精神了。Gnosis 等公司已經為以太坊客戶端的發展做出貢獻，而且各式各樣的以太坊 DeFi 計畫也已經捐了數十萬美元給 Gitcoin Grants 配比池（matching pool）[102]。

---

102. 配比池 matching pool，其功用在於將投資者的資金與需要募資的計畫或公司配對。通常會額外提供與捐款配對的資金，以鼓勵投資者參與。當投資者根據意願或投資條件，將資金投入配比池，配比池會考量綜合因素，按比例分配資金。

Gitcoin Grants 已經取得很高的正當性：它的公共財募資機制「平方募資法」已經證明符合可信中立，而且可有效反映社群的價值觀與偏好的優先順序，填補現有募資機制的不足。有時候，在 Gitcoin Grants 配對名列前茅的資金收受者甚至可以鼓勵其他比較中心化的捐助者提供資金。以太坊基金會本身扮演支持實驗與多元化的關鍵角色，扶植 Gitcoin Grants、MolochDAO 和其他計畫進一步在更廣大的社群之間獲得支持。

我們可以透過參考比特股模型並加以修改，讓這些剛萌芽的公共財募資生態系更強壯：不是讓社群力挺撥付代幣給一小群在 2013 年入手 PTS 或 AGS 的寡頭政治集團，**而是支持能將部分資金貢獻給公共財的計畫——這些公共財正是這些計畫以及支持它們的生態系得以存在的基礎**。而且最重要的一點在於，我們可以拒絕資助從現有計畫分叉出去，卻不回饋大生態系的計畫。

支持公共財的方式有很多：長期承諾支持 Gitcoin Grants 配比池、支持以太坊客戶端發展（這也是合理的可信中立任務，因為以太坊客戶端有明確的定義），甚至可以執行範圍超越特定應用層程式的資助計畫。至於怎樣的支援才足夠，最簡單的決定方式就是對金額達成一致的共識——例如，把計畫的 5% 開銷用於支持大生態系，另外 1% 分配給區塊鏈以外的公共財——並秉持善意決定資金的流向。

社群真的有那麼多籌碼嗎？

想當然，這類社群的支持能產生的價值有限。如果與其競爭的計畫（甚或現有計畫的分叉）給了使用者更多好處，那麼不管有多少人高聲疾呼，要使用者轉為支持其他更有利於社會的計畫，他們依然會向那些競爭的計畫靠攏。

但不同情境所受的限制不同。有時候社群的籌碼較少，但有時候籌碼很多。Tether 和 DAI 是這方面的有趣案例。Tether 有許多醜聞，儘管如此，交易者仍然一直使用 Tether 來持有和轉移資金。而比較去中心化和透明的 DAI，儘管有許多好處，卻仍然無法從 Tether 搶走太多市占率，至少交易者這方面占不到便宜。但 DAI 在應用方面表現優秀：Augur 使用 DAI、xDAI 使用 DAI、PoolTogether 使用 DAI、zk.money 規劃使用 DAI，名單還不只這些。那麼，有哪些 DApp 在使用 USDT？少多了。

因此，雖然由社群驅動的正當性效應並非威力無窮，但仍然擁有足夠的籌碼，足以鼓勵各計畫至少將一小部分的預算撥給廣大的生態系。人們甚至可以出於自私的理由，參與促成這樣的均衡：如果你是以太坊錢包的開發者，或播客節目的製作人，或新聞通訊業者，當你看見兩項彼此競爭的計畫，其中一項對整個生態系的公共財貢獻良多，另一項卻毫無建樹，你會協助哪一項計畫以取得更多的市占率？

NFT：支持存在於以太坊之外的公共財

透過社會大眾支持的正當性概念，藉由「出自以太幣」產生價值，再以此支持公共財，這種概念的價值所及範圍遠超過以太坊生態系。其中，NFT 是當前一種重要的挑戰與機會。NFT 很有可能對各種公共財大有幫助——尤其是創作類型的公共財——至少能部分解決資金長期不足的系統性問題。

▲標題寫著：「傑克‧多西（Jack Dorsey）的首則推文售價可能高達 250 萬美元，他會將這筆 NFT 收入捐作慈善用途」。V 神評論：「確實是非常值得讚揚的第一步。」

但人們也可能錯用機會：協助馬斯克出售推特貼文賺進另一個 1 百萬美元並沒有多少社會價值，我們都知道這筆錢只會進他的口袋（這裡要稱讚他一下，最後馬斯克決定不出售推特

貼文）。假如 NFT 只是變成賭場，讓原本就很有錢的名人占盡好處，這樣的結果實在沒意思。

幸好，我們能夠為結果的塑造出一份力。人們有興趣購買的 NFT 是什麼、不感興趣的 NFT 是什麼，是正當性的問題：如果大家都同意，某個 NFT 引人注意，另一個不吸引人，那麼大家會強烈偏好購入第一個 NFT，因為擁有這個 NFT 可以讓你到處炫耀，並以身為持有者為傲。而且因為大家都這樣想，所以你能以更高的價格轉售 NFT。如果 NFT 正當性的概念可以往好的方向運用，我們就有機會為藝術家、慈善機構等建立更穩健的募資管道。

以下提出兩種可能的構想：

❶ 某些機構（甚至 DAO）可以「加持」NFT，以此交換 NFT 保證將一部分的收益用於慈善用途，確保多個團體同時獲得好處。我們甚至可以為這種「加持」進行正式的分類：某個 NFT 是致力緩解全球飢荒、投入科學研究、藝術創意、在地新聞、開源軟體開發、邊緣社群賦權還是其他理念？

❷ 我們可以與社群媒體平台攜手合作，讓 NFT 在用戶個人檔案上更顯眼，這樣一來，購買 NFT 的人不只可以透過文字，還可以用辛苦賺來的血汗錢彰顯他們致力支持的價值。這裡可以與第一點結合，鼓勵使用者購買為重要社會目的貢獻的 NFT。

我們一定還有其他可以發揮的構想，這絕對是值得積極協調與好好深思的領域。

總結

- **正當性（高階接納）的力量非常強大。** 任何需要協調合作的場域都存在正當性的問題，尤其是在網路這個充滿協作的地方。
- 正當性的來源：**暴力、時間延續、公平性、程序、表現和參與** 是其中幾種重要的來源。
- 加密貨幣的力量來自它能透過眾人的集體經濟意願匯集一大筆資金，而這些資金最初並不受任何人所控制。**這些資金池（pools of capital）受正當性的概念直接約束。**
- 在基礎層直接印代幣為公共財募資風險太高。所幸，以太坊有非常豐富的**應用層生態系**，這裡有更多彈性。部分原因在於我們不只有機會影響現有的計畫，還能塑造將來成形的新計畫。
- **支持社群公共財的應用層計畫應該獲得社群的支持**，這件事非常重要。DAI 的例子[103]顯示這樣的支持至關重要！

---

103. 如前面順帶提到的，DAI 的母公司 MakerDAO 透過關注公共財的 Gitcoin 資助計畫，獲得了早期資金。

- 以太坊生態系關心機制設計與社會層面的創新。以太坊生態系本身的公共財募資挑戰是個非常好的起點！
- 這不僅僅是以太坊的挑戰。NFT 是依正當性的概念成形的大型資金池。**NFT 產業可以大大嘉惠藝術家、慈善機構和其他公共財提供者**，範圍遠超過我們這一小片虛擬世界。不過，**這樣的未來並非天生註定，而是仰賴人們的積極協作與支持。**

特別感謝卡爾・弗羅施（Karl Floersch）、Aya Miyaguchi 與席里先生（Mr. Silly）提供想法、意見回饋及閱讀文章。

比吉尼係數更合用的指標

　　吉尼係數（又稱吉尼指數）是目前用於衡量不平等程度，最受歡迎也最廣為人知的一種方式；它常被用來衡量某個國家、地區或其他社群的所得或財富是否均等。吉尼係數受歡迎是因為我們可以按照它的數學定義簡單畫圖，使其視覺化，變得更好懂。

　　然而，任何試圖將不平等簡化成一個數字的做法都有其侷限，吉尼係數也是如此。即使遵照吉尼係數當初發明時的用途，將它用於「衡量國家的所得與財富不均等程度」，這個問題仍然存在；若將吉尼係數挪用到其他情境（尤其是加密貨幣），問題則更為嚴重。我將在這篇文章談談吉尼係數的某些限制，並提出其他的替代方案。

什麼是吉尼係數？

　　吉尼係數於 1912 年，由科拉多‧吉尼（Corrado Gini）所提出，可用於衡量不平等程度。一般用來評估國家的所得與財富不均等，但也逐漸應用於其他情境。

　　吉尼係數有兩個意義相同的定義：

‧**以曲線上方的面積定義**：繪製函數圖形，其中，f(p) 等於收入最低的人口所賺取的所得，在總所得中的占比（例如，f(0.1) 代表收入最低的 10% 人口所賺取的所得，在總所得中的占比）。吉尼係數是該曲線與直線 y = x 之間的面積，為整個三角形當中的一部分。

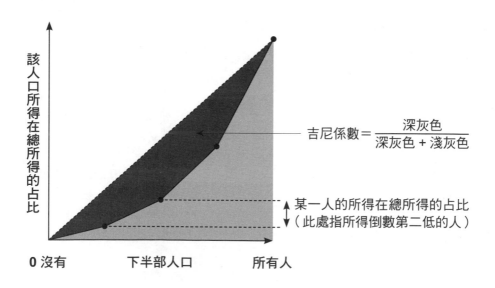

- **以平均差定義**：吉尼係數是所有「任兩人之間的所得平均差」的一半，再除以所得的平均值。

以左頁圖為例，四個人的所得分別為 [1, 2, 4, 8]，共可得出 16 種可能的差值 [0, 1, 3, 7, 1, 0, 2, 6, 3, 2, 0, 4, 7, 6, 4, 0]，其平均差為 2.875，而平均所得為 3.75，因此吉尼係數＝

$$\frac{2.875}{2 \times 3.75} \approx 0.3833$$

結果，兩種定義會計算出一樣的數值（如何證明就留給讀者當作練習！）

吉尼係數的問題

吉尼係數的魅力在它已經算是相當簡單易懂的統計數值了。也許你覺得看起來不太簡單，但相信我，幾乎所有探討任意規模母體的統計算式都這麼複雜，而且比這更可怕的大有人在。瞧瞧下面這個基礎的標準差公式：

$$\sigma = \frac{\sum_{i=1}^{n} x_i^2}{n} - \left(\frac{\sum_{i=1}^{n} x_i}{n}\right)^2$$

這個則是吉尼係數的公式：

$$G = \frac{2 \times \sum_{i=1}^{n} i \times x_i}{n \times \sum_{i=1}^{n} x_i} - \frac{n+1}{n}$$

這其實是很平易近人的公式了，真的！

那吉尼係數的問題究竟出在哪？這個嘛，很多地方都有問題，也已經有人寫過許多文章探討了。在這篇文章裡，我要集中來談吉尼係數比較缺乏討論的一個問題，而這個問題與分析網路社群的不平等現象息息相關。**吉尼係數將兩個其實不太一樣的問題結合成單一個探討不均等的指數：「資源匱乏產生的痛苦」以及「權力集中」的問題。**

想要更清楚理解這兩個問題之間的差異，請看看下面這兩個反烏托邦：

· 反烏托邦 A：一半人口均分所有資源，其他人一無所有。
· 反烏托邦 B：一個人擁有全部資源的一半，其他人均分剩下的一半。

右頁是這兩個反烏托邦的羅倫茲曲線（Lorenz curves），跟前面看見的圖形一樣漂亮：

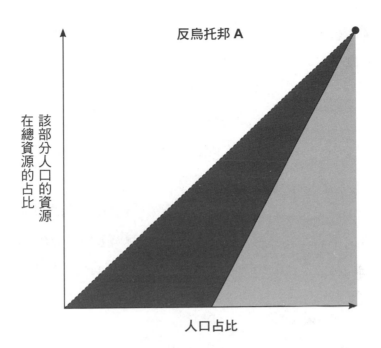

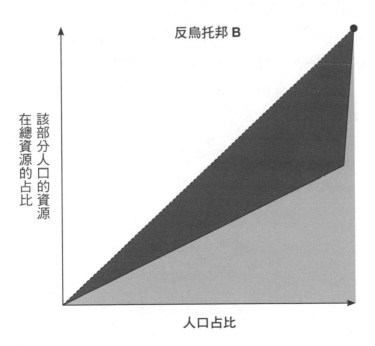

這兩個反烏托邦社會顯然都不適合居住，但兩者不適合的原因非常不一樣。反烏托邦 A 讓每一位居民都碰碰運氣，如果落入所得分配的左半邊，將面對駭人聽聞的大規模飢荒，但如果落入右半邊，就能過著人人平等的和諧生活。如果你是薩諾斯[104]，你應該會很喜歡！但如果你不是，應該會避之唯恐不及。

　　另一方面，反烏托邦 B 類似於「美麗新世界」：每一個人都過著相當不錯的幸福生活（起碼快速掃視大家擁有的資源會覺得還不錯），但高昂的代價就是這個社會的權力結構非常不民主，你最好祈禱遇到好的統治者。如果你是柯蒂斯・亞文（Curtis Yarvin）[105]，你應該會很喜歡！但如果你不是，應該也避之唯恐不及。

　　這兩個問題的差別很大，而且不只是關於理論，因此應該要分開來分析和評估。右圖顯示的是所得最低 20% 的人口，其所得在總所得的占比（這是衡量能否避開反烏托邦 A 的好指標），以及最高 1% 人口的所得在總所得的占比（這是衡量有多接近反烏托邦 B 的好指標）：

104. 在漫威漫畫裡，為了取悅死亡女神（Mistress Death），而消滅宇宙一半人口的人物。
105. 擁護新君主制的部落客，以及點對點伺服器平台 Urbit 的開發者。

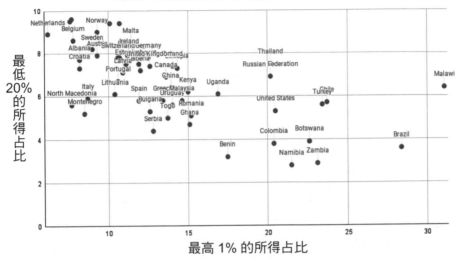

▲資料來源:https://data.worldbank.org/indicator/SI.DST.FRST.20(2015
年與 2016 年資料合併)以及 http://hdr.undp.org/en/indicators/18610

　　兩者之間顯然是相關的(相關係數 -0.62),但談不上完全
相關(統計學權威顯然認為「高度相關」的最低門檻是 0.7,係
數還不到 0.7)。

　　上圖還有第二個值得分析的有趣之處:「最高 1% 人口囊括
總所得 20%、最低 20% 只占總所得 3%」的國家,與「最高 1%
人口囊括總所得 20%、最低 20% 只占總所得 7%」的國家,兩
者之間差別在哪?呃,相關分析最好還是交給其他胸懷大志又
比我更有經驗的人,去做資料與文化的探險吧。

為什麼吉尼係數用於非地域性社群問題很大？

在區塊鏈的世界裡，財富集中度是一個值得我們評估與探究的重大問題。這對整個區塊鏈世界來說很重要，因為許多人（包括美國參議院聽證會）正在釐清，加密貨幣是否真的反菁英，抑或某程度上只是讓新的菁英取代舊有菁英。這也是比較不同加密貨幣的一項重點。

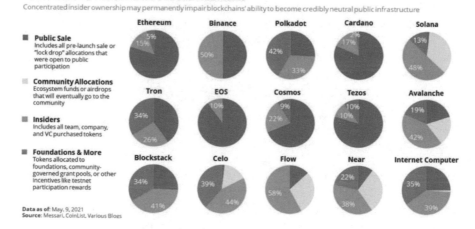

▲加密貨幣初次供給時直接分配給特定內部人士代幣，也是一種不平等。請注意，以太坊的資料有一點錯誤：內部人士和基金會的份額應該是 12.3% 和 4.2%，不是 15% 和 5%。

大家如此關心這些議題，難怪很多人嘗試計算加密貨幣的吉尼係數，但並非所有加密貨幣的吉尼係數都像 2014 年這篇聳動文章說的那麼糟糕：

比特幣有多像北韓

喬‧魏森索爾 Jan 13, 2014, 12:04 AM
（Joe Weisenthal）

花旗集團貨幣分析師史蒂芬‧英格蘭德（Steven Englander）推出一份長篇週日報告，談論大家最愛的主題：數位貨幣。

他在報告中，針對比特幣世界極端不平等的情況，發表了重要言論。

北韓的朝鮮中央通訊社

　　這類分析除了經常犯下常見的方法論錯誤（不是將所得不均與財富不均混為一談，就是將使用者與帳戶混為一談，或兩種錯誤都犯了），在運用吉尼係數進行這類的比較時，還會發生一個深層且微妙的問題。而這個問題在於典型的地域性社群（例如城市、國家）與典型的網路社群（例如區塊鏈）之間存有關鍵差異。

　　典型的地域性社群居民會將大部分的時間和資源用於社群，因此衡量地域性社群的不平等，反映的是人們可取得的總資源的不均程度。**但在網路社群裡，我們看到的不平等，源頭有兩個：(1) 不同參與者可取得的總資源的不均程度，以及 (2) 不均等的社群參與意願。**

　　一般人如果手上只有 15 美元法幣，代表他是窮人，沒能力過好日子；但一般人如果手上只有 15 美元加密貨幣，則代表他是業餘玩家，開錢包只是為了好玩。興趣有大有小是健康的，

每個社群都有業餘玩家，也有沒日沒夜投入的死忠粉絲。因此，假如某個加密貨幣的吉尼係數很高，但不均等主要來自興趣上的不均等，那麼吉尼係數所反映出來的情況，就不像那篇文章的標題所指的那麼可怕。

加密貨幣（甚至包括金權政治傾向極高的加密貨幣）並不會將世界的任何地方變成接近於反烏托邦 A 那樣。不過，分配情況糟糕的加密貨幣可能會很像反烏托邦 B，如果將代幣投票治理用於協定決策，問題還會更複雜。因此，為了查出幣圈最擔憂的問題，我們需要更能具體評估加密貨幣是否接近反烏托邦 B 的指標。

分開評估「反烏托邦 A」與「反烏托邦 B」

衡量不平等的另一種方式是直接估算資源未能平均分配所造成的痛苦（即「反烏托邦 A」問題）。

首先，以某個效用函數表示擁有一定數量金錢的價值，而 log(x) 是很多人都知道的函數，這種概略的計算與我們的直覺相符，它代表著：以任何金額來看，所得加倍所產生的效用是一樣的。由 1 萬美元增加至 2 萬美元的效用增加幅度，等於由 5 千美元增加至 1 萬美元，也等於由 4 萬美元增加至 8 萬美元。因此，計算後得出的結果是「當每個人都剛剛好擁有平均所得，所減損的效用」：

$$\log\left(\frac{\sum_{i=1}^{n} x_i}{n}\right) - \frac{\sum_{i=1}^{n} \log(x_i)}{n}$$

第一項（平均數的對數）是所得妥善重新平均分配後，每一個人的效用，它表示每一個人都賺取了平均值的收入；第二項（對數的平均值）是經濟體目前的平均效用。相減之後得出：將資源單純用於個人消費下，不均等所造成的效用損失。

這項公式還有其他的定義，而這些定義接近於等價（例如，安東尼・阿特金森〔Anthony Atkinson〕1969 年的論文，提出「公平分配的同等所得水準」指標「U(x) = log(x)」只不過是前述公式的單調函數，而泰爾 L 指數與前述公式在數學上完全相等）。

若要衡量集中度（或「反烏托邦 B」問題），賀芬達指數（Herfindahl-Hirschman index）則是很好的起點：

$$\frac{\sum_{i=1}^{n} x_i^2}{\left(\sum_{i=1}^{n} x_i\right)^2}$$

已經有人用這個指數去評估產業裡的經濟集中度。如果你是視覺型學習者，請看下圖：

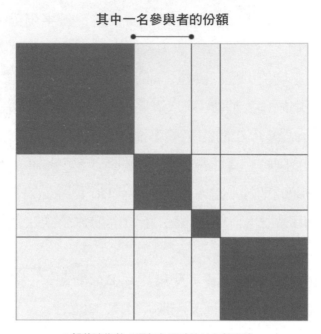

其中一名參與者的份額

▲賀芬達指數：深灰色區域除以全部區域。

還有其他可替代的指標。泰爾 L 指數具備某些類似的特性，但也有些相異之處。而中本聰係數比較簡單也比較笨：參與者加起來至少要超過總人數的 50%。要留意，這三種集中指數的焦點主要都放在接近頂端的人（這是刻意的）：眾多持有少量資源的業餘玩家對指數沒有多大的影響力，但排名前二的參與者若進行整併，就會大幅改變指數。

對幣圈來說，採用上述指數的理由顯而易見，畢竟資源集

中才是幣圈系統面臨的一大風險，某人僅僅持有 0.00013 枚代幣，並不能代表他正在挨餓。即使我們談的是國家，也應該在討論和評估時，將權力集中和缺乏資源產生的痛苦區分開來。

儘管如此，**到了某些時候我們甚至必須跳脫這些指數**。因為全力集中造成的破壞，不只是一條關於行為者規模的函數，它在很大程度上也取決於行為者之間的關係，以及它們互相勾結的能力。

同樣地，資源的分配也仰賴網路：如果某個缺乏正式資源的人可以使用非正式網路，那麼缺乏資源就不一定那麼有害。

不過，處理這些議題的挑戰性更高，因此在我們所能運用的資料仍然不多之際，確實還需要有更簡單的指標工具才行。

特別感謝巴納貝‧蒙諾特（Barnabé Monnot）與甄天虹（Tina Zhen）幫忙閱讀文章並給予意見回饋。

好的投票制度

　　這一年來，區塊鏈世界出現一項重要趨勢：**人們從關注去中心化金融（DeFi）轉變為同時思考去中心化治理（DeGov）。**2020 年被許多人封為「DeFi 之年」（這麼說很有道理），之後幾年，引領趨勢的 DeFi 計畫日益複雜、能力範圍逐漸擴大，也促使大家開始關心，如何以去中心化治理因應 DeFi 的複雜性。

　　例如，在以太坊裡，YFI、Compound、Synthetix、UNI、Gitcoin 以及其他應用，都推出或開始嘗試某種 DAO。以太坊外也有這樣的例子：比特幣現金的基礎設施募資提案，大零幣（Zcash）的基礎設施募資投票等，都出現爭論的聲音。

　　不可否認，正式化的去中心化治理愈來愈受大家歡迎，人們之所以感興趣有其重要理由，但我們也必須銘記這類機制的風險。Steem 曾被惡意收購，導致用戶大規模出走成立 Hive，

就說明了一切。

接下來，我會進一步論證上述趨勢無可避免。**去中心化治理在某些情境中既有其必要又很危險**，我將在本篇文章探討個中原因，說明要如何才能享受去中心化治理的好處，同時盡可能降低風險，而解決問題的關鍵就在：**超越現有形式的代幣投票。**

去中心化治理有其必要

自從 1996 年發表了〈網路空間獨立宣言〉（Declaration of Independence of Cyberspace）[106] 以來，便存在所謂「密碼龐克意識形態」的重大矛盾，而且始終未解。一方面，密碼龐克的價值觀在於運用加密技術，盡可能減少強制力的運用，並盡量讓「私有財產制和市場」這種當前主要的非強迫型協調機制提高效率，也擴大其運用範圍。另一方面，私有財產制和市場的經濟邏輯最適用的活動，必須可以「分解成」重複性的一對一互動，但在藝術、資料記錄、科學、程式這類資訊領域，其性質卻剛好完全相反──其生產及消費仰賴無從簡化的一對多互動。

---

106. 網路倡導運動先驅、死之華合唱團（Grateful Dead）前作詞人約翰・佩里・巴洛（John Perry Barlow）為了回應美國國會通過對網路的限制法案，而在達沃斯世界經濟論壇（World Economic Forum in Davos）上發表的宣言。

這樣的環境本身有兩個關鍵問題需要解決：

- **為公共財募資**：當某個計畫可以造福社群中一大群不特定的對象，但卻沒有商業模式可以應用（例如第一層和第二層協定研究、客戶端開發、文件記錄……），這類計畫如何獲取資金？
- **協定維護與升級**：協定的升級，以及對協定中長期不穩定的部分（例如安全資產清單、價格預言機資料來源、多方運算金鑰持有者）進行定期維護與調整作業，這些事項要如何達成共識？

　　早期的區塊鏈計畫大多忽略了這兩項挑戰，彷彿唯一重要的公共財就只有網路安全。這一點，可以透過將單一演算法永遠寫死來實現，並支付固定的工作量證明獎勵。這樣的募資方式起初可行，因為比特幣在 2010 到 2013 年價格飆漲，接著 2014 年到 2017 年首次代幣發行時又暴漲一次，同時發生了第二次加密貨幣泡沫，使得加密貨幣生態系變得相當富裕，足以暫時掩蓋市場效率嚴重低落的問題。

　　公共資源的長期治理同樣遭到忽視：比特幣採取極端簡化的路線，只把焦點放在供給固定數量的貨幣，以及確保系統支援閃電網路（Lightning）這類第二層付款系統，除此之外就沒有其他的事情了。而在以太坊這邊，因為有正當性很強的既定路線圖（基本上是「權益證明與分片」），而且尚未出現需要更

多資源的複雜應用層計畫，所以以太坊除了一個特例 [107] 之外，大多數的時間都持續和諧地發展。

但現在，那樣的好運快要用完了，我們所面臨到的重大挑戰包括：協調協定的維護與升級，為文件記錄、研究、開發募資，以及避免中心化的風險。公共財募資需要去中心化治理

我們有必要往後退一步，看看目前的情況有多荒謬。以太坊每天發出的挖礦獎勵約為 13,500 枚以太幣（以當時的價格計算，約為 4 千萬美元）。交易手續費同樣很高，除了 EIP-1559 燒毀 [108] 的部分，每天持續大約燒毀 1,500 枚以太幣（約 450 萬美元），形同每年有數十億美元的資金用於維護網路安全。

那以太坊基金會的預算是多少？大約每年 3 千萬到 6 千萬美元。雖然有一些非以太坊基金會的參與者（例如 ConsenSys）為開發作出貢獻，但規模沒有大多少。比特幣的情況類似，他們對非安全性公共財的投資可能甚至更少。

請見下頁這張熟悉的圖表：

---

107. 即 The DAO 駭客攻擊事件。
108. 此處指 2021 年改變燃料費市場結構的「以太坊改進提案」（Ethereum Improvement Proposal）。

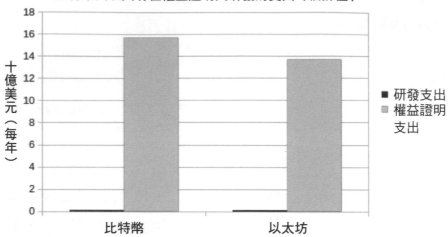

比特幣與以太坊在權益證明與研發的支出（估計值）

十億美元（每年）

■ 研發支出
■ 權益證明支出

比特幣　　　　　　　以太坊

在以太坊生態系，你可以合理地說這個差距不是那麼重要。每年數千萬美元的資金「足以」滿足研發需求，花更多的錢不見得會更好，因為制定協定內開發者募資機制，就平台的可信中立而言，風險大於益處。然而，在許多規模較小的生態系裡（包括以太坊內的生態系，以及其他完全無關的區塊鏈，例如 BCH 和大零幣），相同的爭論也正在延燒，而且在規模較小的環境裡，失衡與否的影響是天壤之別。

接下來，我們要談談 DAO。從一開始就以「純粹」DAO的形式推出的計畫，可以同時具備先前所無法並存的屬性：

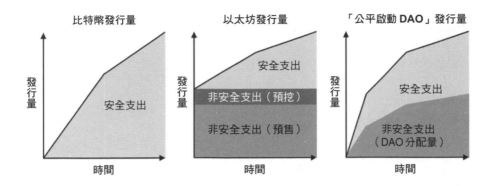

❶ 充足的開發者資金。

❷ 符合可信中立的募資,也就是各類計畫都很想達到的
「公平啟動」(fair launch)。DAO 不仰賴接收位址寫死在程
式碼裡的開發者募資模式,而是讓 DAO 自行決定資金如
何運用。

計畫的啟動當然很難完全做到公平,而且資訊不對稱引起
的不公平,往往會比直截了當預挖礦所引起的不公平更糟糕
(很少人有機會在 2010 年底供給量達 1/4 前就聽過比特幣,從
這個角度看,比特幣的啟動真的公平嗎?)。但即使如此,從
第一天就為非安全性公共財提供協定內補償,應該會是非常重
要的一步,得以讓開發者的募資更充足、更符合可信中立。

協定的維護與升級需要去中心化治理

除了公共財募資，協定的維護與升級也是同樣需要治理的重要問題。雖然我提倡盡可能減少非自動化參數調整（參見後面的「有限治理」一節），而且我是 RAI [109]「無為而治」策略的粉絲，但有些情況不可能完全沒有治理活動。價格預言機的輸入資料必須來自某個地方，而且來源偶爾需要更改，直到協定「固定」成最終的樣子為止。在那之前，總是必須以某種方式協調以尋求進步。有時候協定的社群可能「認為」自己已經準備好「固定下來」，世界卻突然出招，使社群不得不以有爭議的方式徹底重組。要是美元崩盤了呢？ RAI 將必須趕緊打造和維持自己的去中心化 CPI，來維持穩定幣的穩定度和重要性。在這方面，去中心化治理也有其必要性。因此，完全不考慮去中心化治理，並非可行方案。

關鍵差異在於是否可能實現鏈下治理 [110]。我一直都是可行鏈下治理方案的支持者。事實上，在基礎層區塊鏈，鏈下治理絕對可行；**但對應用層的計畫而言，尤其是去中心化金融的計畫，會遇到「應用層智慧合約系統通常直接控制外部資產，而那樣的控制無法分叉」的問題。**如果 Tezos 區塊鏈的鏈上治理

---

109. RAI 是穩定幣，但不像 DAI 或 USDT 釘住美元這一類的「法定」貨幣。RAI 的目標在提高穩定性，同時仍能反映標的加密貨幣市場的變動。

110.「鏈上」治理是指透過區塊鏈協定直接投票和進行其他決策活動；「鏈下」治理可以指基金會和公司這類運作機制、對 DAO 的寡頭控制、非正式魅力型權威、耳語網路（whisper network）等。

落入駭客手中，社群只要付出（確實很高的）協作成本，不必承擔其他損失就能完成硬分叉。如果 MakerDAO 的鏈上治理落入駭客手中，社群絕對可以簽署新的 MakerDAO 合約，但他們將會失去所有的以太幣，以及其他被困在現有 MakerDAO CDP 裡的資產。因此，雖然鏈下治理對基礎層和某些應用層計畫會是好的解決方案，但許多應用層計畫（尤其是去中心化金融的計畫）一定會需要某種形式的正式鏈上治理機制。

去中心化治理有風險

然而，目前所有去中心化治理實例都有很高的風險。有在追蹤我文章的人應該對這個話題並不陌生。代幣投票有兩大問題讓我擔心：

❶ 即使未受駭客攻擊，也有不平等和誘因不符的問題。
❷ 透過各種（通常難以辨別的）買票手法直接攻擊。

前者已經有人提出許多減緩措施（例如委任制），而且還會有更多因應辦法出現；但後者這個房間裡的大象更危險，而且我在目前的代幣投票模式裡還看不見解決的辦法。

◆ 未遭攻擊時的代幣投票問題

大家已經漸漸清楚，在沒有明顯攻擊者的情況下，代幣投票也會發生問題。主要分成以下幾類：

- **富裕參與者組成的小團體（「大鯨魚」）比多數小額持有者更能成功執行決策**：原因出在小額持有者會面臨公眾的悲劇：每一名小額持有者對結果的影響力很小，因此要求他們不要懶惰、真的去投票，誘因非常小。即使投票可以領取獎勵，能讓他們研究並好好思考如何投票的誘因也還是很小。
- **代幣投票治理以社群的其他部分為代價，賦予代幣持有者與代幣持有集團權力**：協定社群由各種選民組成，他們擁有許多不同的價值觀、願景和目標。但代幣投票只會賦權給一種選民（代幣持有者，尤其是持有大量代幣的人），導致即使可能出現有害的利潤榨取（rent extraction）行為，代幣價格的提升仍會受到過多重視。
- **利益衝突問題**：賦予某一群選民（代幣持有者）投票權，尤其是讓選民中的富有行動者權力過大，會承擔太多特定菁英族群發生利益衝突的風險（例如，投資基金或持有者同時持有其他去中心化金融平台的代幣，而該平台與進行投票的平台有互動往來）。

有一種主要策略可以解決第一個問題（因此減輕第三個問題）：委任制。小額持有者不必自己判斷每個決定，他們可以委託給值得信任的社群成員。這是高尚且值得一試的實驗，委任能否成功減緩問題、減緩程度如何，我們拭目以待。

▲我在 Gitcoin DAO 的投票委託頁面。

另一方面，代幣持有者中心化的問題挑戰性更高，而這一直是「以代幣持有者投票為唯一資料輸入」的系統的固有問題。人們誤認為代幣持有者中心化是預期的目標，而非一項錯誤，這樣的誤解已經造成了混淆與傷害。一篇討論區塊鏈公共

財（大致相當優秀）的文章抱怨[111]：

> 如果所有權集中在少數大鯨魚手裡，加密協定還能算公共財嗎？這些市場原始架構有時俗稱為「公共基礎設施」，但今天要說區塊鏈為「大眾」服務，主要是指去中心化金融的代幣持有者。基本上，這些代幣持有者關心的共同議題只有幣價而已。

這個抱怨說得不對。區塊鏈服務的大眾遠超過去中心化金融代幣持有者的範圍，對象更多元。然而，我們所採行以代幣投票驅動的治理系統完全無法掌握這點，除非從根本上改變這個模式，否則似乎難以打造能掌握這種豐富性的治理系統。

◆ 代幣投票易受攻擊的根本弱點：買票

如果有攻擊者下定決心推翻系統，問題會更嚴重。代幣投票的基本弱點很容易理解。**代幣投票協定裡的代幣是將兩種權利綑綁在一項資產裡：(1) 協定收益的某種經濟利益；(2) 參與治理的權利。這麼做是刻意的，目的在協調權力與責任。但事實上，要拆開這兩種權利相當容易。**想像有一份封裝合約這樣規定：如果你將一枚 XYZ 代幣存入合約裡，你可以獲得一枚

111. 資料來源：Sam Hart, Laura Lotti, and Toby Shorin, "Positive Sum Worlds: Remaking Public Goods," Other Internet (July 2, 2021).

WXYZ 代幣。那一枚 WXYZ 代幣可以隨時換成 XYZ 代幣，而且會派息。利息從哪裡來？這個嘛，雖然 XYZ 代幣存放在包裹式合約裡，但合約可以用代幣任意參與治理活動（提案、對提案投票等）。合約只要每天拍賣這項權利即可獲利，並將利潤分配給原始儲戶。

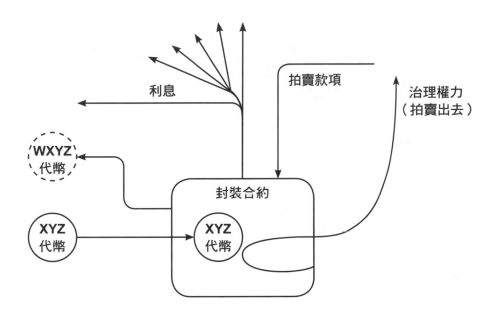

身為 XYZ 代幣持有者，將代幣存入合約，是否與你的利益相符？如果你持有大量的 XYZ 代幣，也許這麼做並不符合你的利益；你想收利息，但會擔心與你有不同利益的行為者不知道會如何運用你售出的治理權力。但是如果你持有的 XYZ 代幣數量很少，存入代幣就對你非常有利了。要是封裝合約拍賣的治理權力被攻擊者買走，關於你的代幣所衍生的糟糕治理決定，

身為個人的你只要承受總代價的一小部分，但你能獲得治理權拍賣分派給個人的完整利息。這是典型的公眾悲劇。

假設攻擊者追求利益，做出破壞 DAO 的決定。若攻擊者得逞，將使每一名參與者受到損害 D，而每一票導致這個結果的機率為 p。假設攻擊者付出賄賂 B。這場賽局的報酬圖如下：

決策	你的利益	其他人的利益
接受攻擊者的賄賂	$B - D \times p$	$-999 \times D \times p$
拒絕賄賂，依照良心投票	0	0

如果 $B > (D \times p)$，你會傾向於接受賄賂；而只要 $B < (1{,}000 \times D \times p)$，收賄行為就會「對群體」造成損害。因此，如果 $p < 1$（p 通常遠低於 1），攻擊者就有機會賄賂使用者接受淨值為負的決定，且每一名使用者收到的補償遠低於他們承受的損失。

對於賄選的擔憂，一般人通常會批評：選民真的會如此罔顧道德，接受明擺的賄賂嗎？一般 DAO 代幣持有者都是懷抱熱情的人，他們很難如此公然出賣計畫卻沒有一絲不安。但這麼說忽略了有更多賄賂手法難以一眼分辨出來，而且這些手法可用於劃分收益權和治理權，也不需要任何像封裝合約那麼明顯的間接介入手段。

最簡單的例子，是向去中心化金融借貸平台（例如，Compound）借用代幣。手中已有以太幣的人可以透過這些平台

將以太幣鎖入債務擔保合約（CDP），之後債務擔保合約會允許他們借出最高某個數量（例如，所存入以太幣價值一半）的 XYZ 代幣，供他們自由運用。最後當他們想要贖回以太幣時就要償還借出的 XYZ，再加上利息。

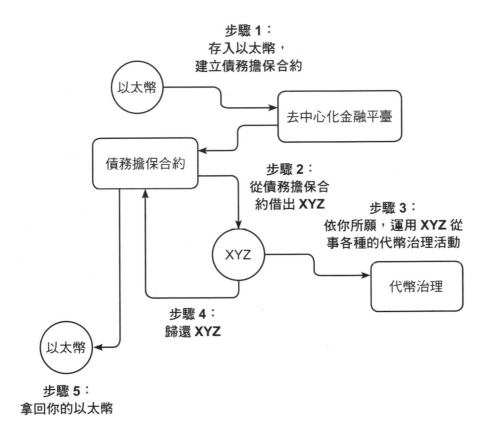

請注意，在這個流程裡，「借款方不須承擔 XYZ 的財務風險」。也就是，如果他們拿 XYZ 代幣投票支持會破壞 XYZ 價值的治理決策，並不會因此損失任何一毛錢。他們持有的 XYZ

代幣最後無論如何都要還給債務擔保合約，所以他們並不關心代幣的漲跌。**如此一來權利就分家了：借款方擁有治理權力、沒有經濟利益，而出借方擁有經濟利益、沒有治理權力。**

還有一些中心化機制可以將利潤分享權和治理權拆開。尤其是當使用者將代幣存入（中心化的）交易所，由其全權託管，交易所可以使用那些代幣參與投票。這不僅僅是理論，已有證據顯示交易所在若干 DPoS 系統中使用使用者的代幣。

有些 DAO 協定使用時間鎖定技術去限制這類攻擊，要求使用者鎖定代幣，在一定時間內不能動用代幣才能參加投票。這些技術可在短期限制攻擊者採用「購入代幣、投票、出售代幣」的模式，但使用者終究可以透過發行包裝代幣的合約去持有代幣和投票，用這種方式繞過時間鎖定機制（或用更簡單的方法，交給中心化的交易所）。**從安全機制的角度來看，時間鎖定技術比較像新聞網站上的付費牆，而不是一把鎖和鑰匙。**

目前，許多採用代幣投票機制的區塊鏈和 DAO，都已經想出辦法來防範最嚴重的攻擊，但，偶爾還是會出現試圖賄賂的跡象：

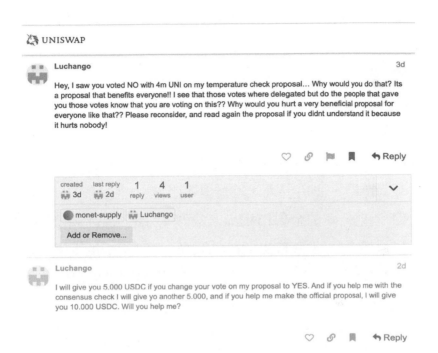

▲在這則截圖訊息中，帳號 Luchango 的使用者試圖說服對方投票支持，他提到：「如果你對我的提案改投贊成票，我就給你 5 美元。幫我通過共識檢查，再給你 5 美元。如果幫我正式提案，就給你 10 美元。你願意幫我嗎？」

　　儘管存在這些嚴重問題，幣圈卻沒有演變成簡單的經濟學推導所顯示的那樣。我們很少看見公然賄選的例子，即使是金融市場賄賂這類難以分辨的手法也不常見。這令人不禁想問：為何沒有發生更多公然攻擊的事件？

　　關於「為何還沒發生」，我認為取決於三項權變因素。這些因素目前具有影響力，但日後的作用可能會減少：

❶ **社群精神**：社群關係緊密，每一個人都感受到身處同一個部落，充滿邁向同一個任務的同志情誼。

❷ **財富高度集中以及代幣持有者彼此協調**：持有大量代幣的人比較有能力影響結果，而且比較會將錢投資於與其他人建立的長久關係上，包括創業投資界的「老男孩俱樂部」，以及許多其他同樣有力、但比較低調的富有代幣持有者團體，而這群人比較難以賄賂。

❸ **治理代幣的金融市場尚未成熟**：打造封裝代幣的現成工具以概念驗證的形式存在，但尚未普遍使用；賄賂合約存在，但同樣並不成熟，而且借貸市場的流動性很低。

當一小群彼此協調的使用者持有超過 50% 的代幣，他們和其他人都是在對關係緊密的社群進行投資，而且僅有極少數代幣會以合理的利息借出去，因此前面所說的賄賂攻擊就只會停留在理論階段。不過隨著時間演進，不論我們怎麼做，第一和第三點的作用都將無可避免地降低。而如果我們希望 DAO 更公平，第二點的作用也「一定要」降低。

當這些改變發生的時候，DAO 依然會是安全的嗎？如果代幣投票無法繼續抵禦攻擊，那什麼能抵禦攻擊呢？

辦法①：有限治理

有一種方法有可能改善這些問題，而且這個方法已經有各種程度不一的嘗試了，也就是對代幣治理的能力設下限制。我們可以透過幾種方式去做：

- **鏈上治理只用於應用層，不用於基礎層**：以太坊已經這樣做了，協定本身採行鏈下治理，而 DAO 和其他以太坊的應用則是有時候會採行鏈上治理，但並非總是如此。
- **對固定參數選項實施有限治理**：Uniswap 採取這樣的做法，治理範圍僅限 (1) 代幣分配、(2)Uniswap 交易所的 0.05% 手續費。另外一個好例子是 RAI 的「無為而治」路線圖，其治理機制涉及的功能將愈來愈少。
- **加入時間延遲**：例如，在時間點 T 所做的治理決策，將在第 T + 90 天生效。不接受決策的使用者或應用程式可以轉移至其他應用程式（有可能分叉）。Compound 的治理機制裡有時間延遲機制，但基本上時間延遲可以設定得更長，而且最後也應該要這麼做。
- **對分叉更友善**：讓使用者能更輕易地快速協調以執行分叉，如此一來掌握治理權所能獲得的好處就會比較小。

Uniswap 的例子特別有意思：他們刻意選擇透過鏈上治理為團隊提供資金，這些團隊日後可能開發不同版本的 Uniswap

協定，使用者可以自行選擇加入，升級成那些版本。這麼做融合了鏈上與鏈下治理，同時限縮了鏈上治理的範圍。

但有限治理本身並非可以接受的好方案，因為最需要治理的地方（例如公共財資金分配），往往也是最容易遭受攻擊的地方。公共財募資實在太容易遭受攻擊了，因為攻擊者可以透過非常直接的攻擊方式，從糟糕的決策中獲利：他們可以嘗試推動能將資金傳送給他們的糟糕決策。因此，我們也需要能針對治理本身進行改善的技術……。

辦法②：非代幣治理

第二種方法是採用不由代幣投票驅動的治理機制。但如果不用代幣決定帳戶的治理權重，要用什麼來決定？有兩個合理的替代選項：

❶ 人格證明（proof of personhood）：系統驗證帳戶屬於獨一無二的個人，讓治理權機制可以指定一人一票。例如，人性證明（proof of humanity）以及 BrightID 身分驗證系統就是其中兩個實例。

❷ 參與證明（proof of participation）：系統證明某個帳戶對應到某個參與事件、通過一定的教育訓練，或在生態系做了有意義的工作的人。例如，POAP 是其中一個實例。

也有其他混合兩者的辦法，例如平方投票法，投票者的影響力與其投入決策的經濟資源的平方根成正比。想要防止使用者透過將資源分散到不同的身分來愚弄系統，必須仰賴個人的身分證明，並允許參與者以可靠方式對議題和生態系，展現強烈關心的現存金融元素。Gitcoin 平方募資法，正是一種平方投票法，而目前採用平方投票法的 DAO 正逐步建立當中。

另一方面，大家對於參與證明還比較不了解。其關鍵挑戰在於想要判斷帳戶的參與程度這件事，需要有穩健的治理架構。最簡單的解決方式，或許是精選十到一百名早期貢獻者來啟動系統，並規定由第 n 輪的特定參與者來決定第 n + 1 輪的參與標準，以隨著時間去中心化。分叉的可能性可幫助治理機制回歸正軌，同時也提供了防止治理機制失控的誘因。

個人身分證明和參與證明都需要某種反勾結機制，以確保用於衡量投票權力的非金錢資源不具金融性質，而且不會被放到將治理權力，賣給最高出價者的智慧合約裡。

辦法③：切身之痛

第三種方式是透過改變投票規則去打破公眾悲劇。**代幣投票之所以會失靈，原因在於雖然投票者對決策「共同」負責**（如果每個人都把票投給糟糕的決策，那麼大家的代幣價值都會歸零），但投票者並不需要對決策「個別」負責（如果糟糕的

決策成真了，支持糟糕決策的人相較於反對者，並不會蒙受更大的損失）。既然如此，我們能不能設計一種投票系統去改變這樣的互動，讓投票者不只共同負責，也要對決策個別負責？

如果能像 Steem 社群分叉為 Hive 那樣，以友善的方式完成分叉，這可說是一種使人感受切身之痛的策略。當具毀滅性的治理決策勝出，社群再也不能以協定內的方式反對決策，他們可以決定進行分叉。除此之外，分叉後可以銷毀支持糟糕決策的代幣。

聽起來很嚴苛，甚至感覺像是違反了分叉代幣時「帳本不可竄改」的隱性神聖規則，但換個角度看，這個概念就變得合理許多。我們仍然堅守個人代幣餘額不能被侵犯的防火牆，但這個概念只適用於未參與治理的代幣。如果參與治理，甚至只是將代幣放到封裝機制的間接參與方式，那你或許就要為行動付出相應的代價。

如此一來，就能塑造出個別責任感：如果發生攻擊，而你的代幣用於攻擊，那些代幣就會被銷毀。相對而言，如果你的代幣未投票支持攻擊，那麼代幣就是安全的。這種做法能加強責任感：如果你將代幣放到封裝合約，而封裝合約投票支持攻擊，則封裝合約的餘額會被歸零，讓你損失代幣；如果攻擊者從去中心化金融借貸平台借入 XYZ 代幣，當平台分叉時，出借 XYZ 代幣的人就會損失代幣（請注意，在這種刻意設計的情況下，出借治理代幣整體而言會非常危險）。

例行投票的切身之痛

　　但以上所說的方法只適用於防範非常極端的決策。如果是小規模的竊盜呢？這些情況很不公平，對操縱治理經濟的攻擊者有利，卻沒有嚴重到會造成毀滅性的後果。而且如果在完全沒有攻擊者的情況下，純粹只是因為出於懶惰，使得代幣投票治理沒有支持優質選項的選擇壓力呢？

　　針對這些問題，最受歡迎的解決方案是羅賓·漢森在 2000年代初提出的未來治理機制。把投票變成賭注，若投票支持某項提案，代表你賭這項提案可帶來好結果；若投票反對某項提案，代表你賭這項提案會帶來糟糕的結果。未來治理機制可引入個別責任感的理由很明顯：如果猜得準，會得到更多代幣；如果猜不準，則會失去代幣。

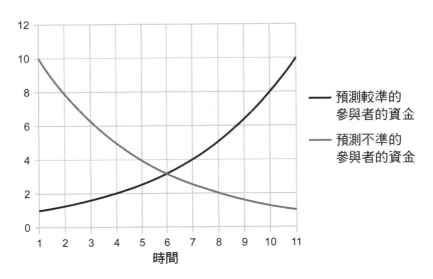

預測較準的
參與者的資金

預測不準的
參與者的資金

時間

參與者的資金

「純粹的」未來治理機制已經證實難以實現，因為實務上我們非常難定出目標函數（人們關心的不單單是代幣的價格）！不過，各種混合形式的未來治理機制或許能夠運作得很好，其例子如下：

- **投票等於下多單**：要投票支持某項提案，必須強制下多單，以低於當前代幣價位的價格買入額外的代幣。這麼做可確保萬一糟糕的決策勝出，支持糟糕決策的人必須被迫買下對手的代幣；同時也能確保在「一般」的決策情境中，代幣持有者有更多空間，可以視情況根據非價格因素來決定如何投票。
- **追溯性公共財募資**：公共財在達到一定成果後，可透過某種投票機制「往前回溯」取得資金。使用者可以購買「計畫代幣」來資助他們的計畫，同時表達對計畫抱持信心；在計畫被認定達到期望的目標後，購買代幣的人將能分得一份獎勵。
- **升級遊戲**：參與低階決策的人有可能進階到「要付出更多努力，但準確度也更高」的高階決策流程，以此方式促使低階決策中的價值獲得協調；選民投出去的票與最終決策相符時，可以獲得獎勵。

　　在最後兩個例子中，混合式未來治理機制仰賴某種非未來治理機制治理去評估目標函數，或當作最後的爭議層。但是，

這種非未來治理如果直接使用，便無法展現某些優勢：(1) 啟動時間較晚，能存取更多資訊；(2) 使用頻率較低，比較不費力；(3) 每次使用都會產生影響更大的結果。

正因為如此，僅僅仰賴分叉去調和這最後一層誘因，讓人更樂意接受。

混合解決方案

還有一些是結合上述技術的解決方案，可能的例子包括：

- **時間延遲加上推選專家治理**：這個方案解決的是如何打造加密質押穩定幣的古老難題；這種穩定幣的鎖定資金，可使其價值超越獲利用的代幣，卻不必擔冒治理遭到奪取的風險。該穩定幣使用的價值預言機，由 n 個（例如 n = 13）推選出的提供者所提交的數值中位數所組成。使用者透過代幣投票推選提供者，但每週只能淘汰一名提供者。假如使用者發現代幣投票引入不值得信賴的價格提供者，在穩定幣崩盤前，他們有「n / 2」週的時間，切換到另一種穩定幣。

- **未來治理機制＋反勾結＝信譽機制**：使用者以「信譽」進行投票，這是一種無法轉移的代幣。如果使用者的決定產生理想的結果，則信譽提升，如果使用者的決定產生不理

想的結果，則信譽下降。

- **鬆散耦合（諮詢式）代幣投票**：代幣投票不直接執行提案建議的改變，它的存在只是為了公布結果，為鏈下治理提供實施變更的正當性。這麼做可享有代幣投票的好處，卻能同時減少風險。假如出現代幣投票經過賄賂或遭到操控的證據，代幣投票的正當性會自動下降。

這些只是幾種可能的例子，還有更多非代幣推動的治理演算法值得我們研究開發。**我們現在最該做的事情，就是揚棄「只有代幣投票是去中心化治理的唯一正當途徑」的想法。**代幣投票很吸引人，因為它讓人「感覺」符合可信中立：任何人都能到 Uniswap 平台上取得某些數量的治理代幣。但是事實上，**代幣投票現在看起來非常安全，正是因為其中立性並不完美**（亦即，一大部分的供給量掌握在緊密協調的內部小集團手中）。

我們應該對現存代幣投票「應該是安全的」這樣的念頭非常小心。當代幣投票遭遇更大的經濟壓力，或在更成熟的生態系和金融市場裡運作時，還有許多情況尚待觀察，而現在正是我們同時嘗試其他替代方案的時候了。

特別感謝卡爾．弗羅施、丹．羅賓遜（Dan Robinson）與甄天虹（Tina Zhen）幫忙閱讀文章並給予意見回饋。

信任模型

　　許多區塊鏈應用最有價值的特性，在於**無信任性**（trustlessness）：應用程式不需要仰賴特定行為者以特定的方式行動，也能繼續如預期的方式運作，即使行為者的利益將來有可能改變，促使他們轉為採取意料之外的行動，也不至於造成影響。區塊鏈應用從來沒有「完全」符合無信任性，但有些應用程式的符合程度比其他應用程式高出許多。

　　如果我們想實際邁向信任最小化，就要有比較不同信任程度的能力。

　　首先，我要用一句話來定義什麼是信任：**信任是運用各種對他人行為的假設。**

如果在疫情前，你走在街上不會想著自己要和陌生人相隔兩公尺，以防他們突然拿出刀子刺你，那就是一種信任：你相信不太有人會突然精神失常發狂，你也相信管理司法體系的人給了人們不做那類行為的強烈誘因。你執行某個人所撰寫的程式碼時，你相信他們是秉持著誠信的精神來撰寫（也許是因為擁有正義感，或是考量維持良好信譽具有經濟上的利益），或至少相信會有人去檢查程式碼，如果有錯誤也會被發現。

你沒有自己動手種植吃下肚的食物也是一種信任：相信會有人認知到種植食物符合他們的利益，所以種植食物賣給你。你會把信任交託給各種規模的群體，而信任也分成許多種。

為了分析區塊鏈協定，我將信任分成四個面向：

・你需要多少人依照你的預期行動？
・全體有多少人？
・怎樣的動機能讓那些人依預期行動？需要仰賴利他精神，還是單純追求利潤就夠了？需要讓他們不能彼此協作嗎？
・這些假設被破壞時，系統的失靈程度多高？

現在先聚焦在前兩項。我們可以畫出這張圖：

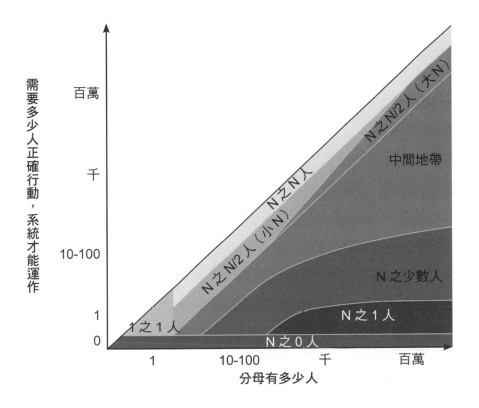

灰色愈深的地方愈好。現在我們分門別類仔細討論：

- **1 之 1 人**：就只有一名行動者，假如（只要）那一名行動者依照你的期望行動，系統就能順利運作。這是傳統的「中心化」模型，也是我們想要超越的地方。
- **N 之 N 人**：這是「反烏托邦」世界。你仰賴所有的行動者，「全部」都要依照預期行動，一切才能順利運作，假

如其中有人不如預期來行動，並沒有替代的方案。

- **N 之 N/2 人**：這就是區塊鏈，只要大部分的礦工（或權益證明驗證者）都是誠實的，區塊鏈就能順利運作。注意，如果 N 人的 N 數字愈大，N 之 N/2 人就愈有價值。由少數礦工或驗證者主導網路的區塊鏈，比由礦工或驗證者大幅分散的區塊鏈無趣多了。儘管如此，我們仍然希望在這一層級提高安全性，考量如何抵禦 51% 攻擊。

- **N 之 1 人**：有許多行動者，而系統只要有一人依照你的預期行動就能順利運作。任何以詐欺證明（fraud proof）為基礎的系統都屬於這個類別，可信化設置（trusted setups）也是，不過可信化設置的 N 的數字通常較小。請注意，你會希望 N 愈大愈好！

- **N 之少數人**：有許多行動者，而系統至少需要少數幾人依照你的預期行動才能順利運作。資料可用性檢查就屬於這個類別。

- **N 之 0 人**：系統不需要仰賴任何外部行動者就能順利運作。由你自己驗證區塊就屬於這個類別。

雖然除了「N 之 0 人」之外，其他類別都可以視為「信任」，但這些類別彼此差異很大！信任某個特定的人（或組織）會如預期一般行動，與信任「會有某個人如預期一般行動」，兩者截然不同。比起與「N 之 N/2 人」或「1 之 1 人」，「N 之 1 人」模型可說與「N 之 0 人」的情況更接近。

「N 之 1 人」模型或許感覺跟「1 之 1 人」的模型很像，因為感覺上你需要的都是一名行動者的配合，但兩種模式其實截然不同：在「N 之 1 人」的系統裡，如果當下你所仰賴的行動者消失或作惡，你可以換另一名行動者，但在「1 之 1 人」的系統裡你就糟糕了。

　　尤其要注意的是，就連軟體正確性通常也是仰賴「N 之少數」的信任模型，以此確保如果程式碼裡面有錯誤，將會有某個人找出錯誤。在這樣的情況下，想盡辦法讓應用程式的其他方面從「N 之 1」進展到「N 之 0」，無異於為家裡安裝一扇強化鋼製成的大門，窗戶卻大開。

　　另外一個重要的問題是：當信任假設被破壞，系統會發生怎樣的故障？在區塊鏈裡，最常見的故障類型是**活性故障**（liveness failure）和**安全性故障**（safety failure）。活性故障是暫時無法做你想做的事（例如：提領代幣、將交易加入區塊、讀取區塊鏈的資訊）。安全性故障是系統發生了某些人主動促成的狀況，而這些狀況本來應該是系統要預防避免發生的（例如：無效區塊被寫入區塊鏈）。

　　例如，某些區塊鏈第二層協定可以使用的信任模型[112]。我用「小 N」表示第二層系統本身的一組參與者，並用「大 N」表示

---

112. 下方列出的模型是仰賴以太坊或比特幣等「第一層」區塊鏈的系統，這些模型可同時以某種形式增加「第一層」區塊鏈的容量。

區塊鏈的所有參與者。這裡始終假設第二層協定的社群人數小於區塊鏈的社群人數,而且「活性故障」專指「代幣被長時間卡住」的情況。如果只是「無法使用系統,但可以近乎即時地提領代幣」的情況,在這裡則不算活性故障。

- **通道(包括狀態通道、閃電網路)**:以「1 之 1」信任模型因應活性故障(交易對手可以暫時凍結你的資金,但如果你將代幣分散給多名交易對手,那麼發生這種情況的傷害就會減低);以「大 N 之 N/2」信任模型因應安全性故障(區塊鏈 51% 攻擊可偷走你的代幣)。
- **Plasma 鏈(假設為中心化的執行者)**:以「1 之 1」信任模型因應活性故障(執行者可以暫時凍結你的資金);以「大 N 之 N/2」信任模型因應安全性故障(區塊鏈 51% 攻擊)。
- **Plasma 鏈(假設為半去中心化的執行者,例如 DPoS)**:以「小 N 之 N/2」信任模型因應活性故障;以「大 N 之 N/2」模型因應安全性故障。
- **樂觀卷疊**:以「1 之 1」或「小 N 之 N/2」信任模型因應活性故障(視執行者的類型而定);以「大 N 之 N/2」信任模型因應安全性故障。
- **零知識卷疊**:以「小 N 之 1」信任模型因應活性故障(如果執行者無法將你的交易寫進去,你可以將代幣提領出來;如果執行者無法立刻將你提領代幣的動作寫進去,執行者將無法繼續產生更多交易批次,而且你可以在卷疊系

統內任何一個全節點的協助下自行提領代幣）；安全性故障的風險不存在。

- **零知識卷疊（具有經過強化的簡易版提領功能）**：活性故障的風險不存在；安全性故障的風險不存在。

最後是誘因問題：你信任的行動者需要非常利他才會如預期一般行動嗎？還是只要稍微有利他精神，或夠理性就行了？搜尋詐欺證明「本身」有一點利他精神，但要多利他才夠，則取決於運算的複雜度，而且可以透過一些方法修改賽局，讓賽局更理性。

只要增加能夠小額付款的方法，協助其他人從零知識卷疊提領代幣，就會是一件合理的事，如此一來，你就真的沒什麼理由擔心無法在重要用途中退出卷疊系統。除此之外，如果我們同意社群不必接受 51% 攻擊鏈（這條鏈要還原到非常久以前的歷程，或審查區塊的時間太長），就可以減輕其他系統所面臨到的高風險。

結論：如果有人告訴你系統「必須依賴信任度」，請要求對方仔細解釋他們的意思！他們說的是「1 之 1」、「N 之 1」還是「N 之 N/2」模式？他們要求參與者要有利他精神，還是只要求理性？如果要求利他精神，那麼代價很小，還是代價很大？如果這個前提被破壞了，你需要等待多久時間，還是資產會永遠被卡住？他們給出的答案，可能會大大影響你是否願意使用那套系統。

加密城市的時代來臨

2020 年出現一股有趣的趨勢，就是大家對地方治理更感興趣，也更加關注地方政府出現更多變化和嘗試更多實驗的想法。這一年，邁阿密市長法蘭西斯·蘇亞雷斯（Francis Suarez）在邁阿密市採取類似科技新創公司吸引關注的策略，在推特上頻繁地與主流科技產業和幣圈互動。懷俄明州現在有友善 DAO 的法律架構，科羅拉多州正在嘗試運用平方投票法，而且我們看見有愈來愈多計畫，嘗試將非網路世界的街道改造得對行人更友善。我們甚至看見激進程度不一的各種計畫——包括 Culdesac、Telosa、CityDAO、Nkwashi、Prospera 等——正嘗試從零開始建立整個社區及城市。

另一項有趣的趨勢是，加密技術的相關概念正快速成為主流，例如代幣、非同質化代幣、去中心化自治組織等。當這兩

項趨勢結合在一起將會如何？打造擁有代幣、NFT、DAO，以及某種反貪腐的鏈上記錄機制，甚至四種項目一應俱全的城市，是否是件合理的事？事實證明，已經有人在嘗試這麼做了：

- **CityCoins.co** 計畫推出做為地方交易媒介的代幣，並把發行的一部分代幣歸給市政府。目前有邁阿密幣（MiamiCoin），而舊金山幣（San Francisco Coin）也即將推出。
- 通常用於資助地方藝術家的 **NFT 實驗**。釜山正在舉辦由政府贊助的會議，討論能如何運用 NFT。
- **雷諾（Reno）市長希拉蕊·席夫（Hillary Schieve）打造區塊鏈化城市的宏大願景**：包括販售 NFT 支持在地藝術、RenoDAO 向居民發行雷諾幣（RenoCoins）；RenoDAO 可從政府出租財產、受區塊鏈保護的樂透彩、區塊鏈投票等管道獲得收入。
- 還有許多懷抱雄心壯志的計畫，希望**從零打造以加密技術為導向的城市**：例如 CityDAO。他們形容自己「正在以太坊區塊鏈上建造城市」，並以 DAO 的方式治理及處理一切事務。

但以目前的形式來看，這些計畫會是好點子嗎？能不能修正一下，成為更棒的點子呢？讓我們一探究竟……

我們為何要關心城市？

世界各國許多政府都行動緩慢，無法有效回應長期存在的問題與人民快速改變的基本需求。簡而言之，許多國家的政府都缺少實質參與者。更糟糕的是，坦白說，現今為國家治理所考慮或實施，諸多打破框架的政治理念，其實相當可怕。你會希望美國被第二次世界大戰時期的葡萄牙獨裁者安東尼奧・薩拉查（Antonio Salazar）的複製人，或某個「美國凱薩大帝」接手，打壓左派的邪惡禍害嗎？每出現一個可以描述為擴張自由或民主的提議，就會出現十個不同形式的中心化控制、豎立高牆、全面監控的點子。

現在我們來思考一下地方治理。**如本篇文章開頭的例子所顯示，城市與州至少在理論上能夠展現真正的活力。**不同城市間存在巨大又非常真實的文化差異，因此找出民眾對某個前衛概念感興趣的城市，比說服整個國家接受這個概念容易。在地方公共財、都市規劃、交通設施及其他許多城市治理的問題，都帶來非常真實的挑戰與機會。由於城市的內部經濟緊密連結，因此諸如廣為推動加密貨幣這類事情，真的能夠單獨在城市裡實現。此外，由於城市受到層級更高的政府管轄，而且城市有「不接受的人可以輕易退出」的安全閥，因此由城市來進行實驗，比較不會導致糟糕的後果。

從各方面來看，人們大幅低估了地方層級的治理活動。由

於現有的智慧城市計畫，經常被人批評將焦點大幅放在中心化的治理上、缺乏透明度，因此資料隱私、區塊鏈和加密技術似乎都成為關鍵要素，可望幫助我們建立更開放又有益人民參與的環境。

城市計畫目前的進展如何？

事實上進展很大！這些實驗規模仍然很小，而且多半還在尋找成功的道路，但這些至少都是種子，可以發展成有趣的東西。許多最先進的計畫都在美國，不過其他國家也嶄露興趣；在韓國，釜山政府正在舉辦 NFT 會議。

以下是目前為止的幾個例子。

◆ 雷諾市的區塊鏈實驗

內華達州雷諾市長希拉蕊・席夫是區塊鏈粉絲，他的主要關注焦點是 Tezos 區塊鏈的生態系，他近期嘗試將區塊鏈相關概念運用於市政管理：

・從擺放在市中心的「太空鯨魚」（Space Whale）雕像 NFT 開始，**以販售 NFT 的方式為地方藝術活動募集資金（參考右頁圖）。**

- **建立雷諾 DAO**，這個組織由雷諾幣治理，居民有權透過一次空投（airdrop）獲得雷諾幣。這個雷諾 DAO 可以收益，有人提議將雷諾市的財產出租，並用獲得的租金來資助 DAO。
- **運用區塊鏈來保護各種流程**，例如將受區塊鏈保護的隨機數產生器運用於賭場、受區塊鏈保護的投票等。

◆ CITYCOINS.CO

CityCoins.co 計畫建立在 Stacks 區塊鏈上。Stacks 由少見的「轉移證明」（proof of transfer）區塊生成演算法來運作（基於

某種原因，轉移證明縮寫成 PoX，並非 PoT），而這種演算法以比特幣區塊鏈和比特幣生態系為其建構根據。其代幣供給量的 70% 由持續販售機制產生：持有 STX（Stacks 原生代幣）的人，可將 STX 傳輸到城市代幣合約，用於生成城市代幣；STX 的收益會分配給質押代幣的現有城市代幣持有者，其餘 30% 則提供給市政府。

「城市幣」（CityCoins）正嘗試打造不仰賴任何政府的經濟模型，這是個有趣的決定。不需要地方政府參與打造 CityCoins.co 代幣，社群團體可自行推出代幣。針對「我可以用城市幣做什麼？」城市幣問答集給的例子包括：「城市幣社群將打造以代幣提供獎勵的應用」、「當地企業可為質押城市幣的人提供折扣或福利」。不過在實際運作中，邁阿密幣社群並非單打獨鬥，事實上邁阿密政府已公開表示支持邁阿密幣。

Workspaces nearby

 Design District
1 location

Downtown
2 locations

 Little Haiti
1 location

 Miami Beach
1 location

Featured workspaces

Brain Box 9AM - 5PM **CityDesk** 9AM - 5PM **ICONIC WORKSPACES** 8:30AM - 5PM **Büro South Beach** 9AM - 6PM
Open to all $MIA holders Must have at least 30 $MIA Open to all $MIA holders Open to all $MIA holders

▲邁阿密幣黑客松贏家：在這個網站上，邁阿密幣持有者可優先使用某些共用工作空間。

◆ CITYDAO

CityDAO 是最前衛的實驗：它不像邁阿密和雷諾都是既有的城市，已經有可供升級的基礎設施和可供說服的人民。CityDAO 是以懷俄明州的法律為基礎的 DAO，旨在從無到有打造一座全新城市。

目前為止，計畫仍在初步階段。計畫團隊正在懷俄明州一個偏僻的地方，敲定購買他們的第一塊土地。他們將根據計畫先買下這塊地，並在未來購入其他土地，用於打造由 DAO 治理的城市，並積極採用前衛的經濟概念，例如：以哈伯格稅分配土地、作集體決策、管理資源。這個 DAO 是少數避免採用代幣投票治理機制的先進 DAO，他們採用一種以「市民」NFT 為投票基礎的治理方式，而且提出了以人性證明驗證，進一步將投票限制在一人一票的想法。這個計畫正在出售 NFT 進行眾籌，你可以在 OpenSea 上購買這些 NFT。

我認為城市可以做些什麼？

原則上，城市有許多事情可做。城市可以多規劃幾條自行車道；可以採用二氧化碳計和遠紫外光等不會造成不便的方式，以更有效地減少新冠病毒的傳播；城市甚至可以贊助延長壽命的研究。不過我的主要專長在區塊鏈，這篇文章談的也是區塊鏈⋯⋯所以讓我們把焦點放在區塊鏈上吧。

我認為，有兩種類型截然不同的區塊鏈概念都言之成理：

❶ 利用區塊鏈**使現有流程更加可信、透明和可以驗證**。
❷ 利用區塊鏈對土地和其他稀有資產**實施實驗性質的新所有權形式，並實施實驗性質的新民主治理形式**。

區塊鏈與這兩種概念都是天生的一對。區塊鏈上發生的一切非常容易公開驗證，這裡有許多可自由取用的現成驗證工具。以區塊鏈為基礎打造的應用程式，可以馬上嵌入全球的區塊鏈生態系，並與其他應用程式互通。區塊鏈系統具有紙上作業所不具備的高效率，並具有中心化運算系統所不具備的公開驗證特性——假如你希望發明一種新的投票形式，讓人民可以對千百種議題即時反應大量意見，這兩種特性的結合有其必要。

接著，我們來仔細討論吧。

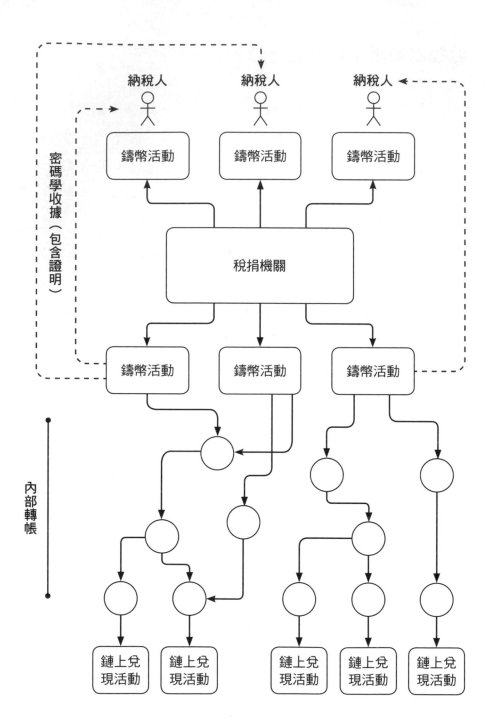

區塊鏈可讓哪些現有流程更可信透明？

有不少人（包括世界各地的政府官員）在許多場合向我提出一個簡單的概念。他們希望政府能打造附上白名單、僅限內部人員使用的穩定幣，用於追蹤政府的內部付款。每一筆個人或機構的稅款都可以鑄造相同數量的代幣，並與鏈上記錄綁定，供大眾公開檢驗（如果希望個人稅款金額是私密的，有零知識的方法可以只公開一整大筆的數目，但仍然能說服大家相信計算結果正確）。部門間的代幣可以「清清楚楚地」轉移，只有承包商或員工請領款項或支領薪水時，代幣才會被贖回。

這套系統可以輕易地擴展，例如，挑選政府合約得標者的採購流程，大部分可在鏈上完成。

還有許多流程可以藉由區塊鏈提升可信度：

- **公平隨機數產生器**（例如運用於樂透彩）──可以運用可驗證延遲函數（VDF），例如以太坊將要納入的可驗證延遲函數，來當作公平隨機數產生器，讓政府發行的樂透彩更可信。公平隨機原則亦可用於許多其他場合，例如以抽籤實踐的治理形式。
- **證書**，例如證明特定個人是市民的加密驗證技術可以在鏈上完成，以增加可驗證性和安全性（如果這類證書是在鏈上發行的，一旦有大量假證書出現，就很容易發現），可用於地方政府發行的各種證書。

- **資產登記**，包括土地和其他資產，以及更複雜的財產所有權形式，例如開發權。由於法院需要能夠在特殊狀況下指派所有權，因此這些登記簿永遠不可能像加密貨幣那樣成為完全去中心化的不記名工具，但將記錄放在區塊鏈上，仍然可以幫助我們更清楚了解爭議的前因後果。

最後，甚至連投票也可以在鏈上進行。這裡，許多複雜點和不懷好意的惡龍隱約可見，一定要小心謹慎。我們需要一套結合區塊鏈、零知識證明和其他加密技術的高明方案，來實現所需要的各種隱私與安全屬性。但假如我們要嘗試改用電子投票，地方治理看起來是再適合不過的起點了。

有哪些前衛的經濟與治理實驗可能很有趣？

除了這些涵蓋政府進行中的活動的區塊鏈，我們還可以將區塊鏈視為大好機會，讓政府推動全新、前衛的經濟與治理實驗。我認為應該要做的事情不僅於此，這些是可能方向的初步探索與建議。當實驗開始後，真實世界的意見回饋才是判斷未來如何調整最實際的變數。

◆ 實驗 1：更全面的城市代幣願景

CityCoins.co 向我們展現了城市代幣的運作願景，但這絕對不是唯一的願景。事實上，CityCoins.co 採用的方法具有高度風險，尤其是它的經濟模型嚴重偏向早期採用者。STX 的挖礦收益有 70% 發給「目前質押城市代幣的人」，而接下來 5 年所要發行的代幣量，比再往後 50 年的發行量還多。對 2021 年的政府來說有利，那對 2051 年的政府來說如何？當政府支持發行某一種城市代幣，之後就很難更改路線。因此，城市政府必須仔細思考這些議題，選擇一條長期而言有意義的道路。

以下針對城市代幣可能如何運作提出不同的可能性。這絕對不是 CityCoins.co「唯一」可能的其他發展願景。無論如何，城市代幣是個廣闊的設計空間，有許多不同選項值得考慮。

目前的房屋所有權概念顯然是一把雙面刃，許多人認為積極鼓勵及合法建構房屋所有權，是我們今天在經濟政策上犯的最大錯誤。**房屋究竟是居住的地方，還是一種投資用的資產，無可避免形成政治上的緊張關係**，而要滿足關心後者的族群往往會形成壓力，嚴重損及前一類族群的負擔能力。

基本上，城市居民若非擁有房屋，就是要租房子。對擁有房屋的城市居民來說，他們會極端地過度暴露於地價風險，並必須面臨以打擊新建房屋為目的的反向誘因措施；對於租屋的城市居民來說，他們在房地產市場中處於不利的地位，因而在

經濟上無法與打造宜居城市的利害一致。

但儘管面臨這種種問題，許多人仍認為，擁有房屋是很不錯的個人選擇，而且值得積極補貼或進行社會鼓勵。其中一項主要原因在於，房屋可促使人們存錢和建立他們的淨資產。另一大原因則是，儘管有其缺陷，擁有房屋使得居民和他們居住的社群利益與共。**假如能讓人們用一套沒有瑕疵的方法存下錢，又能建立這樣的經濟利害一致性呢？** 假如我們能打造可分割、同質化的城市代幣，居民可以盡可能持有他們能負擔或感到安心的數量，並使代幣可隨城市的繁榮增值呢？

首先，讓我們從幾項可能的目標開始。這些不全是必要條件，一種代幣能符合五項中的三項已經是一大進步了，但我們要盡可能試著多滿足一些條件：

- **為政府提供可持續的收入來源**：城市代幣經濟模型應避免重新指定現有稅收的流向，而是尋找新的收入來源。
- **讓居民與城市在經濟上利害一致**：這首先意味著，當城市變得更具吸引力時，代幣本身也變得更有價值。但這也表示，經濟應該要主動鼓勵居民持有代幣，而不是透過遙遠的對沖基金。
- **促進儲蓄和財富累積**：房屋所有權的運作是由房屋所有權人支付貸款，因為他們預設這麼做會提高淨資產。城市代幣也能辦到這點，可隨時間提高累積代幣的吸引力，甚至

將體驗遊戲化。

- **鼓勵人們從事更多有益社會的活動**：例如可幫助城市的積極作為，以及更符合永續性的資源運用方式。
- **平等**：不過度偏袒富有的人（像設計糟糕的經濟機制經常偶然導致的情形）。代幣的可分割性可避免貧富間的二元鴻溝，這方面已經有不少成果，但我們還能做更多——例如，視為全民基本所得（Universal Basic Income）[113]，將新發行的代幣一大部分配給居民。

有一種模式似乎可以輕鬆達成前三項目標，就是提供代幣持有者好處：如果你持有至少 x 枚的代幣（x 可隨時間調高），你可以免費享受某些服務。邁阿密幣試著鼓勵公司行號這麼做，但我們可以更進一步讓政府的服務也這樣運作。一個簡單的例子是，規定鎖定一定數量代幣的持有者，可以免費使用現有的公共停車空間。這麼做可以同時達成幾項目標：

- 創造**持有代幣的誘因**，維繫代幣價值。
- 創造誘因，使居民而非其他沒有休戚與共的遙遠投資者。此外，將誘因的作用侷限在個人，有助代幣的廣泛分布。
- **讓經濟上的利益一致**（城市更有吸引力→想停車的人更多→代幣更有價值）。**不像房屋所有權那樣，這麼做能串連**

---

113. 全民基本所得是指所有居民都能無條件定期領取一筆相同的所得。

整座城市，而不只是城市中某個特定地區。

- **為了達到鼓勵資源永續運用的目的**，鼓勵減少停車位的使用（雖然真的需要停車而沒有代幣的人，仍然可以付費使用），並支持地方政府實踐在道路上開闢更多行人友善空間的目標。餐廳也可以透過相同機制鎖定代幣，要求將停車位改為戶外用餐座位。

　　為了不要造成反效果，一定要避免過度仰賴單一概念，要有多種可能的收入來源。**其中的一大寶庫就是「分區管制」，既可以賦予城市代幣價值，又能嘗試創新的治理概念。**地主必須付費才能不受土地使用分區管制的限制，如果你持有至少 y 枚代幣，就可以對附近地主所要支付的費用進行平方投票。這是結合了市場與直接民主的混合機制，比目前過於繁瑣的許可流程，效率高出許多，而且這筆費用本身也會是政府的一項收入來源。

　　再將範圍繼續擴大，下一節所要談論的概念，每一項都可以與城市代幣結合，為城市代幣持有者提供更多的使用場合。

◆ 實驗 2：更前衛又參與度更高的治理形式

激進市場[114] 的概念在這裡發揮作用，例如：哈伯格稅、平方投票法、平方募資法。我已經在前面章節提出某些概念了，但你不必有專用的城市代幣也能辦到。有些政府已經在使用有限度的平方投票法和平方募資法：參見科羅拉多民主黨和臺灣的總統盃黑客松，以及尚未由政府支持的實驗，比如 Gitcoin 在科羅拉多州的波德市振興計畫（Boulder Downtown Stimulus）。不過，我們還可以辦到更多！

這些概念的長期價值顯現在一個地方：讓開發商有誘因去提升**建築美學**。哈伯格稅和其他機制可徹底改革土地使用得**分區規則**，區塊鏈則可提升機制管理的可信度和效率。另一個在短期上更為可行的概念是**補貼在地企業**。做法與波德市振興計畫類似，但規模更大也更持久。企業向來可為所在地社群帶來各種正面的外部性，而我們可以更有效地獎勵那些外部性。我們可以用平方募資法來**振興地方新聞**，這個長期辛苦掙扎的產業，也可以根據人們對特定廣告觀看滿意度的即時投票結果來為廣告訂價，鼓勵原創與創意。

更符合民主精神的意見回饋（甚至是更具回溯性的民主意見回饋），看來能在這些領域創造出更好的誘因，而且 **21 世紀透過即時線上平方投票與募資法實現的數位民主，看樣子可以**

---

114. 再次參照艾瑞克‧波斯納與格倫‧韋爾以此題名（並探討相關概念）的著作。

比 20 世紀的民主表現得更好（20 世紀的民主實務似乎主要表現在僵化的建築法規，以及規劃和許可辦理聽證會方面的阻礙）。如果你打算用區塊鏈來確保投票的安全性，當然，從新奇的投票方式開始嘗試，應該會比修改現行投票制度來得安全許多，在政治上也更加可行。

▲這張必須放上的太陽龐克（solarpunk）圖片，可帶領人們想像，當即時平方投票能針對任何事物制定補貼金額與價格時，城市將能擁有的美好面貌。

結論

不論現有城市或新城市，都有許多值得城市實驗的點子。新城市的優勢就在沒有抱持既定期待的現有居民；但在現代，建立新城市這個概念本身沒有經過相當的考驗。或許掌握數十

億資金池，對嘗試新事物懷抱熱情的個人和計畫，能帶領我們完成最困難的部分。但即便如此，在可預見的未來，大部分的人很可能繼續居住在既存的城市裡，而這些城市也可以運用這些點子。

儘管以城市政府來說，本身具有「須信任」的特質，但區塊鏈技術對於本文所提出的漸進和前衛理念，都非常管用。在鏈上執行任何新的或既有的機制，能幫助社會大眾輕鬆驗證一切是否符合規則。公開的區塊鏈更好：現有基礎設施能讓使用者獨立驗證正在發生的事，這樣的好處遠大於交易手續費帶來的損失，而且交易手續費預計將藉由卷疊和分片技術快速降低。如果需要高隱私性，區塊鏈還可以與零知識加密技術結合，同時提供隱私與安全性。

政府應該避開的主要陷阱是太快犧牲選擇性。現有城市可能因為未放慢行動腳步，太快推出糟糕的城市代幣，進而掉入這個陷阱；新城市可能因為賣掉太多土地，將一切好處讓給一小群早期採用者，而掉入這個陷阱。最理想的做法是從獨立自足的實驗起步，對於真正不可逆轉的行動則要一步一步慢慢來。同時，掌握先機也很重要。城市有許多可以改進的地方，也有許多好機會。儘管存在各種挑戰，但總的來說，加密城市這個概念的時代已經到來。

特別感謝席里先生與甄天虹在撰稿初期給予意見回饋，

並感謝許多人與我討論這些概念。

305 靈魂綁定

　　對《魔獸世界》的玩家來說，「靈魂綁定（soulbound）物品」的概念是這款遊戲的是第二天性，但這項特色在遊戲圈外沒有什麼人在討論。靈魂綁定物品被撿起以後，就不能再轉移或賣給其他玩家。

　　這個遊戲裡最強大的物品大多需要靈魂綁定，一般來說，通常需要大約 4 到 39 名玩家的協助，破了關卡或殺死非常厲害的怪物，才能得到這些物品。所以，為了讓角色有可能獲得最棒的武器和盔甲，你必須親身參與殺死難度非常高的怪物。

▲《魔獸世界》中「卡莉希的項鍊」（Necklace of Calisea）是需要靈魂綁定的頸部裝備，效果為耐力 +8、智力 +7、精神 +7，需要等級達到 38 才能使用。

　　靈魂綁定機制的目的很明顯：想要獲得超棒的物品，你就必須實際挑戰困難關卡，想辦法親手屠龍——如此一來，遊戲會既有挑戰性，又很有趣。你不能光靠用一整年的時間，每天花十小時殺野豬來獲得數千金幣，再用那些金幣向為你屠龍的玩家購買史詩級的魔法盔甲。

　　當然，這套系統的瑕疵很多：你可以直接付錢僱用一組專業玩家跟你一起屠龍，讓你拾取戰利品，甚至可以公然到次級市場用遊戲外的美元購買遊戲角色，連野豬都不必殺。但即便如此，這樣的一款遊戲比起每一項物品都有標價的遊戲好多了。

如果 NFT 可以靈魂綁定？

以目前的形式來看，NFT 有許多特性，就像大型多人線上遊戲中稀有的史詩級物品。NFT 具有社會信號的價值：持有者可以用來炫耀，而且有愈來愈多工具，其存在目的是為了幫助使用者炫耀。例如推特開始進行整合，讓用戶可在其檔案照片上展示所持有的 NFT。

但 NFT 究竟發出哪些信號？其中一個答案當然是：持有者具備某種取得 NFT 的能力，並且知道該入手哪些 NFT。由於 NFT 是可以交易的物品，因此答案中另外很大一部分想必會是：NFT 可以展現財力。

如果有人向你展示他擁有某個 NFT，而這個 NFT 可以透過 X 活動取得，你無法分辨他是自己進行 X 活動，還是花錢找人幫他進行 X 活動。有時這不會構成問題：就支持公益的 NFT 來說，某個人透過次級市場買走 NFT，是為公益獻出了他們的金錢，而且這會透過提高他人的購買誘因來幫助慈善事業，所以沒道理用不一樣的眼光看待他們。公益 NFT 可說是好處多多。但如果我們想要打造的 NFT，重點不在誰最有錢，而是嘗試發出其他信號呢？

#3100
4.2KΞ ($7.58M)
Mar 11, 2021

#7804
4.2KΞ ($7.57M)
Mar 11, 2021

#4156
2.5KΞ ($10.26M)
Dec 09, 2021

#5217
2.25KΞ ($5.45M)
Jul 30, 2021

#8857
2KΞ ($6.63M)
Sep 11, 2021

#2140
1.6KΞ ($3.76M)
Jul 30, 2021

#7252
1.6KΞ ($5.33M)
Aug 24, 2021

#2338
1.5KΞ ($4.32M)
Aug 06, 2021

#6275
1.32KΞ ($5.12M)
Sep 04, 2021

#7252
1KΞ ($2.53M)
Aug 04, 2021

#6275
1KΞ ($3.89M)
Sep 04, 2021

#2681
900Ξ ($3.07M)
Jan 06, 2022

▲ CryptoPunks 大頭貼現在經常賣到上百萬美元，這些還不是市面上最貴的 NFT。

　　或許在嘗試辦到這點的計畫中的最佳範例就是：出席證明協定（proof of attendance protocol，簡稱 POAP）。它規定計畫可以透過發送 NFT，來代表接收者親自參與某項活動。

　　POAP 是可以靈魂綁定的 NFT 的最佳例子。如果有人正在查看你的 POAP，他想知道的不是你是否付錢給參加活動的人，其實他想知道的是「你是否親自參與活動」。提議在鏈上發行證書（例如駕照、人學文憑、年齡證明）也會遇到類似問題：假如不符合條件的人可以直接向符合條件的人購買證書，證書的價值就會大幅降低。

　　雖然可轉讓的 NFT 有其重要性，而且對支持藝術家和慈善事業來說，本身極具價值，但「不可轉讓的 NFT」未來能如何發展，也有很大的設計空間尚待探索。

如果治理權可以靈魂綁定？

這個主題，我已經寫到讓人看了都煩，但它依然值得我一講再講：**要是治理權力可以輕易地被轉讓，治理機制容易發生非常糟糕的狀況**。原因主要分成兩種：

- 如果目標是讓治理權力「廣泛分散」，那麼可轉讓會使情況適得其反，因為中心化的利益更有可能從其他人那裡買下治理權。
- 如果目標是讓治理權力「歸能者所有」，那麼可轉讓會使情況適得其反，因為人們無從阻止治理權被有決心卻無能的人買下。

如果你深信俗話說的「最想支配別人的，就是最不適合管人的人」，那你應該要對可轉讓性抱持懷疑的態度，其原因就在於，可轉讓性會使治理權力從「最可能為治理做重要貢獻但性格溫順的人」那裡，流入「渴望權力卻最會製造問題的人」手中。

如果我們試著讓治理權不可轉讓呢？如果我們試著打造一種 CityDAO，將更多的投票權力交給真正住在城市裡的居民，或至少具備可靠的民主機制，避免大鯨魚們大量囤積市民 NFT，造成不良影響呢？如果區塊鏈協定的 DAO 治理機制可以透過某種方式，規定必須參與才能擁有治理權力呢？如先前所

說，這裡有很大又效果很好的設計空間，但我們現在還無法好好利用。

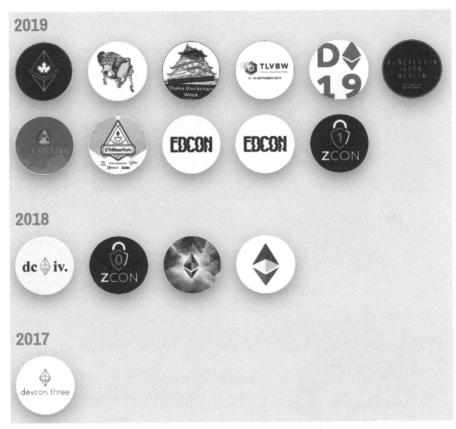

▲這些是我自己所收藏的一部分 POAP。當中許多來自於我這幾年來參加過的活動。

實際執行不可轉讓性

POAP 在技術上決定不封鎖 POAP 本身的可轉讓性。這是有理由的：使用者可能有好理由，想將所有資產從一個錢包全部轉移到另一個錢包（例如為了安全性），而「一味」藉由實踐不可轉移性來提高安全性其實不太有效，因為使用者大可透過建立封裝帳戶來持有 NFT，再將 NFT 的所有權賣掉。

事實上，由於有這麼做的經濟理由，POAP 頻繁買賣的例子相當多。愛迪達公司最近向粉絲發行免費的 POAP，持有者享有銷售活動的優先權。結果如何？這個嘛，可想而知，許多 POAP 馬上被轉手給喊價最高的人。

▲轉移次數大於品項的供給量，而且不是只有這一回而已。

為了解決這個問題，POAP 團隊建議關心非轉讓性的開發者自行查核：他們可以在鏈上檢查當前持有者的位址是否與原始持有者相同，也可以視需要在日後加入更複雜的查核機制。目前來說，這是一種偏向未來證明的做法。

目前最強大的不可轉移 NFT 或許是人性證明 [115]。理論上，任何人都可以透過可轉移所有權的智慧合約，建立人性證明檔案，再將帳戶賣掉。但人性證明協定附有撤銷功能，原始持有者可以錄製影片要求移除檔案，由 Kleros 法庭裁定影片是否來自帳戶的原始創建者。檔案成功移除後，創建者可以重新申請新的個人檔案。因此，花錢買下別人的人性證明檔案可能很快就會失去它，導致所有權的轉移並不可行。人性證明檔案事實上是一種靈魂綁定，建立於其上的基礎設施，可以讓鏈上物品在一般情況下與特定的人進行靈魂綁定。

我們能不能限制可轉移性，不要全程將一切建立在人性證明上？這樣可能比較困難，但我們可以將中等強度的方法運用於某些情境，或許會收到不錯的效果。假設使用者相當在乎他們的 ENS 名稱，不會願意轉移名稱，那麼將 NFT 綁定在 ENS 名稱上，會是一個簡單的選項。目前，我們可能會見到限制可轉移性的各種方法，不同的計畫會在不同的安全和便利程度之間作出不同的取捨。

115.「人性證明」的目的是不仰賴政府或公司等中央權威機構，在區塊鏈上建立獨一無二的人類身分；該計畫由其他需要確認參與者為真人的加密貨幣計畫所採用。

不可轉移性與隱私

　　以加密技術讓可轉移資產擁有強烈的隱私性，這點不難理解：你可以將代幣存入 tornado.cash [116] 或類似平臺，再提領至新帳戶。但如果是不能單純轉移到新帳戶，連轉移到智慧合約也不行的靈魂綁定物品，要如何增添隱私性？如果人性證明開始擴大採用，隱私性將變得更加重要，否則我們的所有鏈上活動都將可以直接對應到每一個人。

　　幸好，有幾項相當簡單技術或許能派上用場：

- 將物品儲存於一個位址，該位址是由以下三項所組成的雜湊值：(1) 索引、(2) 接收者位址、(3) 接收者的祕密。你可以向某個介面透漏你的祕密，介面會掃描屬於你的各種可能物品，而不知道祕密的人將無法看見哪些是你的物品。
- 公布一組物品的雜湊值，將每一名接收者的默克爾分支（Merkle branch）[117] 提供給他們。
- 如果智慧合約需要檢查你是否擁有某類型的物品，你可以提供 ZK-SNARK [118]。

---

116. 一般來說以太坊等區塊鏈會公布所有交易的傳送者與接收者，而龍捲風現金（Tornado Cash）協定則是透過遮蔽傳送者與接收者之間的連結，來進行私密交易。

117. 密碼學技術「默克爾樹」是以太坊的核心設計，用於驗證某一組資料並未遭到竄改。默克爾分支是默克爾樹的一部分。

118. ZK-SNARK 的全稱為 Zero-Knowledge Succinct Non-Interactive Argument of Knowledge（零知識的簡潔非互動式知識論證）。這項技術用於在不揭露資訊的情況下提供密碼學證據，證明某一方擁有該項特定資訊。

轉移可以在鏈上完成；最簡單的技術或許是呼叫工廠合約
（factory contract），讓舊物品無效、新物品生效，並以 ZK-
SNARK 證明這是有效作業。

隱私是讓這類生態系順利運作的重要環節。在某些情況
中，該物品代表的標的物已經是公開的，如此一來增添隱私性
就不具意義。但在許多其他情況中，使用者不會想要完全揭露
他們持有的物品。如果將來某天，疫苗接種變成一種 POAP，
可能發生很糟糕的情況，就是人們可以打造一套自動向所有人
展示 POAP 的系統，迫使大家為了在某個社交圈看起來很酷，
而去作某個醫療決定。有鑑於此，隱私將是設計的核心環節，
可避免這些糟糕的結果真的發生，並提高我們打造好東西的機
率。

由此到彼

現有「Web3」空間最常被人批評一切以金錢為導向。人們
讚揚擁有大量財富和徹底的浪費，限縮了數位藏品所衍生文化
的吸引力和永續性。當然，即使是金融化的 NFT，本身也有很
重要的好處，例如：某些原本可能被忽視的藝術家或慈善事業
可由此獲得資金。然而，這樣的方式能做到的有限，有許多金
融化以外的機會還沒有被充分開發。在加密空間讓更多物品進
行「靈魂綁定」會是通往替代方案的一條路，如此一來 NFT 所

代表的將不僅止於你是誰，也不僅止於你的消費能力。

　　但要做到這點，面臨了技術上的挑戰，而且在想要限制或防止轉移以及區塊鏈生態系之間，缺少了輕鬆可用的「介面」；目前為止，區塊鏈生態系的所有標準，都以可轉移性極大化為其設計目標。將物品附加到使用者無法（例如人性證明檔案）或不願意（例如 ENS 名稱）交易給別人的「身分識別物件」上，似乎是最為可行的方式，但要使其易於使用、私密和安全，仍然面臨挑戰。我們需要更努力地思考和解決這些難題。倘若辦到，將為區塊鏈開啟一扇廣闊的門，使其不只關乎金錢，而是成為生態系裡一個能夠協作又有趣的核心環節。

以太坊白皮書

──下一代智慧合約與去中心化應用平台

　　中本聰在 2009 年開發出比特幣，經常被人們譽為是金錢與貨幣的革命性發展。身為數位資產的先驅，比特幣既沒有儲備資產或「內生價值」，也沒有中心化的發行人或控制者。然而，比特幣實驗卻有另一項更為重要的特色，就是做為基礎的區塊鏈技術是能促成分散共識的一項工具，而且人們很快就將注意力轉移到比特幣的這項特點上。人們經常提及的其他區塊鏈技術應用包括：以鏈上的數位資產代表自定義貨幣與金融工具（染色幣）、做為標的的實體裝置的所有權（智慧資產）、網域名稱等非同質化資產（域名幣），以及複雜性更高的應用，包括透過可執行任意規則的程式碼直接控制數位資產（智慧合約），甚至是以區塊鏈為基礎的「去中心化自治組織」（DAO）。以太坊想要提供的是內建成熟圖靈完備性程式語言的區塊鏈，用於建立可將任意狀態轉換函數嵌入程式碼的「合約」，允許使用者只要簡單撰寫幾行程式碼，就能打造前述任一種系統以及許多我們還沒有想到的其他系統。

比特幣與現有概念介紹

◆ 歷史沿革

去中心化數位貨幣的概念和資產登記等替代應用已經問世數十載。1980 年代與 1990 年代的匿名電子現金協定主要依賴稱為「喬姆盲簽技術」（Chaumian blinding）的密碼基元（cryptographic primitive），這類貨幣因此擁有很高的隱私性，但這些協定依賴去中心化的媒介而未能流行開來。1998 年戴維（Wei Dai）的 b-money 率先提出「透過解決運算謎題和去中心化的共識」來創造貨幣的想法，但缺少去中心化共識能如何真正落實的細節。2005 年哈爾・芬尼（Hal Finney）提出「可重複使用的工作量證明機制」的概念。這套系統同時結合了 b-money 的想法，以及亞當・貝克（Adam Back）所提出，以計算困難的雜湊現金（Hashcash）難題來建構出加密貨幣的概念。這一次，由於仰賴可信任的運算後端，而同樣未能達成理想。2009 年，中本聰將公鑰加密技術管理所有權的現有基元，與追蹤代幣持有者的共識演算法「工作量證明」結合，首度真正實踐去中心化貨幣。

工作量證明背後的機制是這個圈子的一大突破，原因在於它同時解決了兩個問題。第一，它提供了簡單又算是有效的共識演算法，允許網路節點對比特幣帳本的一組標準更新達成集體共識。第二，它提供了可自由進入共識流程的一套機制，解

決由誰左右共識的政治問題，並可同時防範女巫攻擊。其辦法就是以經濟障礙（共識投票流程中單一節點的權重比例，與節點貢獻的算力直接相等），取代正式的參與障礙（例如要求向特定清單註冊為獨一無二的實體）。後來，另一種稱為「權益證明」的替代方案也被提出，即節點權重比例不以運算資源，而以當前的代幣持有量來計算；這兩種方式各有哪些優點，並非本文所要探討的重點，但請注意，兩種方式都可以做為加密貨幣的基石。

◆ 比特幣是一種狀態轉換系統

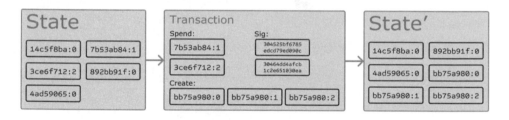

從技術的角度來看，比特幣等加密貨幣的帳本可以看作是一種狀態轉換系統，「狀態」包含現存所有比特幣的所有權狀態和擷取狀態，以及交易爾後產出新狀態的「狀態轉換函數」。舉例來說，標準金融體系的狀態就是資產負債表，交易是要求將金額 x 從 A 轉移至 B，狀態轉換函數會從 A 的帳戶扣除金額 x，並將這個數值加入 B 的帳戶。如果原本 A 的帳戶金額低於 x，狀態轉換函數會回傳錯誤。因此，這條函數可正式

寫成：

```
APPLY (S,TX) - > S' or ERROR
```

在符合上述定義的金融體系中：

```
APPLY ({Alice: $50, Bob: $50}, "send $20 from Alice
to Bob") = {Alice: $30, Bob: $70}
```

但是：

```
APPLY ({Alice: $50, Bob: $50}, "send $70 from Alice
to Bob") = ERROR
```

比特幣的「狀態」是「已經鑄造出但尚未花用」的全部代幣，技術上稱為「未花費的交易輸出」（Unspent Transaction Outputs，簡稱 UTXO）。每一筆 UTXO 各有其面額與所有人（由一個 20 位元組的位址來定義，基本上這是一把加密公鑰[119]），交易包含一或多筆輸入資料，每筆輸入資料包含現有一組 UTXO 參照資料、由持有者位址私鑰產生的加密簽章，以及

---

119. 原作者注：經常閱讀相關文章的讀者可能會注意到，事實上，比特幣地址是橢圓曲線公鑰的雜湊，而非公鑰本身。但其實從密碼學用語的角度來看，以公鑰來代稱公鑰雜湊非常合理，這是因為我們可以將比特幣的密碼學技術看作是一種自訂的數位簽章演算法，其中，公鑰由橢圓曲線密碼公鑰的雜湊組成，簽章則由與橢圓曲線密碼簽章串連的橢圓曲線密碼公鑰組成。驗證演算過程為：先用當作公鑰的橢圓曲線密碼公鑰雜湊去檢查簽章內的橢圓曲線密碼公鑰，再用橢圓曲線密碼公鑰驗證橢圓曲線密碼簽章。

一或多筆輸出資料，而且每筆輸出資料還包含一筆有待加入狀態的新 UTXO。

狀態轉換函數 APPLY(S,TX) -> S' 的大致定義如下：

❶ 關於交易中每筆輸出資料：

    ・若參照的 UTXO 不在 S 的範圍內，則回傳錯誤。

    ・若所提供的簽章與 UTXO 持有者不符，則回傳錯誤。

❷ 若所有輸入的 UTXO 總額低於所有輸出的 UTXO 總額，則回傳錯誤。

❸ 回傳狀態，其中輸入的 UTXO 全部移除，且輸出的 UTXO 全部加入。

第一步驟的第一條可防止交易傳送者花費不存在的代幣，第二條則是防止交易傳送者花費其他人的代幣；第二步驟則是為了維持價值守恆。以這條函數進行付款時，協定的運作方式如下：假設愛麗絲想傳送 11.7 枚比特幣給鮑伯，愛麗絲會先查看自己是否擁有一組可用的 UTXO，且該 UTXO 的總值加起來至少有 11.7 枚比特幣。實際上，愛麗絲無法只取剛剛好 11.7 枚比特幣，比如她能取得的最小面額是 6 + 4 + 2 = 12 枚。她可以建立一筆包含三筆輸入和兩筆輸出的交易。第一筆輸出是以鮑伯的位址為持有者的 11.7 枚比特幣，第二筆輸出資料則是其餘 0.3 枚「找零」，持有者設為愛麗絲自己。

◆ 挖礦

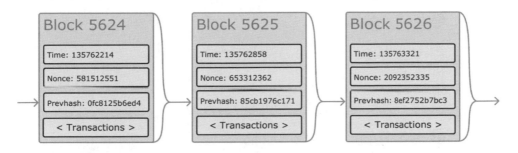

如果我們使用的是可信任的中心化服務，就沒有實施這套系統的必要；我們可以直接寫出前面的程式碼，使用中心化伺服器的硬碟去追蹤狀態。可是比特幣嘗試打造的是去中心化的貨幣體系，因此我們需要結合狀態轉換系統與共識系統，去確保每一個人都同意交易的順序。

比特幣的去中心化共識流程要求網路節點持續嘗試產出稱為「區塊」的封裝交易。網路預計大約每十分鐘產出一個區塊，每個區塊包含時間戳記、隨機數、前一區塊的參照資料（即雜湊值），以及在前一區塊產出後所發生的所有交易的清單。隨著時間過去，會產生一條持續增長的「區塊鏈」，它會不斷更新，呈現比特幣帳本的最新狀態。

在這個典型模式下，檢驗區塊是否有效的演算法為：

❶ 檢查所參照的前一區塊是否存在、是否有效。

❷ 檢查區塊的時間戳記是否超過前一區塊[120]，且時間不超過未來兩小時。

❸ 檢查區塊的工作量證明是否有效。

❹ 令 S[0] 為前一區塊的最終狀態。

❺ 假設 TX 為 n 筆交易的區塊交易清單。針對 0...n-1 內的所有 i，設定 S[i+1] = APPLY(S[i],TX-[i])。若應用程式傳回錯誤，則退出，並回傳錯誤。

❻ 回傳正確，並將 S[n] 登記為此區塊的最終狀態。

基本上，區塊內的每筆交易都必須提供有效的狀態轉換，由交易執行前的權威狀態轉換到某個新狀態。請注意，狀態不會以任何形式編入區塊的程式碼，它純粹只是由驗證節點記住的抽象概念，只能由任一區塊自創世狀態起算，按順序加上每一區塊內的每一筆交易，（安全地）計算出當前狀態。另外需要注意的是，礦工將交易納入區塊的順序很重要。假如區塊內有兩筆交易，分別為交易 A 與交易 B，交易 B 所花費的 UTXO 是由交易 A 所建立的，則「交易 A 先發生、交易 B 後發生」才是有效的區塊，反之則無效。

---

120. 嚴格來說是前 11 個區塊的中位數。

工作量證明是出現在前面的列表，而其他系統所未要求的有效條件。確切來說，即是對每個區塊進行兩次 SHA256 雜湊處理，得出一個 256 位元的數值，這個數值必須小於不斷動態調整的目標值（行文此時約為 2^{187}）。此舉的目的在於使產生區塊的運算過程變得「困難」，防止女巫攻擊者出於自利重新生成整條區塊鏈。由於 SHA256 設計成完全無法預測的偽隨機函數，建立有效區塊的唯一辦法只有反覆試驗，錯了再試。不斷增加隨機數的數值，再去檢查，數值是否與新得雜湊值相符。

以目前的目標值～ 2^{187} 來說，網路必須平均嘗試～ 2^{69} 次才能找出有效區塊；一般而言，網路每產生 2,016 個區塊就會重新調整一次目標值，使網路節點產生新區塊的速度維持在平均每十分鐘一個。為了補償礦工對計算的付出，挖掘出區塊的礦工有權憑空添加一筆交易，將 25 枚比特幣撥給自己。此外，如果有交易的輸入總額高於輸出，差額也會做為「手續費」傳送給礦工。順帶一提，這也是比特幣的唯一發行機制，創世狀態裡完全不含任何代幣。

為了更了解挖礦的目的，讓我們來檢視一下發生惡意攻擊事件會如何。由於比特幣的密碼學基礎以安全聞名，因此攻擊者會針對比特幣系統中未直接受密碼技術保護的部分下手：交易順序。攻擊策略很簡單：

❶ 傳送 100 枚比特幣給商家，交換某樣產品（最好是可快速提供的數位商品）。

❷ 等待商品送出。

❸ 另外建立一筆交易，將同樣的 100 枚比特幣傳送給自己。

❹ 說服網路傳給自己的那筆交易發生時間較早。

第一步驟開始進行後幾分鐘內，就會有某個礦工將交易納入區塊，例如區塊 270000。大約一小時後，會有五個區塊疊加在那個區塊上，每一個區塊都間接指向那筆交易，進而「確認」交易。此時，商家會確認收款及出貨。由於我們假設這是數位商品，出貨將立刻完成。現在，攻擊者另外建立一筆交易，將那 100 枚比特幣傳送給自己。如果攻擊者就這樣向全網發布交易，交易不會被處理。當礦工嘗試執行 APPLY(S,TX)，將會發現交易要花用的 UTXO 不在有效狀態裡，所以攻擊者會建立區塊鏈「分叉」，從挖掘另一個版本的區塊 270000 開始，這個區塊指向相同的母塊 269999，但用新的交易取代舊的交易。區塊資料改變了，必須重新進行工作量證明運算。

此外，攻擊者版本的新區塊 270000 雜湊值也改變了，原本的區塊 270001 到區塊 270005 不會「指向」這個版本，所以原始區塊鏈和攻擊者的新區塊鏈將會完全分離。區塊鏈規定，分叉時最長鏈為真，因此合法的礦工將會挖掘區塊 270005 的那一條區塊鏈，只有攻擊者一人從新區塊 270000 繼續往下挖。若要

使自己的區塊鏈成為最長鏈，攻擊者要有超越其他網路成員加總起來的算力才追得上（即「51% 攻擊」）。

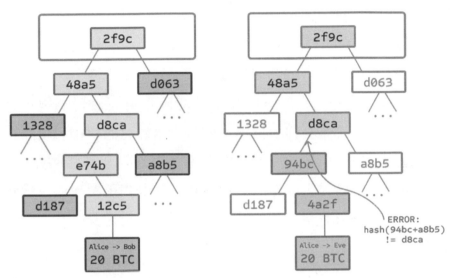

▲左：僅提供默克爾樹上的少量節點，就足以證明分支的有效性。

▲右：嘗試改變默克爾樹上的任何部分，最終都將導致鏈上某處不一致。

◆ 默克爾樹

比特幣有一項重要的可擴展特性，亦即：區塊儲存於多層次的資料結構。區塊的「雜湊」事實上只是區塊標頭（block header）的雜湊，區塊標頭是一組大約兩百位元組的資料，內含：時間戳記、隨機數、前一個區塊的雜湊，以及儲存區塊內所有交易的資料結構「默克爾樹」的根雜湊（root hash）。

默克爾樹是一種二元樹（binary tree），由一組葉節點（leaf

node）、一組中繼節點（intermediate node）、一組根節點（root node）所組成。葉節點位於樹底，含有基礎資料，為數眾多；中繼節點是它的兩個子節點的雜湊；最後，根節點只有一個，一樣由它的兩個子節點的雜湊構成，代表了這棵樹的「頂端」。默克爾樹的目的是允許區塊資料可以零散地傳送：節點可以只從一個來源下載區塊標頭，並從另一個來源下載默克爾樹上與其相關的一小部分，並依然能確定所有資料都是正確的。其理由在於雜湊向上傳播：如果不懷好意的使用者企圖在默克爾樹底置入偽造的交易，這麼做將會改變上方的節點，以及節點上方的節點，以至於改變樹根，並改變區塊雜湊，導致協定將其記錄為完全不同的區塊（幾乎可以肯定其工作量證明無效）。

默克爾樹協定可說是比特幣長期持續不可或缺的一項要素。2014 年 4 月，比特幣網路中，一個儲存和處理所有區塊的「全節點」（full node）大約占比特幣網路 15GB 空間，而且每個月會增加 1GB。目前某些桌上型電腦還能負荷，但手機已無法負擔這樣的數據量，將來只有商業電腦和專業愛好者才能成為全節點。

「簡易支付驗證」（SPV）協定則允許另一種「輕節點」（light node）存在。輕節點下載區塊標頭，驗證區塊標頭的工作量證明，然後只下載與交易相關的默克爾樹「分支」。如此一來，輕節點只要下載整條區塊鏈中的一小部分，就可以安安全全地確認任何一筆比特幣交易的狀態以及帳戶的當前餘額。

其他區塊鏈應用

將基礎區塊鏈的概念應用於其他領域的想法，也很早就出現了。2005 年尼克‧薩博提出「以所有權保障財產權」的概念，在文章中描述以區塊鏈為基礎的系統，如何能透過「複製資料庫技術的新進展」，進而登記誰擁有哪片土地，藉此建立一個包含原初占取（homesteading）、時效取得（adverse possession）、喬治亞土地稅（Georgian land tax）等概念在內的詳細框架。可惜當時還沒有可行的複製資料庫系統，所以這個協定從未付諸實行。2009 年後，比特幣的去中心化共識機制被開發出來，各式各樣應用便如雨後春筍般出現。

- **域名幣：** 於 2010 年建立，對域名幣最貼切的描述是「去中心化網域名稱註冊資料庫」。像 Tor、比特幣、比特信這樣的去中心化協定都需要某種識別帳戶的方法，這樣其他人才能與這些帳戶互動，但目前唯一可以確認身分的解決方案只有偽隨機雜湊（例如 1LW79wp5ZBqaHW1jL5TCiBCrhQYtHagUWy）。理想中，我們希望能有像「george」這樣的帳戶名稱，但問題是如果有人可以建立這種帳戶名稱，那麼其他人也可以透過相同流程註冊「george」來假扮成其他人。因此，唯一的解決辦法只有採用「先申請原則」（first-to-file paradigm），只有第一個註冊的人能成功，第二個人便不能再使用同一個名稱——這個問題非常適合透

過比特幣共識協定來解決。域名幣是實際運用這個概念註冊名稱的一套系統，歷史最悠久也最成功。

- **染色幣**：染染色幣的目的是提供一種協定，讓人們可以創建自己的數位貨幣。而更重要的簡單例子是在比特幣區塊鏈上，建立只有一個單位的貨幣：數位代幣。依照染色幣協定，使用者可以藉由公開為特定的比特幣 UTXO 指定顏色，來「發行」新貨幣，協定以遞迴方式將其他 UTXO 的顏色定義為「與建立這些 UTXO 的交易輸入相同的顏色」（混合不同顏色的染色幣交易輸入有一些特殊規則）。這樣使用者就能讓錢包裡只有一種顏色的 UTXO，可以像一般比特幣那樣傳送出去，透過回溯區塊鏈來判斷他們收到的 UTXO 是什麼顏色。

- **MetaCoin**：MetaCoin 的概念是在比特幣上建立協定，利用比特幣交易儲存 MetaCoin 交易，但採用不一樣的狀態轉換函數「APPLY'」。因為 MetaCoin 協定無法防止比特幣區塊鏈裡出現無效的 MetaCoin 交易，所以增加了一項規則，就是假如 APPLY'(S,TX) 回傳錯誤，那麼協定會預設 APPLY'(S,TX) = S。透過這個簡單的機制，使用者可以建立任何一種加密貨幣協定，由於挖礦和建立網路已經交給比特幣協定處理了，所以只需要非常低的開發成本，就有可能實現比特幣本身所不具備的先進功能。MetaCoin 已經

用於執行某些類別的金融合約、網域名稱註冊和去中心化
交易。

因此，一般而言，打造共識協定分成兩種方式：建立獨立
的網路，或利用比特幣打造協定。第一種在域名幣這樣的應用
相當成功，但有施行上的難度；每一次實作都要啟動一條獨立
的區塊鏈，和打造測試所有必要的狀態轉換和網路程式碼。此
外，我們預測，去中心化共識技術的各種應用將會符合冪次律
分布，亦即絕大部分應用的規模太小，不足以保證各自的區塊
鏈是安全的，而且我們注意到有許多去中心化的應用，尤其是
去中心化自治組織，需要能夠彼此互動。

另一方面，以比特幣為基礎的方法存具有一項缺點：沒有
承襲比特幣的簡易支付驗證（SPV）功能。SPV 在比特幣系統
運作良好，因為比特幣可以用區塊鏈深度來代表有效性。到了
某個時點，一旦某一筆交易的先驅們離得夠遠了，我們就能安
全地認定那些先驅是合法狀態的一部分。相反地，以區塊鏈為
基礎的中繼協定無法迫使區塊鏈剔除 MetaCoin 協定視為無效的
交易。因此，完全安全的 SPV 中繼協定必須往前一路掃描到比
特幣區塊鏈的初始點，才能判斷某筆交易是否有效。目前以比
特幣為基礎的所有中繼協定「輕」實作都仰賴可信任的伺服器
提供資料，對主要目的為消除信任需求的加密貨幣而言，並非
最理想的結果。

指令碼

　　即使不作任何擴充，比特幣協定實際上也能實現某種比較弱的「智慧合約」。比特幣的 UTXO 不只能透過公鑰持有，還可以用簡單的堆疊型程式語言去表達複雜的指令碼，透過這種方式持有 UTXO。在這個模式裡，花用 UTXO 的交易必須提供滿足指令碼的資料。事實上，基本的公鑰所有權機制也是透過指令碼來執行的：指令碼將橢圓曲線簽章當作輸入，來驗證交易和擁有 UTXO 的位址，若驗證成功則回傳「1」，失敗則回傳「0」。在其他更複雜的例子中，指令碼具有各式各樣的其他用途。例如，你可以建立一個指令碼，要求特定三把私鑰中的兩把出示簽章進行驗證（「多重簽章」），這對於企業帳戶、安全儲蓄帳戶和某些商業託管情境來說，是一種實用的設置。指令碼也可以用於向解決運算問題的人提供獎金。你甚至可以建立指令碼，告訴對方：「如果你能提供 SPV 證明，證明將某個金額的狗狗幣交易傳送給我的人是你，這一筆比特幣 UTXO 就是你的。」這個指令碼在本質上實現了不同加密貨幣之間的去中心化交易。

　　但比特幣的指令碼語言有幾項主要的侷限：

・**缺乏圖靈完備性**：也就是說，雖然比特幣指令碼語言支援許多類型的運算，卻無法一應俱全。最主要是少了迴圈，而這麼做是為了避免交易驗證期間發生無限迴圈的情形。

理論上，對指令碼程式設計師來說，這是可以克服的障礙，因為任何迴圈都可以簡單地用 If 陳述式多次重複底層程式碼來模擬，只不過這麼做確實會使指令碼空間效率極差。例如，實際執行替代用的橢圓曲線簽章演算法時，可能要進行 256 輪重複的乘法運算，而且每一輪運算都需要個別寫入程式碼。

- **對價值盲目（value-blindness）**：UTXO 指令碼不能針對可提領金額提供精細的控制。例如，避險合約是預言機合約的一種有力運用，此時 A 和 B 各自將價值 1,000 美元的比特幣存入合約，30 天後，指令碼傳送價值 1,000 美元的比特幣給 A，其餘傳送給 B。在這個情境中，需要有預言機來決定 1 枚比特幣等於多少美元。與現行完全中心化的解決方案相比，這在減少信任和基礎設施方面已是一大進步。只不過，由於 UTXO 只能全部發生或全部不發生（all-or-nothing），所以我們只能設置許多不同面額的 UTXO（例如，面額為 2k 的 UTXO，每一個 k 的上限值為 30），並由預言機選擇分別傳送哪些 UTXO 給 A 和 B，透過這種非常沒有效率的招數去實現合約。

- **缺少狀態**：UTXO 的狀態不是已花用，就是未花用，無法實現包含更進階內部狀態的多階段合約或指令碼，難以提供多階段選擇權合約、去中心化交易要約，或兩階段的密

碼學提交協定（對於確保運算獎金能安全地提供至關重要）。這也意味著 UTXO 只能用於打造簡單且僅能使用一次的合約，而無法用於打造去中心化組織這類更複雜又「狀態多元」的合約，也難以實踐中繼協定。二元狀態與對價值的盲目結合，也意味著無法實現另一項重要應用——提領額度限制。

- **對區塊鏈盲目**：UTXO 看不見隨機數、時間戳記、前一區塊雜湊等區塊鏈上的資料，使得指令碼語言不太可能成為具有價值的隨機來源，嚴重限制博弈和其他數種應用。

　　由此可知，有三種方式可以在加密貨幣的基礎上，開發更進階的應用：打造新區塊鏈、在比特幣上使用指令碼，以及在比特幣上打造中繼協定。全新的區塊鏈讓我們可以隨心所欲打造想要的各種功能，但要花時間開發。為了啟動新的區塊鏈需要投入心力，還要兼顧安全性。

　　相對地，指令碼容易執行和標準化，但所能做到的非常有限；而中繼協定雖然簡單，卻有無法擴充的缺點。因此，我們希望藉著以太坊，打造出另外一種容易開發又有更多好處的框架，甚至能提升輕客戶端的相關屬性，同時允許應用程式共用一個經濟環境與區塊鏈安全性。

以太坊

　　以太坊旨在打造另一種有利去中心化應用的協定，其著眼點相當不一樣。我們認為這對許多去中心化應用來說非常實用，尤其是對於下列的情境來說：必須快速開發應用程式、必須確保小型與少用應用程式的安全，以及必須要能讓不同應用程式以極高的效率互動。以太坊的做法基本上是打造終極的抽象基礎層：內建圖靈完備程式語言的區塊鏈，讓任何人都能編寫智慧合約與去中心化應用程式，並在合約與應用中建立由他們自由定義的所有權規則、交易格式、狀態轉換函數。

　　只要兩行程式碼就能寫出域名幣的基本框架，不到二十行程式碼就能寫出貨幣和信譽系統等其他協定。智慧合約這樣一種乘載價值又只有特定條件才能開啟的加密「箱子」，也能在這個平台上創建──由於增加了圖靈完備性、價值意識、區塊鏈意識、狀態等優勢，相較於比特幣指令碼所提供的智慧合約將會變得更強大。

以太坊帳戶

　　在以太坊，狀態由稱為「帳戶」的物件構成，每個帳戶有一個 20 位元的地址。狀態轉換則是兩個帳戶之間所發生的價值與資訊的直接轉移。以太坊帳戶包含四個部分：

- **隨機數**，用於確保每一筆交易只能處理一次的計數器。
- 帳戶目前的**以太幣餘額**。
- 帳戶的**合約程式碼**（若有）
- 帳戶的**儲存空間**（預設為空的）

「以太幣」是以太坊內部的主要加密燃料，用於支付交易手續費。帳戶大致上可以分成兩種：由私鑰控制的「外部帳戶」，以及由帳戶本身的合約程式碼所控制的「合約帳戶」。外部帳戶未建立程式碼，使用者可透過建立和簽署交易，從外部帳戶傳送訊息；而在合約帳戶這邊，每當合約帳戶收到訊息，內部程式碼就會被啟動，允許程式碼對內部儲存空間進行讀寫，並進一步傳送訊息或建立合約。

請注意，我們不該將以太坊內的「合約」視為應該要「履行」或「遵守」的東西，而是應該將其視為存在於以太坊執行環境中的「自治主體」。合約只要收到訊息或交易的「刺激」就會執行特定程式碼，並且直接控制自己的以太幣餘額和鍵值儲存（key/value store），藉此追蹤永久變數（persistent variable）。

訊息與交易

以太坊用「交易」表示經過簽署的資料封包，封包內存有外部帳戶傳來的訊息。交易包含：

- 訊息接收者。
- 可識別傳送者的簽章。
- 傳送者傳給接收者的以太幣金額。
- 選擇性資料欄位。
- 初始燃料值，代表最多可執行多少步運算和幾筆交易。
- 燃料價格，代表傳送者每個運算步驟所要支付的手續費。

　　前三項是所有加密貨幣都有的標準項目。資料欄位預設沒有任何功能，但虛擬機可以用操作碼讓合約存取資料。舉例來說，如果合約的功用是提供鏈上網域註冊服務，合約可能會想將傳送過來的資料解讀成包含兩個「欄位」。第一個欄位是要註冊的網域，第二個欄位是要註冊的 IP 位址。合約會從訊息資料讀取這些數值，並妥善儲存下來。

　　初始燃料和燃料價格欄位對於以太坊的反阻斷服務（anti-denial-of-service）模型至關重要。為了防止程式碼中出現意外、惡意發動的無限迴圈或其他計算浪費，每筆交易都必須針對程式碼可以執行的運算步驟設置上限。「燃料」是運算的基本單位，一個運算步驟的成本通常是 1 單位的燃料，但有些運算要消耗的燃料比較多，原因是運算上比較昂貴，或要儲存到狀態中的數據量增加了。

　　此外，每一位元的交易資料要花 5 單位的燃料做為手續費。設置這筆手續費的目的在於迫使攻擊者為他們消耗的每筆資源（包括算力、頻寬、儲存空間）付出相應的代價，因此，

任何會導致網路消耗大量資源的交易，都必須支付大約與其增加量比例相當的燃料費。

訊息

合約能夠傳送「訊息」給其他合約，而訊息是尚未被序列化的虛擬物件，只存在於以太坊執行環境。訊息會包含：

- （未明示的）訊息傳送者。
- 訊息接收者。
- 隨訊息傳送的以太幣金額。
- 選擇性資料欄位。

初始燃料值

基本上，訊息就像一筆交易，只不過訊息是由合約產生，而不是由外部行動者產生。當合約目前正在執行的程式碼執行了「呼叫」（call）的作業碼，作業碼會產生訊息並加以執行。訊息和交易一樣，會促使接收者帳戶執行訊息內的程式碼。因此合約可以互相建立關係，其方式就跟外部行動者建立關係一模一樣。

請注意，交易或合約指定的燃料限額包含於交易和所有子執行消耗的總燃料。例如，假設外部行動者 A 以 1,000 單位的燃料傳送交易給 B，B 消耗 600 單位的燃料，再將訊息傳送給 C，C 回傳訊息前，內部執行程序消耗了 300 單位的燃料，接下來 B 就只能再消耗 100 單位的燃料，之後，燃料就會耗盡了。

以太坊狀態轉換函數

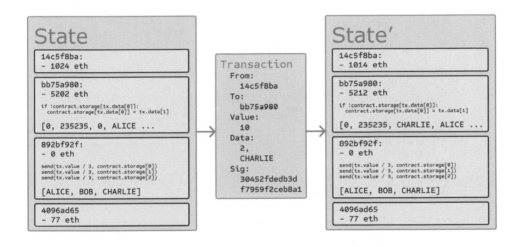

以太坊狀態轉換函數 APPLY(S,TX) -> S' 可定義為：

❶ 檢查交易的格式是否正確（即數值正確）、簽章是否有效、隨機數是否與傳送者帳戶的隨機數相符。如果不對，則回傳錯誤。

❷ 以 STARTGAS * GASPRICE 計算交易手續費，並根據簽章來確認傳送位址。從傳送者的帳戶餘額扣除手續費，並加入傳送者的隨機數。如果餘額不足，則回傳錯誤。

❸ 將 GAS = STARTGAS 初始化，並根據交易的位元數，每一位元扣除一定的燃料值。

❹ 從傳送者的帳戶將交易金額轉移到接收帳戶。如果接收帳戶並不存在，則建立一個接收帳戶。如果接收帳戶是一份合約，則執行合約程式碼，直到傳送完成或耗盡燃料為止。

❺ 如果價值因為傳送者金額不足或執行程式碼耗盡燃料而轉移失敗，則會還原所有的狀態變更（已支付的手續費除外），並將手續費加入礦工的帳戶。

❻ 否則，將所有的剩餘燃料傳給傳送者，並將消耗掉的燃料當作手續費付給礦工。

舉例來說，假設合約的程式碼為：

```
if !self.storage [calldataload (0)]:
    self.storage [calldataload (0)] = calldataload (32)
```

請注意，現實中合約程式碼是以低階的 EVM 程式碼寫成。為了清楚起見，這個例子是使用高階的 Serpent 語言撰寫，這種語言可以被編譯成 EVM 程式碼。假設合約的儲存空間剛開始

是空的。如果有一筆「金額為 10 以太幣、燃料上限 2,000、燃料價格 0.001 以太幣、共 64 位元資料」的交易被傳送出去，其中 0 到 31 位元代表數字 2，32-63 位元代表字串「CHARLIE」[121]。這裡的狀態轉換函數處理流程為：

❶ 檢查交易是否有效和格式是否正確。

❷ 檢查交易傳送者是否擁有至少 2,000×0.001 = 2 枚以太幣。若有，則從傳送者的帳戶扣除 2 枚以太幣。

❸ 將 gas = 2,000 初始化。假設交易共 170 位元，每一位元的手續費為 5 單位的燃料，則扣除 859 單位的燃料，剩餘燃料為 1,150 單位。

❹ 從傳送者的帳戶再扣除 10 枚以太幣，並將其加入合約的帳戶。

❺ 執行程式碼。在這個例子中執行很簡單：檢查合約儲存空間索引 2 的地方是否以被使用。如果沒有，則將索引 2 的儲存空間設置為「CHARLIE」。假設這個步驟花了 187 單位的燃料，則剩下的燃料為 1,150 – 187 = 963 單位的燃料。

❻ 將 963×0.001 = 0.963 枚以太幣重新加入傳送者的帳戶，並回傳結果狀態。

---

121. 原作者注：在程式內，2 和 CHARLIE 都是數字，後者按大端序 Base 256 編碼呈現。數字最小為 0，最大為 2^{256}-1。

如果交易的接收端不是合約，則總交易手續費等於燃料價格乘以交易的位元長度，隨交易傳送的資料與交易手續費無關。

請注意，訊息具有和交易一樣的還原功能：如果執行訊息將燃料耗盡了，那麼訊息的執行以及其他被訊息啟動的執行程序都會被還原，但母執行程序則不需要被還原。這意味著合約可以「安全地」呼叫另一份合約，因為如果 A 以 g 單位的燃料呼叫 B，那麼 A 合約的執行程序最多只會扣除 g 單位的燃料。最後請注意，作業程式碼「CREATE」用於建立合約，其執行機制與「呼叫」大致雷同，不同之處在於由執行程序的輸出資料來決定新合約的程式碼。

執行程式碼

以太坊合約程式碼以低階的堆疊式位元組碼語言寫成，稱為「以太坊虛擬機程式碼」或「EVM 程式碼」。程式碼由一系列位元組構成，每一個位元組代表一項作業。一般而言，程式碼的執行是指「在目前的程式計數器上反覆執行作業，構成一個無限迴圈」。此時，程式計數器每增加一（起始值為零）就執行一次作業，直到程式碼執行完畢、遇到錯誤，或偵測到停止、退回的指令為止。這些作業可以存取三種資料儲存空間：

- **堆疊區**（stack），採後進先出的儲存方式，可推入和移出數值。
- **記憶體**，可無限擴展的位元組陣列。
- 合約的長期**儲存空間**，即鍵值儲存。與運算結束即重製的堆疊區和記憶體有所不同，儲存空間將長期存在。

程式碼也可以存取數值、傳送者、接收到的訊息以及區塊標頭等資料，而且程式碼可以回傳資料的位元組陣列，以此做為輸出。

EVM 程式碼的標準執行模型簡單得令人驚訝。以太坊虛擬機執行時，完整的運算狀態可由元組 (block_state, transaction, message, code, memory, stack, pc, gas) 來定義，其中 block_state 是包含所有帳戶餘額和儲存的全域狀態。每一輪執行開始時，透過調出第 pc 個位元組的程式碼（若 pc >=len(code) 則透過第 0 個位元組）來找到目前指令，每一項指令都有自己的定義，能說明指令如何影響元組。例如，ADD 將兩個物件移出堆疊，並放入這兩個項目的總和，將燃料減 1，pc 加 1，SSTORE 將頂部兩個物件移出堆疊，並將第二個物件以第一個物件指定的索引插入合約儲存空間。雖然有許許多多的方法可以透過即時編譯來讓以太坊虛擬機的執行過程最佳化，但以太坊的基本執行程序只要幾百行程式碼就能進行。

區塊鏈與挖礦

以太坊區塊鏈在許多方面與比特幣區塊鏈相似，但實際上仍有差別。以太坊與比特幣在區塊鏈架構上最主要的差異是：以太坊不像比特幣，其區塊包含了交易清單和最新狀態。

除此之外，區塊編號和難度值這兩項數值也會儲存在區塊裡。以太坊的基本區塊驗證演算法如下：

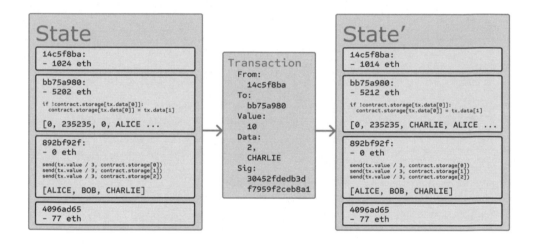

❶ 檢查區塊參照的前一區塊是否存在、是否有效。

❷ 檢查區塊的時間戳記是否超過所參照的前一區塊，且時間不超過未來 15 分鐘。

❸ 檢查區塊編號、難度值、交易根（transaction root）、叔根（uncle root）和燃料上限（以太坊特有的各種基層概念）是否有效。

❹ 檢查區塊的工作量證明是否有效。

❺ 令 S[0] 為前一區塊的最終狀態。

❻ 令 TX 為區塊的交易清單，清單上共有 n 筆交易。對落在 0...n-1 的所有 i，進行 S[i+1] = APPLY(S[i],TX[i])。若有應用程式回傳錯誤，或程式執行到這裡讓區塊消耗的全部燃料已超過燃料上限，則回傳錯誤。

❼ 令 S_FINAL 為 S[n]，將區塊獎勵支付給礦工。

❽ 檢查狀態 S_FINAL 的默克爾樹根是否等於區塊頭提供的最終狀態根。如果是，則區塊有效，反之則無效。

乍看之下這個方法很沒效率，因為它需要儲存每個區塊的完整狀態，但事實上，其效率可與比特幣媲美。原因在於狀態是以樹的結構儲存，每增加一個區塊只需要改變結構的一小部分。因此，整體而言，兩個相鄰區塊的樹大部分應該是相同的，所以只要儲存一次資料就可以用指標（即子樹的雜湊）引用兩次。我們使用特殊的「派翠西亞樹」（Patricia tree）來完成這件事，包括修改默克爾樹的概念，除了改變節點，也允許以高效率插入和刪除節點。此外，由於所有狀態資訊都來自前一區塊，所以不需要儲存完整的區塊鏈歷程——如果將這項策略應用於比特幣，將能節省 5 到 20 倍的空間。

大家經常會問，合約程式碼在「哪裡」執行？他們問的是實際的硬體，而答案很簡單：程式碼合約執行包含在狀態轉換函數的定義當中，而狀態轉換函數是區塊鏈驗證演算法的一部

分，因此當某筆交易被加進區塊 B，交易啟動的程式碼執行程序，由現在和未來所有下載和驗證區塊 B 的節點來完成。

應用

一般而言，以太坊可以建立三種應用。第一種是金融應用，為使用者提供更強大的方式，讓他們可以管理自己的資金，並用這些錢參與合約。這些方式包括子貨幣、金融衍生品、避險合約、儲蓄錢包、遺囑，甚至是某些類型的完整聘雇合約。第二種是準金融應用，雖然牽涉到金錢，但有很大一部分與金錢無關，其最佳例子是解決運算問題的自我執行獎金。最後，還有諸如線上投票和去中心化治理等與金融完全無關的應用。

代幣系統

區塊鏈代幣系統有著各式各樣的應用，包括代表美元或黃金等資產的子貨幣，以及公司股票、代表智慧資產的個別代幣、安全又不可偽造的優惠券，乃至與傳統價值完全無關、用作獎勵點數系統的代幣系統。代幣系統在以太坊裡執行起來簡單得令人吃驚，我們必須了解的關鍵在於不論貨幣或代幣系

統，基本上都是執行以下作業的資料庫：在 (1)A 交易前「至少」擁有 x 單位，而且 (2)A 同意交易的前提下，從 A 扣除 x 單位，並將 x 單位加給 B。執行一套代幣系統，其實就是將這一套邏輯實際套用到合約上。

以 Serpent 語言實行的代幣系統，其基本程式碼如下：

```
def send (to, value):
    if self.storage [msg.sender] >= value:
        self.storage [msg.sender] = self.storage [msg.
sender] - value
        self.storage [to] = self.storage [to] + value
```

基本上，這就是前文所闡述「銀行系統」狀態轉換函數的實作。我們還需要增加幾條程式碼，針對初始及其他的一些特殊情況建立貨幣分配的第一個步驟。理想中，我們還要加入一項函數，讓其他合約能夠查詢某個位址的餘額，做到這樣就夠了。在理論上，以以太坊為基礎上的代幣系統做為子貨幣使用時，有可能具備以比特幣為基礎的鏈上衍生貨幣（meta-currency）所缺乏的重要功能：直接以該貨幣支付交易手續費。其實行方式是：合約會維持一定數量的以太幣餘額，將用於支付手續費的以太幣退還給傳送者；此外，合約透過收費來收集內部貨幣，在持續運作的拍賣中轉賣貨幣，以此補充太幣餘額。

因此，雖然使用者必須用以太幣來「啟動」帳戶，但注入以太幣後，由於合約每一次都會退還資金，該枚以太幣將能重複使用。

金融衍生品與價值穩定的貨幣

　　金融衍生品是「智慧合約」最常見的應用，也最容易透過程式碼來加以實行。金融合約在實務上的最大挑戰在於，大部分的合約都必須參照外部報價系統提供的資訊。舉例來說，能與以太幣（或其他加密貨幣）相對於美元的價格波動對沖的智慧合約非常受歡迎，但要實現這份合約，合約必須要掌握以太幣與美元的兌換價格。最簡單的方法是借助由特定方（例如那斯達克）維護的「資料摘要」合約。在這樣的設計下，特定方可視需要更新合約，並提供介面，允許其他合約傳送訊息來向這份合約索取價格資訊。

　　一旦具備了這項關鍵要素，避險合約將以下列方式運作：

❶ 等待 A 方輸入 1,000 枚以太幣。

❷ 等待 B 方輸入 1,000 枚以太幣。

❸ 用從資料摘要合約查詢到的資訊計算，將 1,000 枚以太幣的美元價值（這裡假設為 x 美元）記錄至儲存空間。

❹ 30 天後，允許 A 或 B「重新啟動」合約，將價值 x 美元的以太幣（再次查詢資料摘要合約，以取得的新價格計算）傳送給 A，剩餘傳送給 B。

　　這類合約應用於加密商業潛力非凡。由於加密貨幣的價格波動太大，經常為人詬病，即使許多使用者與商家願意使用加

密資產，希望享受其安全與便利，他們也不會想承擔資金一天損失 23% 的風險。目前人們最常提出的解決辦法是由發行人背書的資產，其概念是：發行人創建一種子貨幣，而他們有權發行和廢除，並將一單位的貨幣發給能夠（在現實世界）提供一單位特定標的資產（例如黃金或美元）的人；接著發行人承諾將一單位的標的資產提供給回傳一單位加密資產的人。只要發行人可靠，這套機制就可以讓任何一種非加密資產「升級為」加密資產。

但現實中，發行人並非總是值得信任，而且有時候銀行的基礎設施太脆弱或太不友善，導致這樣的服務無法存在。金融衍生品提供了一種替代方案，這個方案裡沒有提供資金支撐資產的單一發行人，而是由投機者組成的去中心化市場來扮演發行人的角色，這些投機者打賭加密參照資產（reference asset，例如以太幣）的價格將會上漲。與發行人不同的是，投機者將資金交給避險合約託管，沒有討價還價的餘地。請注意，這並非完全去中心化的方案，因為仍然需要一個可信的價格行情提供者。儘管有爭議，這種做法仍然在減少基礎設施需求（與發行人不同，在這裡發布價格資訊不需要執照，可歸類為言論自由）和降低詐欺風險方面，有了長足的進步。

身分識別與信譽系統

　　替代加密貨幣（alternative cryptocurrency，又稱山寨幣）的先驅「域名幣」，嘗試運用類似比特幣的區塊鏈來提供域名註冊系統，使用者可以將域名和其他資料一起註冊到公共的資料庫。大家最常提到的例子便是可將 bitcoin.org 這類域名（或是在域名幣裡的「bitcoin.bit」），對應到某個 IP 位址的網域名稱系統。

　　其他例子還有電子郵件驗證系統以及可能可以更先進的信譽系統。以下是在以太坊提供域名幣這類域名註冊系統的基本合約：

```
def register (name, value):
    if !self.storage [name]:
        self.storage [name] = value
```

　　這份合約非常簡單，基本上就是一個在以太坊網路中可以接受新增，而不能接受修改或刪除的資料庫。任何人都可以將域名註冊為一個值，註冊之後永遠不能改變。複雜度更高的域名註冊合約還會有「函數子句」，允許其他合約進入查詢，同時也附有讓域名「所有者」（即第一個註冊者）能夠更改資料或轉讓所有權的機制。你甚至可以在上面添加信譽和信任網功能。

去中心化檔案儲存

這幾年出現了一些受歡迎的線上檔案儲存新創公司。其中，最知名的 Dropbox 希望用戶上傳和儲存硬碟備份，並透過讓用戶存取備份來收取每月服務費。但目前，檔案儲存市場有時相當沒效率。大略瀏覽現行的幾種方案會發現——尤其是 20 到 200GB 這個既沒有免費額度，也沒有企業折扣的「恐怖谷」（uncanny valley）——每月檔案儲存成本的主流價格，比整個硬碟使用一個月的成本還高。有鑑於此，以太坊合約允許人們開發去中心化檔案儲存生態系，個別用戶出租硬碟可以獲得少許報酬，使用這些閒置的空間可以進一步降低檔案儲存成本。

這類設計的關鍵要素，我們稱之為「去中心化的 Dropbox 合約」。這份合約的運作方式如下：首先，使用者將要上傳的資料切分成區塊，將其加密增添隱私性，並以此建立默克爾樹。接著使用者將合約規則定義為「每 n 個區塊，合約會在默克爾樹上取一個隨機索引（透過可被合約程式碼存取的前一區塊雜湊值來提供隨機性），並以類似簡易支付的驗證機制，對默克爾樹上特定索引的區塊的所有者進行驗證，將 x 枚以太幣傳送給第一個提供交易的實體」。當使用者想要重新下載檔案時，他們可以利用小額付款通道協定（例如每 32KB 支付 1 薩博）來復原檔案。

以費用來說，最有效率的方法是付款者直到最後一刻才發

布交易，而且每 32KB 便以附有相同隨機數、但賺頭略大一些的交易，去取代原本的交易。

這項協定有個重要功能，就是雖然它看似要使用者去相信許多隨機節點不會丟失檔案，但使用者可以透過祕密分享技術將檔案分割成許多部分，並透過監視合約，監控每個部分是否仍然存在於某一個節點，將風險降至接近於零。假如合約仍然在付款，就是透過密碼學技術證明了某人依然在幫使用者儲存檔案。

去中心化自治組織

一般而言「去中心化自治組織」（DAO）的概念是：一個虛擬實體內，成員或股東超過一定人數（比如，達到 67% 的多數），即可行使權利花用資金或修改程式碼。至於組織資金如何分配，由成員共同決定。DAO 的資金分配方式可以是獎金、薪資，甚至可以是其他更奇特的機制，例如：以內部貨幣做為工作報酬。

這麼做，基本上是以密碼學區塊鏈技術為執行方式，複製出傳統公司或非營利組織的一切法律特性。迄今為止，許多關於 DAO 的討論圍繞在「去中心化自治公司」（decentralized autonomous corporation，簡稱 DAC）這種有股東分紅、股份可以交易的「資本主義」模式。而其替代模式，我們或許可以將

之稱為「去中心化自治社群」（decentralized autonomous community）。在這裡，所有成員在決策上擁有同等的權利，必須要有 67% 的現有成員同意，才能增減成員。而且每一個人只能擁有一個會員資格，這項規定必須由團體強制實施。

以下是如何以程式碼實現 DAO 的概要。最簡單的設計是採用自我修改碼（self-modifying code），在三分之二成員同意改變時變更。雖然程式碼理論上不可竄改，但透過將程式塊放置在不同的合約內，並將合約呼叫的位址儲存於可竄改的儲存空間，依然能輕鬆繞過這個障礙，使程式碼實質上變得可以竄改。這類 DAO 合約的簡單實作包含三種類型的交易，根據交易給予的資料來區分，分別是：

- [0,i,K,V]，以索引值 i 註冊提案，將索引值 k 的儲存位置更改為數值 v。
- [1,i]，登記提案 i 的贊成票。
- [2,i]，如票數超過門檻，則實現提案 i。

合約會針對這三點分別撰寫條款，並維護一份記錄，記載所有公開儲存空間的變更，以及變更贊成票的投票名單；合約也會有一份所有成員名單。當儲存空間變更取得三分之二成員投票同意，會由一筆最終交易執行變更。更精密的框架還會內建投票功能，針對傳送交易、增減成員等功能進行投票，甚至

提供流動式民主（liquid democracy）式的投票委任機制（亦即，任何人都可以指派某人為他們投票，而且委任關係可以遞移，例如：A 委託 B，B 委託 C，最後由 C 替 A 投票）。這項設計可允許做為去中心化社群的 DAO 有機地成長，使人們最終能夠將篩選合適成員的任務交給專家，但與「現行系統」不一樣的是，這些專家將隨著個別社群成員更改結盟對象，而隨時可以加入或被退出。

在另一種替代模式「去中心化公司」裡，帳戶可能沒有或持有較多股份，而制定決策需要取得三分之二的股份同意。完整框架要包含資產管理功能，亦即，能夠提出股份買賣要約，以及接受要約的能力（合約內最好要有訂單配對機制）。代表團同樣以流動民主的方式存在，由此籠統地形成「董事會」的概念。

進一步應用

1. **儲蓄錢包**：假設愛麗絲想確保資金安全，又擔心會弄丟或被駭客竊取私密金鑰。於是，她將以太幣存入與鮑伯的合約裡。鮑伯就像一間銀行，合約內容如下：

· 愛麗絲個人每一天最多可提領 1% 的資金。
· 鮑伯個人每一天最多可提領 1% 的資金，但愛麗絲可以用

金鑰建立交易，取消鮑伯的提款權限。

・愛麗絲和鮑伯兩個人一起可以提領任何金額。

正常情況下，每天提領 1% 對愛麗絲來說夠用了，如果她想多領一點錢，可以聯絡鮑伯，找他幫忙。如果愛麗絲的金鑰被駭，她可以趕快找鮑伯，將資金轉移到另一份新合約。如果愛麗絲的金鑰不見了，鮑伯最後可以把錢全部挪走。要是鮑伯是壞人，愛麗絲可以取消鮑伯的提款權限。

2. 農作物保險：可以輕鬆建立一份金融衍生品合約，不參照任何價格指數，而是參照天氣狀況的資料摘要。假如有一名愛荷華州的農夫購買了一份衍生品合約，這份合約會根據愛荷華州的降雨量進行反向賠償。發生乾旱時，這名農夫將可自動收到賠償金；若雨水充足，農夫會很開心，因為農作物會生長得很好。這項機制可以廣泛擴大應用於天然災害保險。

3. 去中心化資料源：針對金融差價合約，我們有可能透過稱為「謝林幣」的協定讓資料源真正去中心化。謝林幣的基本運作方式如下：n 個參與方將指定資料的數值輸入系統（例如以太幣／美元價格），數值會被儲存下來，第 25 到第 75 百分位數的人可以領到一枚代幣的報酬。大家有誘因提出跟其他人一樣的答案，而唯一能讓大量參與者實際上同意的數值顯而易見、不言可喻（即事實）。這樣的去中心化協定理論上可以提

供任何一種數值，包括以太幣／美元價格、柏林的氣溫，甚至是某個困難的運算問題的答案。

4.**多重簽章智慧託管**：比特幣允許多重簽章交易合約，例如，五把特定金鑰當中的三把可以支用資金。以太坊可以做得更細。舉例來說，五把金鑰當中的四把可以花費任何金額的資金，但若只有三把金鑰，每一天最多只能花 10%，兩把則每一天最多只能花 0.5%。此外，以太坊多重簽章技術採非同步設計──兩個參與方可在不同時間在區塊鏈上登錄簽章，最後登錄的簽章將會自動傳送交易。

5.**雲端運算**：EVM 技術也可以用於建立可驗證的運算環境，允許使用者要求其他人執行運算，然後選擇性地要求對方提供證據，證明在某個隨機挑選的檢查點上，運算已正確完成。雲端運算市場因此得以建立，任何使用者都能用他們的桌上型電腦、筆記型電腦或專用伺服器參與市場。此外，我們可以同時結合抽查和保證金機制，確保系統可以信任（即節點無法透過欺騙獲利）。雖然這類系統不見得適用於全部的任務。例如，對程序間通訊要求高的任務無法輕易地在大的節點雲上完成，但其他任務的平行處理將會更加容易。SETI@home、folding@home 和基因演算法這類計畫，就很容易在這樣的平台上實行。

6. **點對點博弈**：任何數目的點對點博弈協定都可以在以太坊區塊鏈上實行，例如：法蘭克·斯塔哈諾（Frank Stajano）和理查·克萊頓（Richard Clayton）的網路骰子（Cyberdice）協定。最簡單的博弈協定其實就只是關於下一區塊雜湊的差價合約，我們可從這邊開始建立更進階的協定，創造幾乎零手續費又無法作弊的博弈服務。

7. **預測市場**：只要有預言機或謝林幣，預測市場也能輕易地落實。搭配謝林幣的預測市場可能會被證明是未來治理機制做為去中化組織治理協定的第一個主流應用。

8. 以身分識別和信譽系統為基礎的**鏈上去中心化市場**。

其他與注意事項

◆ 實行改良版幽靈協定

幽靈協定的全稱是「貪婪最重可見子樹」（Greedy Heaviest Observed Subtree，簡稱 GHOST），它是尤納坦·桑波林斯基和阿維夫·佐哈在 2013 年 12 月引進的創新機制。推出幽靈協定是因為目前區塊鏈的確認時間很短，導致安全性因為高過時率而下降——由於區塊需要一定的時間才能傳播到全網，如果 A

礦工挖掘出一個區塊，B 礦工碰巧在 A 將區塊傳播給 B 之前挖掘出另一個區塊，則 B 礦工挖掘的區塊將會被浪費掉，對網路安全沒有貢獻。此外還有一個中心化的問題：如果 A 礦工是掌握 30% 雜湊算力的礦池，而 B 礦工掌握 10% 雜湊算力，那麼 A 礦工將面臨 70% 時間產出過時塊（stale block）的風險（另外 30% 時間 A 會產出最後一個區塊，並立刻獲得挖礦資料），而 B 礦工將會面臨 90% 時間產出過時塊的風險。

因此，如果區塊生成時間間隔太短，導致過時率太高，A 礦工將單純因為規模大，而比 B 礦工效率高出許多。兩種因素加在一起，快速生成區塊的區塊鏈非常有可能使掌握一定比例網路雜湊算力的礦池，實際上控制住整個挖礦流程。

如桑波林斯基和佐哈所說，幽靈協定在計算哪一條區塊鏈「最長」的時候納入過時塊，解決了第一個網路安全性下降的問題。也就是說，不只是區塊的母塊和更早的祖先，連祖先區塊已過時的後代（以太坊術語稱之為「叔塊」）也被加進來，計算哪一個區塊有最大的工作量證明。

接下來我們要在桑波林斯基和佐哈的協定上更進一步，也為過時塊提供獎勵，以解決第二個中心化傾向的問題：過時塊可獲得基礎獎勵的 87.5%，將其納入的侄塊（nephew block）則獲得其餘 12.5%。但叔塊不會獲得交易手續費。

以太坊實施僅下探七層的簡易版幽靈協定。具體而言，定義如下：

- 區塊必須指定母塊，並指定 0 到多個叔塊。
- 納入 B 區塊的叔塊必須符合以下特性：
  - 必須是 B 區塊第 k 代祖先的直系子塊，其中 2 <= k <= 7。
  - 不得是 B 區塊的祖先。
  - 叔塊必須是有效的區塊標頭，但不需要是事先經過驗證的區塊，甚至不需要是有效區塊。
  - 叔塊不得與先前區塊的叔塊有任何重複，或與相同區塊內的其他叔塊重複（不重複納入原則）。
- B 區塊中的每一個叔塊（U）都可以讓 B 礦工額外獲得 3.125% 的幣基獎勵，而挖掘 U 的礦工可獲得標準幣基獎勵的 93.75%。

採用限制僅能納入七代叔塊的幽靈協定有兩點原因。第一，無限制的幽靈協定會導致決定哪個叔塊可以加入特定區塊的計算過程太複雜；第二，無限制的幽靈協定加上以太坊採用的補償機制，會使礦工失去挖掘主鏈的動力，而有誘因去挖掘公開攻擊者的區塊鏈。

◆ 手續費

由於每筆發布到區塊鏈的交易都會產生下載和驗證的成本，因此需要有某種規範機制來防止交易浮濫（通常會設有交

易手續費）。比特幣預設收取純屬自願性質的手續費，由礦工擔任把關者及設定動態的最低費用。這個方法廣受比特幣社群歡迎，主要原因在於這是「以市場為基礎」的做法，由礦工和交易傳送者之間的供需來決定價格。然而，這套邏輯的問題出在交易處理不以市場的模式運作。雖然直覺上，交易處理很容易被理解為：礦工為交易傳送者提供服務，但事實上礦工納入的每一筆交易都需要經過網路中的每一個節點來處理，所以交易處理成本大多由第三方承擔，而不是由決定是否納入交易的礦工來承擔。因此，很有可能發生公眾悲劇的問題。

然而結果顯示，只要提出一項不夠準確的簡化假定，就能神奇地讓市場機制中的這個瑕疵自行失效。論證如下，假設：

1. 一筆交易會產生 k 步作業，提供獎勵 kR 給任何一名將交易納入區塊的礦工，此處 R 由交易傳送者設定，礦工可事先（大致）看見 k 與 R。

2. 每一個節點處理一項作業的成本都是 C（亦即所有節點的效率相同）。

3. 共有 N 個挖礦節點，每一個節點的處理能力完全相同（亦即總處理能力的 1/N）。

4. 網路中沒有不挖礦的全節點。

礦工會在預期報酬高於成本時有意願處理交易。已知礦工有 1/N 的機率處理下一區塊，礦工的預期報酬為 kR/N，而且處

理成本為 kC。所以，當 kR/N > kC，即 R > NC 時，礦工會將交易納入區塊。注意，R 是傳送者所提供的每步作業手續費，亦即傳送者從交易中獲得利益的下限，而 NC 是全網一起處理作業的成本。由此可知，礦工有誘因只納入整體效益高於成本的交易。

但現實情況與上述假設有幾點重要的偏離：

1. 比起其他驗證節點，礦工確實在交易處理上要付出更高的成本，因為額外的驗證時間會拖延區塊的傳播，導致區塊過時的機率變高。

2. 不挖礦的全節點確實存在。

3. 現實中，挖礦算力的分布情形最後有可能極端不平等。

4. 確實存在某些投機者、政敵和瘋子，他們可以從破壞網路獲得效用。這些人有辦法巧妙地設定合約，使自己的成本大幅低於其他驗證節點。

第 1 點會驅使礦工減少打包交易，而第 2 點會提高 NC，因此這兩種作用至少會互相抵消掉一部分。如何抵銷？第 3 點和第 4 點是最主要的問題。為了解決問題，我們簡單設置了一個浮動的上限：區塊可執行的作業數不得超過 BLK_LIMIT_FACTOR 乘以長期指數移動平均數。具體寫成：

```
blk.oplimit = floor ((blk.parent.oplimit \* (EMAFACTOR
- 1) +
floor (parent.opcount \* BLK\_LIMIT\_FACTOR)) / EMA\_
FACTOR)
```

BLK_LIMIT_FACTOR 和 EMA_FACTOR 是常數，暫時設為 65536 和 1.5，有可能會再進一步分析後更改。

還有一項因素會抑制比特幣區塊鏈產生大區塊：大區塊的傳播時間較久，所以變成過時塊的機率較高。在以太坊，燃料消耗多的區塊傳播時間也有可能比較久，因為這些區塊實際上真的比較大，而且需要比較久的時間去處理交易狀態轉換並進行驗證。以延遲形成妨礙是比特幣的重要考量，但對以太坊而言，因為有幽靈協定的關係，所以不是那麼重要。由此可知，仰賴受規範的區塊限制，可提供更穩定的基準線。

◆ 運算與圖靈完備性

這裡必須強調，以太坊虛擬機（EVM）符合圖靈完備性，意思是：EVM 程式碼可編入所有設想可執行的運算，包括無限迴圈。EVM 程式碼有兩種實現迴圈的方式。第一種是使用 JUMP 指令，允許程式跳回至程式碼的前一個位置，再使用一個 JUMPI 指令進行條件跳轉，允許執行諸如「while x < 27: x = x * 2」的陳述式。第二種是以合約呼叫其他合約，允許透過遞迴來實現迴圈。這自然衍生出一個問題：惡意使用者是否基本

上可以迫使礦工和全節點進入無限迴圈，來讓他們停止運作？這個問題源自於電腦科學中所謂的「停機問題」（halting problem）：一般情況下，無從得知某個程式是否會停止運作。

如討論狀態轉換的篇幅所述，我們的解決辦法是要求交易設定運算步驟的最高上限，若執行過程超出規定的步驟數，則運算會被還原，但依然要支付手續費。訊息的運作方式與此相同。以下例子說明了這項解決方案的設計動機：

- 攻擊者建立執行無限迴圈的合約，接著向礦工傳送會啟動迴圈的交易。礦工將處理這筆交易，執行無限迴圈，直到燃料耗盡為止。即使執行過程耗盡燃料並中途停止，交易仍然有效，礦工仍然可向攻擊者索取每一步的運算費用。

- 攻擊者建立非常長的無限迴圈，意圖迫使礦工長時間持續運算，假如運算結束前又產生幾個區塊，該名礦工將無法打包交易領取費用。不過，攻擊者必須提交初始燃料值，限制可執行的運算步驟數，因此礦工將提前知道運算的步驟數過多。

- 攻擊者看見一份合約，其程式碼的格式類似於 send (A,contract.storage [A])；contract.storage [A] = 0。攻擊者以剛剛好執行第一步、但無法進行下一步的燃料傳送交易（亦即，只領錢出來，卻不使餘額減少）。合約制定者不需要費心防範這類攻擊，因為執行中途停止，變更會被還原。

- 假如有一份金融合約，藉由擷取九筆專用資料摘要的中位

數來降低風險，而攻擊者控制了其中一筆資料摘要。如「去中心化自治組織」一節所述，在設計上，資料源可以透過可變位址呼叫機制修改。攻擊者將其改為執行無限迴圈，意圖迫使任何嘗試從這份金融合約索取資金的請求耗盡燃料，但金融合約可為訊息設置燃料上限來防止這個問題發生。

圖靈完備性的相對是「非圖靈完備」（Turing-incompleteness），其中 JUMP 和 JUMPI 不存在，而且在任一特定時間，呼叫堆疊內只允許有一份合約副本。在這樣的系統裡，前述收費系統以及我們在方案中提出的效果不確定性，可能都不需要了，因為執行成本將取決於合約的大小。

此外，非圖靈完備並不會形成太大的限制。在我們內部構思的所有合約範例裡，目前只有一個需要迴圈，就連那個迴圈，都可以透過將一行程式碼重複 26 次來取代。既然圖靈完備性會帶來嚴重影響，效益卻有限，你會想，何不乾脆使用非圖靈完備語言？但在現實中，非圖靈完備實在無法解決問題。原因請見下方合約：

```
C0: call (C1); call (C1);
C1: call (C2); call (C2);
C2: call (C3); call (C3);
...
C49: call (C50); call (C50);
C50: (run one step of a program and record the change
in storage)
```

現在，傳送一筆交易給 A。這 51 筆交易構成一份需要執行 2^{50} 個運算步驟的合約。礦工可以嘗試替每一份合約設定一個數值，規定合約可執行的最大運算步驟數，計算合約以遞歸方式呼叫其他合約所需要的運算步驟，以此事先檢查出這樣的邏輯炸彈（logic bomb）。但這樣一來，礦工必須要禁止使用者建立能夠建立其他合約的合約（因為使用者輕而易舉就能將前述 26 份合約的建置與執行，合併至單獨的一份合約）。

另外一個問題是，訊息的位址欄位是一個變量，所以在一般情況下，甚至無法事先得知合約將會呼叫哪一份合約。於是，我們最後得出一項驚人結論：要管理圖靈完備反而簡單得多，而對非圖靈完備進行管理，除非採取相同的控制機制，否則出乎意料地困難──既然如此，為什麼不直接設計符合圖靈完備的協定呢？

◆ 貨幣與發行

以太坊網路有內建的貨幣「以太幣」。以太幣扮演雙重角色：(1) 做為主要流動層，使各種數位資產能夠有效率地互相交易；更重要的一點在，(2) 做為交易手續費的支付機制。為了方便起見，以及為了避免未來發生爭議（參見比特幣目前關於「mBTC ／ uBTC ／聰」的爭議），我們將提前規定，以太幣分為以下面額：

- 1：維（wei）。
- 10^{12}：薩博（szabo）。
- 10^{15}：芬尼（finney）。
- 10^{18}：以太幣（ether）。

　　這些應該理解成「美元」和「美分」，或「比特幣」和「聰」的擴大概念。我們期許在不久的將來，「以太幣」可用於普通交易，「芬尼」用於小額交易，而「薩博」和「維」用於費用和協定實作的技術討論。日後或許需要其他面額，但目前不應將其納入客戶端。

　　發行模式如下：

- 以太幣將以每一比特幣兌換 1,000 至 2,000 以太幣的價格發行，並以這樣的機制為以太坊組織與開發提供資金，萬事達幣和 NXT 等平台上已有相關成功案例。早期購買者將享有較優惠的兌換率。發售所得的比特幣將完全用於支付開發者的薪資與獎金，並用於投資以太坊與加密貨幣生態系中，各種營利與非營利計畫。
- 0.099 倍的發售總額（60,102,216 枚以太幣）撥給以太坊組織，用於補償早期貢獻者，以及支付創世區塊產生前以以太幣計價的支出。
- 保留 0.099 倍的發售總額做為長期儲備金。
- 上線之後，持續每一年撥 0.26 倍的發售總額給予礦工。

類別	上線時	1 年後	5 年後
貨幣數量	1.198 倍	1.458 倍	2.498 倍
購買者	83.5%	68.6%	40.0%
預售花用的儲備金	8.26%	6.79%	3.96%
售後花用的儲備金	8.26%	6.79%	3.96%
礦工	0%	17.8%	52.0%

▲長期供給增長率（百分比）。

　　上述模型內含兩個主要選項：(1) 捐贈池（endowment pool）的存在與規模；(2) 永久增長線性供給的存在（相對於比特幣的有限供給）。捐贈池的存在理由如下：如果捐贈池不存在，線性發行模式將降至 0.217 倍才能實現相同的通膨率。如此一來，以太幣總量將會減少 16.5%，使每一單位貨幣價值提高 19.8%。在均衡狀態下，這樣會增加 19.8% 的購買量，使每一單位貨幣的價值再度恢復到與以前一樣。此時組織持有的比特幣也會是原先的 1.198 倍。這些比特幣可以分開視為兩個部分：原先的比特幣，以及額外多出 0.198 倍比特幣。其效果「完全等同於」捐贈，但有一項重要差異：組織會單純持有比特幣，沒有動力去維護以太幣的價值。

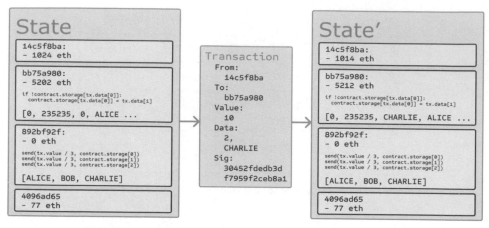

▲儘管採用線性貨幣發行模式，以太幣的供給增長率仍然與比特幣一樣，
將會隨時間的推移趨向於零。

　　永久線性供給增長模型降低了像比特幣這樣財富過度集中
的風險（某些人是這麼認為的），並為生活在當前與未來世代
的人提供了公平的貨幣取得機會；同時，藉由讓「供給增長率」
隨時間遞減至零，維繫取得和持有以太幣的強烈誘因。我們也
推斷隨著時間流逝，總會發生持有者粗心大意或死亡等原因，
導致代幣遺失，而代幣的遺失可根據每年總供給量來建構模
型，因此流通中的貨幣總供給量實際上將趨向穩定，等於每年
發行量扣除損失的比率（例如，損失比率為 1%，在供給量為
26 倍時，每年將有 0.26 倍的以太幣被挖掘出來，並損失 0.26
倍的以太幣，達到均衡）。

　　請注意，未來以太坊可能為了安全性改採權益證明機制，
每年發行量將會降至大約 0 至 0.05 倍之間。萬一以太坊組織損
失資金，或因任何原因消失，我們留有建立「社群合約」的選

項：任何人都有權建立以太坊的未來候選版本，唯一條件只有以太幣數量最多只能為 60,102,216 * (1.198 + 0.26 * n)，其中 n 代表創世區塊產生後的年數。

建立者可以自由地透過眾籌，或將權益證明驅動的供給擴張量，與可允許之最高供給擴張量相減，透過分配兩者之間的全部或部分差額來支付開發費用。不符社群合約的候選升級版本，有可能合理地被分叉為相容版本。

◆ 挖礦中心化的問題

比特幣挖礦演算法的運作方式，是讓礦工一次又一次對略經修改的區塊標頭版本，不斷計算 SHA256 雜湊，直到某個節點產生的版本，雜湊值小於目標值（目前約為 2^{192}）。這種挖礦演算容易出現兩種中心化的問題。第一種是挖礦生態系被特殊應用積體電路（ASIC）掌控，這是針對比特幣挖礦設計的晶片，在效率方面比一般晶片高好幾千倍。這就表示比特幣挖礦再也不是高度去中心化、追求平等的挖礦，而是要投入上百萬美元的資本才能有效參與。第二種，大部分比特幣礦工實際上並非在其所在地執行區塊驗證工作，他們依賴中心化的礦池提供區塊標頭。這個問題可以說更糟糕：儘管若礦池或礦工勾結嘗試發動 51% 攻擊，礦工可以轉移到其他礦池，減輕礦池的影響力，但撰寫本文之時，前三大礦池間接控制比特幣網路大約 50% 的處理能力。

以太坊目前打算使用的挖礦演算法是：礦工必須從狀態擷取隨機資料，計算區塊鏈最後 N 個區塊中，某些隨機挑選的交易，並回傳結果的雜湊值。這麼做有兩項主要好處。首先，以太坊合約可以納入任何一種運算，因此以太坊的特殊應用積體電路基本上會是適合一般運算用途的特殊應用積體電路——也就是，更棒的中央處理器。其次，挖礦必須存取整條區塊鏈，迫使礦工儲存整條區塊鏈的資料，並至少要能驗證每一筆交易。這樣可以消除對中心化礦池的需求。不過，礦池仍能有效地平衡獎勵分配的隨機性。而透過無中央控制的點對點礦池，一樣可以好好發揮這項功能。

　　這個模式尚未經過測試，利用合約執行來做為挖礦演算法，也許難以避免有心人士利用取巧的辦法將設備最佳化。但這套演算法有一項值得注意的有趣特色，就是任何人都可以在區塊鏈上設置大量妨礙某些特殊應用積體電路的合約，對其「落井下石」。特殊應用積體電路製造商有利用這種把戲互相攻擊的經濟誘因。因此，我們正在開發的解決方案，最終會是一種因時制宜的人為經濟解決方案，而不是純粹的技術解決方案。

◆ 可擴充性

　　以太坊最常被提及擴充性的問題。以太坊和比特幣有一樣的缺點，就是每一筆交易都要經過每一個網路節點處理。比特幣的當前區塊鏈大小為 15GB，每小時增加 1MB。如果比特幣

網路要像 Visa 每秒處理 2,000 筆交易，就會變成每 3 秒增加 1MB（每小時 1GB，每年 8TB）。以太坊可能也會遭遇類似甚至更糟的增長模式，因為以太坊區塊鏈上有許多應用，不像比特幣區塊鏈上只有貨幣；但以太坊的全節點只需要儲存狀態，而非完整的區塊鏈歷程，使情況得以改善。

　　大型區塊鏈的問題在中心化的風險。例如，假如區塊鏈的規模增長到 100TB，此時很可能發生：僅極少數大型企業能執行全節點，所有一般使用者都將使用輕巧的簡易支付驗證節點。在這種狀況下，全節點有可能聯合起來詐欺牟利（例如更改區塊獎勵，將比特幣發給自己），輕節點卻不可能有辦法立刻察覺。當然，至少應該會有一個誠實的全節點，幾小時後，詐欺消息會透過 Reddit 這類管道透漏出去，但到了這一步為時已晚：一般使用者必須想辦法將某個區塊阻擋在外，這麼做所需要的協調，其規模或許會達到不可行的程度，等同於發動一次成功的 51% 攻擊。這是比特幣目前面臨的問題，不過彼得・陶德（Peter Todd）提出的區塊鏈修改建議可以緩和這個問題。

　　短期內，以太坊會以另外兩項策略來因應這個問題。首先，根據區塊鏈挖礦演算法，至少每一名礦工都不得不成為全節點，為全節點的數目建立一個下限。其次，也更重要的一點是，我們會在處理完每筆交易後，將中繼狀態樹根收入區塊鏈。即使採用中心化的區塊驗證，只要有一個誠實的驗證節點存在，就能透過驗證協定避免中心化的問題。如果礦工發布無效區塊，該區塊不是格式有問題，就是狀態 S[n] 不正確。由於

S[0] 已知正確，所以必然存在某個 S[i]，其第一個狀態是錯誤的，但狀態 S[i-1] 是正確的。驗證節點會提供索引 i，以及由處理 APPLY(S[i-1],TX[i]) -> S[i] 所需的派翠西亞樹節點子集組成的無效證明。網路透過這些節點來執行這一部分的運算，發現運算產生的 S[i] 與節點提供的 S[i] 不一致。

另外，在更複雜的攻擊事件中，會有惡意礦工發布未完成的區塊，因此缺少足以判斷區塊是否有效的完整資訊。解決辦法是「挑戰與回應協定」（challenge-response protocol）：驗證節點對目標交易索引發出「挑戰」，收到挑戰訊息的輕節點解除對區塊的信任，直到有其他節點（可能是礦工或其他驗證者）提出派翠西亞節點子集做為有效證明，才信任區塊。

結論

以太坊協定的最初構想是成為升級版加密貨幣，透過高度通用的程式語言，提供諸如鏈上託管、提領限制、金融合約、博弈市場等先進功能。以太坊協定不直接「支援」這些應用，但符合圖靈完備性的程式語言存在，意味著理論上可以針對各種交易類型或應用任意建立合約。

不過以太坊更有趣的一點在於，以太坊協定遠超過貨幣的範疇。去中心化檔案儲存、去中心化運算和去中心化預測市場，以及許許多多其他類似概念的相關協定，有機會促使運算

產業的效率大幅提升，而且這是首次有協定加入了經濟層，將大力推動其他點對點協定的發展。最後，還有非常多與金錢完全無關的應用。

以太坊協定實現任意狀態轉換函數的概念，提供一個潛力獨具的平台。以太坊不是針對資料儲存、博弈或金融領域中一系列特定應用程式而生的封閉式、單用途協定。它採取開放式的設計，我們相信未來幾年，以太坊將成為非常適合執行各式各樣金融與非金融協定的基礎層。

各篇初次刊登處對照表

▶ 〈加密貨幣的內在價值：理念〉

Markets, Institutions and Currencies—A New Method of Social Incentivization, Bitcoin Magazine, January 10, 2014.

▶ 〈以太坊，一切的起點〉

Ethereum: A Next-Generation Cryptocurrency and Decentralized Application Platform, Bitcoin Magazine, January 23, 2014.

▶ 〈智慧合約與鏈上法官〉

Self-Enforcing Contracts and Factum Law, Ethereum blog, February 24, 2014.

▶ 〈論孤島〉

On Silos, Ethereum blog, December 31, 2014.

▶ 〈超理性合作與 DAO〉

Superrationality and DAOs, Ethereum blog, January 23, 2015.

▶ 〈區塊鏈的長尾效應〉

The Value of Blockchain Technology, Ethereum blog, April 13, 2015.

▶ 〈簡單的演算法，複雜的區塊鏈〉

Why Cryptoeconomics and X-Risk Researchers Should Listen to Each Other More, medium.com/@VitalikButerin, July 4, 2016.

▶ 〈權益證明的設計哲學〉

A Proof-of-Stake Design Philosophy, medium.com/@VitalikButerin, December 30, 2016.

▶ 〈去中心化的意義〉

The Meaning of Decentralization, medium.com/@VitalikButerin, February 6, 2017.

▶ 〈區塊鏈治理，代幣投票不是唯一〉

Notes on Blockchain Governance, vitalik.ca, December 17, 2017.

▶ 〈論勾結〉

On Collusion, vitalik.ca, April 3, 2019.

▶ 〈論言論自由〉

On Free Speech, vitalik.ca, April 16, 2019.

▶ 〈控制，是一種負債〉

Control as Liability, vitalik.ca, May 9, 2019.

▶〈以太世界的數學遊戲〉

Christmas Special, vitalik.ca, December 24, 2019.

▶〈有效的可信中立機制〉

Credible Neutrality as a Guiding Principle, Nakamoto, January 3, 2020.

▶〈協作的好與壞〉

Coordination, Good and Bad, vitalik.ca, September 11, 2021.

▶〈美國大權的預測市場啟示〉

Prediction Markets: Tales from the Election, vitalik.ca, February 18, 2021.

▶〈正當性是最稀缺的資產〉

The Most Important Scarce Resource is Legitimacy, vitalik.ca, March 23, 2021.

▶〈比吉尼係數更合用的指標〉

Against Overuse of the Gini Coefficient, vitalik.ca, July 29, 2021.

▶〈好的投票制度〉

Moving Beyond Coin-Voting Governance, vitalik.ca, August 16, 2021.

▶〈信任模型〉

Trust Models, vitalik.ca, August 20, 2021.

▶〈加密城市的時代來臨〉

Crypto Cities, vitalik.ca, October 31, 2021.

▶〈305 靈魂綁定〉

Soulbound, vitalik.ca, January 26, 2022.

國家圖書館出版品預行編目資料

以太思維：V神首本親筆著作 / 維塔利克・布特林作 .
-- 初版 . -- 臺北市：三采文化股份有限公司，2024.03
面；　公分 . --（Trend 82）
譯自：Proof of stake : the making of ethereum and
the philosophy of blockchains.
ISBN 978-626-358-272-9（平裝）

1.CST: 資訊科技 2.CST: 未來社會 3.CST: 電子貨幣

541.49　　　　　　　　　　　112021273

◎封面圖片提供：
ValentynaK / Shutterstock.com
iStock.com / sergio34

◎書腰圖片提供：
達志影像

◎內頁圖片提供：
aleksei_derin - stock.adobe.com

suncolor
三采文化

Trend 82

以太思維
V 神首本親筆著作

作者｜維塔利克・布特林（Vitalik Buterin）　　譯者｜趙盛慈　　審訂｜陳昶吾
編輯四部 總編輯｜王曉雯　主編｜黃迺淳　文字編輯｜王惠民
美術主編｜藍秀婷　封面設計｜丸同連合　內頁設計｜李蕙雲
內頁編排｜中原造像股份有限公司　校對｜蔡欣如、黃志誠

發行人｜ 張輝明　總編輯長｜ 曾雅青　發行所｜ 三采文化股份有限公司
地址｜ 台北市內湖區瑞光路 513 巷 33 號 8 樓
傳訊｜ TEL:（02）8797-1234　FAX:（02）8797-1688　網址｜ www.suncolor.com.tw
郵政劃撥｜ 帳號：14319060　戶名：三采文化股份有限公司
本版發行｜ 2024 年 2 月 29 日　定價｜ NT$650

PROOF OF STAKE: THE MAKING OF ETHEREUM AND THE PHILOSOPHY OF BLOCKCHAINS
by VITALIK BUTERIN, EDITED BY NATHAN SCHNEIDER
Copyright: © 2022 by Vitalik Buterin
Introduction and notes © 2022 by Nathan Schneider
This edition arranged with SEVEN STORIES PRESS, INC
through BIG APPLE AGENCY, INC., LABUAN, MALAYSIA.
Traditional Chinese edition copyright: 2024 Sun Color Culture Co., Ltd
All rights reserved.